国家社科基金
后期资助项目
GUOJIA SHEKE JIJIN HOUQI ZIZHU XIANGMU

企业技术创新驱动因素研究

Study on the Driving Fators of
Enterprise Technological Innovation

李苗苗　著

社会科学文献出版社
SOCIAL SCIENCES ACADEMIC PRESS (CHINA)

国家社科基金后期资助项目
出版说明

后期资助项目是国家社科基金设立的一类重要项目，旨在鼓励广大社科研究者潜心治学，支持基础研究多出优秀成果。它是经过严格评审，从接近完成的科研成果中遴选立项的。为扩大后期资助项目的影响，更好地推动学术发展，促进成果转化，全国哲学社会科学工作办公室按照"统一设计、统一标识、统一版式、形成系列"的总体要求，组织出版国家社科基金后期资助项目成果。

全国哲学社会科学工作办公室

目　录

图表目录

第 1 章 绪论

本章内容安排如下：首先，根据现有实际问题并结合国内外相关文献的研究进展情况，提出本书研究的科学问题和解决这些问题的理论意义和现实意义；然后，给出本书的主要研究内容及核心内容之间的关联性；最后，说明本书的主要创新点和章节结构安排。

1.1 问题提出及研究意义

1.1.1 问题的提出

1. 提升新兴产业企业技术创新水平的现实需要

自 2008 年金融危机爆发以来，发展战略性新兴产业已成为世界瞩目的焦点。美国、日本、欧盟、韩国、印度、巴西等全球主要发达国家和新兴经济体都在试图从总体上把握全球科技发展的大趋势，制定超前战略发展的布局，纷纷将新能源、生物技术、环境和信息等新兴产业作为扶持重点，抢占未来技术创新和产业发展的制高点。中国于 2012 年 5 月通过了《"十二五"国家战略性新兴产业发展规划》（简称《规划》），进一步细化了节能环保产业、新一代信息技术产业、生物产业、高端装备制造产业、新能源产业、新材料产业、新能源汽车产业等七大战略性新兴产业各自发展的重点方向和具体目标，给出了提升整体创新能力和拓展市场应用等创新发展的重大行动计划和主要政策措施，同时还提出了 20 个重大工程项目。值得注意的是，该《规划》明确提出了骨干企业研发强度要力争达到 5%，强调战略性新兴产业的发展应该"以创新为主要驱动力""掌握关键核心技术及相关知识产权，增强自主发展能力"。随后，全国各省份纷纷颁布了战略性新兴产业发展规划，确定了各自的战略性新兴产业发展目标和发展重点，不仅明确了到 2015 年战略性新兴产业产值占 GDP 的比重，而且部分省市也纷纷将战略性新兴产业企

业 R&D 经费投入占主营业务收入比重作为战略目标之一，如表 1.1
所示。

技术创新作为战略性新兴产业发展的三大创新任务之一，关键问题
是把发展的精力放在技术创新水平的提高上，通过技术进步推动战略性
新兴产业的扩张，反过来产业的成熟又推动技术进步。为强化企业技术
创新主体地位和提升企业创新能力，国务院办公厅颁发了《关于强化企
业技术创新主体地位全面提升企业创新能力的意见》（简称《意见》），
该《意见》明确提出，"要建立健全企业主导产业技术研发创新的体制
机制，促进创新要素向企业集聚，增强企业创新能力……"事实上，从
各省份战略性新兴产业发展"十二五"战略规划中也不难发现，各省份
纷纷将"创新驱动发展""提升自主创新能力"等作为保障《规划》顺
利完成的重要手段和措施。

表 1.1　主要省份发布的战略性新兴产业发展规划

地区	战略规划	战略目标	产业发展战略重点
北京市	北京市关于加快培育和发展战略性新兴产业的实施意见	到 2015 年，战略性新兴产业增加值占全市 GDP 比重约为 25%，到 2020 年，这一比重达 30%；形成一批百亿级产业集群，打造一批年销售收入过 500 亿元大型企业	以新一代信息技术为引擎，生物、节能环保、新材料、新能源汽车为突破，以新能源、航空航天、高端装备制造为先导
天津市	天津市工业经济发展"十二五"规划	到 2015 年，战略性新兴产业产值占全市工业总产值的比重达 30%；国家级企业技术中心达 50 家，企业专利申请量达 2 万件；销售收入超千亿元企业达 10 家	航空航天、石油化工、装备制造、电子信息、生物医药、新能源、新材料、轻工纺织、国防科技等九大优势支柱产业
山东省	山东省战略性新兴产业发展"十二五"规划	到 2015 年，战略性新兴产业增加值占全省 GDP 的比重达到 10%，到 2020 年，这一比重力争达到 20%，成为带动经济增长、产业升级和劳动力就业的重要力量	新材料、新一代信息技术、新能源、新能源汽车、节能环保、新医药和生物、海洋开发和高端装备制造产业等八大产业
江苏省	江苏省"十二五"培育和发展战略性新兴产业规划	到 2015 年，战略性新兴产业增加值占全省 GDP 比重达 10%，到 2020 年这一比重达 18%；该领域骨干企业研发投入占销售收入比重超过 3%，企业授权专利量占全省企业授权专利的比重达 40%	新能源、新材料、生物技术和新医药、节能环保、新一代信息技术和软件、物联网和云计算、高端装备制造、新能源汽车、智能电网和海洋工程装备等十大产业

续表

地区	战略规划	战略目标	产业发展战略重点
上海市	上海市战略性新兴产业发展"十二五"规划	到2015年,战略性新兴产业增加值占全市GDP的比重达15%;该领域企业研发经费支出占主营业务收入比重达2%。争取新建3个国家重大科技基础设施、10个国家工程技术研究中心和国家重点实验室、20个国家认定企业技术中心	新一代信息技术、高端装备制造、生物、新能源、新材料等主导产业和培育节能环保产业、新能源汽车产业等两大先导产业
福建省	福建省"十二五"战略性新兴产业暨高技术产业发展专项规划	到2015年,战略性新兴产业增加值为3000亿元,占全省当年GDP的12%,拥有10个销售收入过百亿元、100个销售收入过20亿元的高技术企业	新一代信息技术、生物与新医药、新材料、新能源、节能环保、高端装备制造、海洋高新产业等七大产业
浙江省	浙江省战略性新兴产业发展规划的总体思路	到2015年,战略性新兴产业销售收入占全省工业总产值比重达到30%	新能源、生物、新材料、物联网、先进装备制造、节能环保、新能源汽车、海洋新兴产业、核电关联产业等九大产业
广东省	广东省战略性新兴产业发展"十二五"规划	到2015年,战略性新兴产业总产值突破2.5万亿元,增加值占全省GDP的比重达10%;形成3~5个产业链较完整、配套体系较完善、产值超千亿元的新兴产业集群	高端新型电子信息、新能源汽车、LED、生物、高端装备制造、节能环保、新能源、新材料等八大产业
重庆市	重庆市"十二五"科学技术和战略性新兴产业发展规划	到2015年,战略性新兴产业产值超过13000亿元,增加值占全市GDP的比重超过20%,占工业总产值比重达40%,建成2个全球重要基地和10个"千百亿级"产业集群	通信设备、集成电路、轨道交通装备、新能源汽车、环保装备、风电装备、光源设备、新材料、仪器仪表、生物医药等产业
四川省	四川省"十二五"战略性新兴产业发展规划	到2015年,战略性新兴产业总产值突破10000亿元,增加值超过3000亿元,占全省GDP比重达到10%,全省该领域内重要骨干企业研发投入占销售收入比重力争达到5%	新一代信息技术、新能源、高端装备制造、新材料、生物、节能环保等六大产业
陕西省	陕西省战略性新兴产业发展"十二五"规划	到2015年,战略性新兴产业增加值达到3000亿元,占全省GDP的比重达到15%;战略性新兴产业中企业R&D投入占销售收入的比重超过5%	高端装备制造、新一代信息技术、新能源、新材料、生物、节能环保、新能源汽车等七大产业

资料来源:从中华人民共和国国家发展和改革委员会高技术产业司官网(地方规划政策专栏)整理得到,http://gjss.ndrc.gov.cn/zcgh/dfghzc/default.htm。

进入知识经济时代，技术创新是企业获得竞争优势的关键，是产业可持续性发展的关键，同时也是国家抢占经济发展和技术创新制高点的关键。实践表明，产业发展过程中的新技术往往诞生于企业，如在20世纪90年代初期的信息化浪潮中，微软、谷歌、思科等公司都是从无到有、从小到大，并在很短的时间内成长为国际顶级企业，甚至占据行业领先地位。同样，战略性新兴产业的发展也不例外，即战略性新兴产业企业的技术创新水平是其可持续发展的关键，也是技术创新制高点的关键。企业在战略性新兴产业发展中的作用至关重要、不可替代，而企业技术创新是企业快速、可持续发展的重要保障。然而，目前我国战略性新兴产业正处于初级阶段，企业技术创新水平普遍较低。因此，提升企业技术创新水平是战略性新兴产业发展规划顺利实施的现实要求，也是规划目标实现的重要保障。故如何促进战略性新兴产业企业技术创新水平的提升不仅是一个时代性问题，而且是一个迫切需要解决的现实问题。

2. 政府各项激励政策的实施效果有待进一步验证

市场存在信息不对称等失灵现象，再加上技术创新活动本身具有高风险性、高不确定性、周期长及存在溢出效应等特点，使得创新企业不能独占其新技术或新产品带来的收益，导致企业的创新投资收益低于一般性的投资收益，致使企业创新投资被广泛认为低于社会最优化水平，故企业对创新投资往往持非常谨慎的态度（Czarnitzki et al.，2011；朱平芳、徐伟民，2003）。然而，研究表明，政府对企业技术创新活动的介入和干预能够缩小企业技术创新活动的收益与社会收益之间的差距（David et al.，2000；Hinloopen，2000）。故全球主要发达国家（地区）和新兴经济体纷纷出台相应的刺激政策，目的是提高企业参与技术创新活动的积极性。例如，为了鼓励产业 R&D、技术升级和发展，中国台湾地区于1991年颁布实施了著名的关于制造业企业技术的加速折旧、税收抵免或免税的政策［"产业升级法规（SUI）"］；为了激励企业的 R&D 活动，挪威政府于2002年引入了基于量的税收抵免政策——Skattefunn；为了加快战略性新兴产业企业的发展和加强企业技术创新的主体地位，我国先后发布了《"十二五"国家战略性新兴产业发展规划》、《国家税务总局关于实施高新技术企业所得税优惠政策有关问题的通知》和《国务院办公厅关于强化企业技术创新主体地位全面提升企业创新能力的意见》等纲领性文件。

综上，世界主要发达国家（地区）和金砖国家都已纷纷出台相应激励政策来刺激企业技术创新，那么，国家战略层面的政策共识是否引致企业技术创新的同步提升？如果国家的各项激励政策达到了预期的效果，那么，行业领先的企业为什么仍然集中在少数发达国家内？

3. 现有理论研究的缺口有待进一步丰富和补充

通过研读国内外关于企业技术创新驱动因素的相关研究，不难发现创新驱动要素和企业技术创新的关联性问题经过多年的发展已取得了较为丰硕的成果，并且为本书的研究提供了重要的理论支撑。然而，仍然存在以下几个方面的不足需进一步探讨。

一是，对 2001～2012 年公开发表在主流学术期刊上关于"技术创新影响因素"的高被引文献的梳理，不难发现：从高被引文献研究内容来看，国内外相关研究取得了丰硕的成果。国外研究集中探讨了政府、商业银行、经济因素、体制因素、组织流程性因素和技术属性因素等对技术创新的影响（Jansen et al.，2006；Furman et al.，2002）；国内相关研究则是在国外相关研究成果基础上来展开的，集中关注于社会资本结构、政府政策、市场环境、资源获取、企业治理结构、企业资源投入、企业创新意识和领导重视程度等产业企业内、外部因素对技术创新的影响（傅晓霞、吴利学，2012；徐彪等，2011）。然而，关于"技术创新影响因素"方面的研究仍然存在一些不足，需要进一步丰富和补充。从国外研究的内容来看，缺乏对新兴经济体背景下创新环境对企业技术创新影响的研究。现有的研究结论大都是针对发达国家的创新问题而获得的（Furman et al.，2002），那么，这些研究结论是否也适用于新兴经济体的创新问题却很少被学者们问津。因此，需要针对新兴经济体背景下的创新问题进行详细的研究。从国内研究的内容来看，虽然强调了技术创新影响因素对创新能力和活动的重要性，但也大都从国家、区域或产业等宏观层次来探讨创新驱动因素对技术创新能力和活动所产生的影响，很少从微观企业层次来研究内、外部创新驱动因素对企业技术创新的影响。总之，国内外关于企业技术创新驱动因素的相关研究领域缺乏来自新兴经济体内微观企业的理论依据和经验证据。

二是，关于企业技术创新的内部影响因素的研究，大多数的文献研究是将企业 R&D 投资、人力资本、专利、创新合作、企业规模等相关的企业属性作为解释企业的创新投入和创新成果的关键影响因素（Annique and Cuervo - Cazurra，2008）。有些研究认为企业绩效、企业规模、企业组织结构、企业文化等因素是影响企业技术创新的关键（Bartoloni，2013；Baron and Tang，2011），有些研究则认为管理者背景、企业家精神、管理者的管理风格等对企业技术创新产生了重要的影响（Ahuja et al.，2008；Romero and Martínez - Román，2012）。该领域的研究基本达成一致的观点，认为企业内部的 R&D 人员投入、R&D 经费投入、盈利能力、负债能力等因素是企业技术创新的直接影响因素（吴舟、夏管军，2013；郄萌、韩树政，2013）。事实上，企业技术创新活动是由概念的产生、产品开发、中试、扩大生产再到市场销售等多个阶段构成的，而在每一个阶段，企业 R&D 经费投入的稳定性、R&D 投资强度都会影响到 R&D 活动的开展。因为企业 R&D 经费投入是研发活动的血液，一旦出现较大波动或者"断流"，R&D 活动将被延迟甚至中断，进而影响企业技术创新产出。现有研究尽管已经就 R&D 活动特征与企业技术创新之间的关系开展了探索性的研究（Swift，2013；Schuelke - Leech，2014），然而，缺少企业 R&D 活动特征，特别是企业 R&D 投资特征（包括企业 R&D 投资波动性和 R&D 投资强度）对企业技术创新影响的研究。

　　三是，从发达国家的发展历程和我国过去 40 年的改革开放发展经验来看，现阶段在战略性新兴产业发展的实践中，仅靠企业或市场的力量很难达到预期的目标，需要政府的大力扶持。那么，政府的支持力度是否越大越有利于企业技术创新水平的提高？关于这一问题，国内外学者纷纷进行了理论和实证分析。应该看到，现有关于政府激励政策对企业技术创新影响的研究取得了大量的研究成果（Fedderke and Teubes，2011；Cappelen et al.，2012），但国内外许多学者的研究结论存在非一致性甚至冲突性（Lach，2002；Czarnitzki et al.，2011），大多数学者将其归因于政府刺激政策的方式不同或者是样本差异性等因素；虽然也有少数学者认为除此之外还存在另外一个关键原因，即政府刺激政策对企业技术创新可能存在非线性的影响，然而，大多数研究只是进行了主观的定性分析，并没有给予相应的实证检验。因此，需要进一步探讨政府激励政策对企业技术创新是否存在非线性影响。

四是，目前我国战略性新兴产业在地区上表现为发展不均衡的特点，即与中西部地区相比较而言，东南部沿海发达地区发展战略性新兴产业处于较领先的地位。中西部地区寄希望于通过发展战略性新兴产业来实现"弯道超车"，但若不考虑实际情况、不计成本的话，可能很容易造成"低水平重复"和"一哄而上"的局面。换句话说，企业所在区域的基础设施、文化背景、经济发展水平、对外开放程度、金融发展水平、科教发展水平等区域环境要素对战略性新兴产业企业的发展和技术创新水平具有重要的影响（Ali and Park，2010；Yam et al.，2011）。然而，现有研究大多是分散化探讨了区域环境要素与企业技术创新之间的格兰杰因果关系，并没有从理论和实证两个角度来探讨它们与企业技术创新之间的同期因果关系。因此，需要引入新的研究方法来探讨区域环境要素与企业技术创新之间的同期因果关系。

五是，Caetano 和 Amaral（2011）的研究表明，开放创新越来越受欢迎，必须考虑在创新过程中需要使用合作伙伴之间的关系。目前关于企业的合作伙伴关系对企业技术创新影响的研究，大多关注于企业与同行企业之间的战略联盟关系、企业与高等教育机构和科研咨询机构之间的关系，以及企业与政府之间的关系分别对企业技术创新的影响。仅有少部分学者研究了关于企业与供应商、客户之间的关系对企业技术创新的影响，且集中关注于客户参与、供应商参与对企业新产品开发或企业技术创新的影响（肖洪钧等，2013）。事实上，企业植根于由它们的客户、供应商及其相互依赖活动构成的商业生态系统中（Kapoor and Lee，2013），企业与供应商、客户之间的关系有助于企业间优势互补，从而加快企业技术创新速度。因此，基于信任和相互作用的供应链关系对企业的新产品开发和技术创新至关重要（Feng and Wang，2013）。然而，目前关于中国背景条件下的供应链关系对企业技术创新的影响研究并不多见。因此，需要进一步深入探讨中国背景条件下，企业与供应商、客户间的关系对企业技术创新的影响。

综上所述，为了丰富和弥补现有文献在上述几个方面的不足，本书从微观企业层面，以我国战略性新兴产业企业面板数据作为研究对象，对下面四个问题进行了理论和实证探讨。①重点探讨企业 R&D 活动特征，包括 R&D 投资波动性、R&D 投资强度等内部驱动因素是如何影响战略性新兴产业企业技术创新的。②主要探讨政府激励政策如何对企业技术创新产生影响的，是存在简单的线性关系还是存在非线性关系。③验证区域环境要素（诸如区域对外开放程度、区域金融发展水平、区域科教、经济发展水平等）与企业技术创新之间是否存在同期因果关系。④主要探讨供应链关系对企业技术创新产生什么样的影响。这些问题的解决不仅有助于丰富创新经济学理论知识，而且有助于政府出台相应的激励政策措施和企业提升技术创新水平。

1.1.2　研究意义

1. 理论意义

进一步丰富和深化了创新经济学理论和企业技术创新理论的研究。鉴于已有研究存在的某些不足，本书以我国战略性新兴产业企业为研究对象，采用不同的研究方法分别有目的性地探索了以下几个问题。首先，从企业内部驱动因素出发，重点探讨企业 R&D 投资波动性、R&D 投资强度、R&D 经费投入、R&D 人员投入与企业技术创新之间的关系。其次，探讨政府激励政策对战略性新兴产业企业技术创新是否实现了预期的刺激作用，若达到了预期效果，那么二者之间是否存在非线性关系等问题？再次，企业往往根植于某一区域内，那么该区域内的创新环境（如对外开放程度、金融发展、科教事业和经济发展水平等）与企业技术创新之间是否存在同期因果关系？最后，企业技术创新是否受到来自供应商、客户与企业之间紧密关系的影响？因此，本书的研究结论不仅进一步丰富和深化创新经济学的理论研究，而且为企业技术经济学和创新经济学的研究提供来自新兴经济体微观企业层面的经验证据。

2. 实践意义

通过剖析企业内、外部驱动因素如何对企业技术创新产生影响的问题，可以清楚地找出目前哪些驱动因素对企业技术创新起到积极作用和主导作用，哪些驱动因素对企业技术创新产生消极作用，从而为提升企业技术创新提供重要现实依据。因此，厘清企业内、外部驱动因素如何影响企业技术创新的问题对政府出台激励政策、高新技术企业提升技术创新能力都具有重要的现实意义。

（1）为政府颁布相关激励政策提供重要的经验依据。通常情况下，政府往往采用科技补助、税收等财政刺激政策来激励企业技术创新的提升。那么，政府的科技补助越多、税收政策越优惠是否就越有利于战略性新兴产业企业技术创新的提升呢？目前针对这一问题的研究结论出现冲突，而第 4 章政府激励政策对企业技术创新的影响研究将为政府出台一些科学性政策提供现实和理论依据。另外，诸如对外开放程度、金融发展、科教事业和经济发展水平等区域环境要素对企业技术创新的影响如何，第 5 章区域环境要素对企业技术创新的影响研究将给出理论和实证分析，并为地方政府出台相应激励政策提供重要的现实依据。

（2）为企业提升技术创新水平提供重要的经验依据。研究结论可为企业了解和掌握影响企业技术创新的关键内、外部驱动因素提供重要依据。企业技术创新不仅仅受到来自企业内部的相关能力和环境要素的影响驱动，而且受到来自企业外部环境要素的影响驱动。例如，本书通过对企业 R&D 活动特征对企业技术创新影响的研究（第 3 章），打开企业内部 R&D 投资波动性、R&D 投资强度、R&D 经费投入和 R&D 人员投入等特征对企业技术创新影响的"黑箱"，从而为企业从自身出发去寻找影响企业技术创新的驱动因素提供重要依据。本书通过对供应链关系对企业技术创新影响的探讨（第 6 章），发现企业与供应商、客户之间关系的紧密程度对企业技术创新的影响情况，基于此，可以了解到企业与供应商、客户之间应该保持什么样的关系才能有效促进自身技术创新的提升。因此，本书为我国企业技术创新的提升提供了重要的现实依据。

1.2 章节安排及其关联性

1.2.1 章节安排及其研究内容

本书的整体研究思路如下。首先，从实践中存在的战略性新兴产业企业技术创新如何提升的现实问题出发，通过阅读大量的国内外主流文献，找出相关的理论缺陷与不足，提出所要研究的四个具体问题：企业 R&D 活动特征如何对企业技术创新产生影响？政府激励政策对企业技术创新是否达到了预期的激励作用，二者是否存在非线性影响关系？区域内对外开放程度、金融发展、科教事业和经济发展水平等区域环境要素与企业技术创新之间是否存在同期因果关系？企业与供应商、客户之间关系的紧密程度是否对企业技术创新产生影响？其次，针对上述提出的四个研究问题，在梳理近年来国内外高被引文献的基础之上，界定企业技术创新以及企业内、外部创新驱动因素等相关概念，归纳并构建本书的整体理论模型框架。再次，由于以往研究过多地强调了企业 R&D 经费、企业 R&D 人员、企业盈利情况、企业年龄、企业规模等内部因素对企业技术创新的影响，为了突出创新性，本书将这些因素看作控制变量，引入企业 R&D 活动特征，包括企业 R&D 投资波动性、企业 R&D 投资强度等内部因素，重点探讨企业 R&D 活动特征对企业技术创新投入和产出的影响。在企业外部驱动因素方面分成三部分的原因是，本书搜集到的企业政府激励政策不仅来自省级区域政府，而且也包括来自中央政府的补贴和税费返还政策，而供应链关系中企业的供应商和客户来源也不仅局限于企业所根植的省级区域。因此，将政府激励政策、供应链关系与省级区域环境要素（包括区域内对外开放程度、金融发展、科教事业和经济发展水平等）区别开来，分别探讨政府激励政策、区域环境要素和供应链关系对企业技术创新的影响。总之，本书的理论模型分解为四个部分，即核心章节第 3 章、第 4 章、第 5 章和第 6 章分别探讨上述四个问题。最后，以本书的研究结论为基础，借鉴国内外研究成果，结合我国战略性新兴产业企业技术创新发展的现实情况，从政府和企业两个角度分别提出促进企业技术创新水平的对策建议。

　　本书的章节安排及其研究内容如下（见图 1.1）。

　　第 1 章，绪论。首先，依据现有实际问题并结合国内外相关研究的进展情况提出所要研究的具体问题，以及解决这些问题的意义；其次，给出本书的主要研究内容及核心章节之间的关联性以及主要创新点。

　　第 2 章，概念界定及理论依据。首先，对企业技术创新和企业内、外部创新驱动因素的概念进行界定；其次，围绕所要研究问题，对目前国内外相关领域的研究进展情况进行梳理和评述；最后，在此基础之上，建立整个研究的理论模型框架，并选择科学合理的研究方法。第 2 章是整个研究的基础，既有理论上的必要性，又有实践中的迫切性。

　　第 3 章，企业 R&D 活动特征对企业技术创新的影响。该章旨在探讨 R&D 投资波动性、R&D 投资强度等 R&D 活动特征对企业技术创新的影

```
┌─────────────────┐        ┌─────────────────┐
│  研究问题的提出  │ <----> │  国内外研究进展  │
└─────────────────┘        └─────────────────┘
```

```
┌──────────┐  ┌──────────┐  ┌──────────┐  ┌──────────┐
│企业R&D活动│  │政府激励政 │  │区域环境要 │  │供应链关系 │
│特征对企业技│ │策对企业技 │  │素与企业技 │  │对企业技术 │
│术创新是否产│ │术创新是否 │  │术创新之间 │  │创新是否产 │
│生影响?   │  │存在非线性 │  │是否存在同 │  │生影响?   │
│          │  │影响关系?  │  │期因果关系?│ │          │
└──────────┘  └──────────┘  └──────────┘  └──────────┘
```

```
┌─────────────────────────────────┐
│   第 2 章  概念界定及理论依据      │
└─────────────────────────────────┘
```

内部驱动因素   外 部 驱 动 因 素

```
┌──────────┐  ┌──────────┐  ┌──────────┐  ┌──────────┐
│  第 3 章  │  │  第 4 章  │  │  第 5 章  │  │  第 6 章  │
│企业R&D活动│  │政府激励政策│ │区域环境要素│ │供应链关系对│
│特征对企业技│ │对企业技术创│ │对企业技术创│ │企业技术创新│
│术创新的影响│ │新的影响   │  │新的影响   │  │的影响     │
│          │  │          │  │          │  │          │
│面板数据线性│ │面板数据非线│ │面板数据有向│ │面板数据计 │
│回归分析   │  │性回归分析  │ │无环图分析  │ │数回归分析  │
└──────────┘  └──────────┘  └──────────┘  └──────────┘
  研究目的之一    研究目的之二    研究目的之三    研究目的之四
```

```
┌──────────────────────────────────────────┐
│              第 7 章                        │
│  研究结论、局限性及提升企业技术创新水平的对策建议  │
└──────────────────────────────────────────┘
```

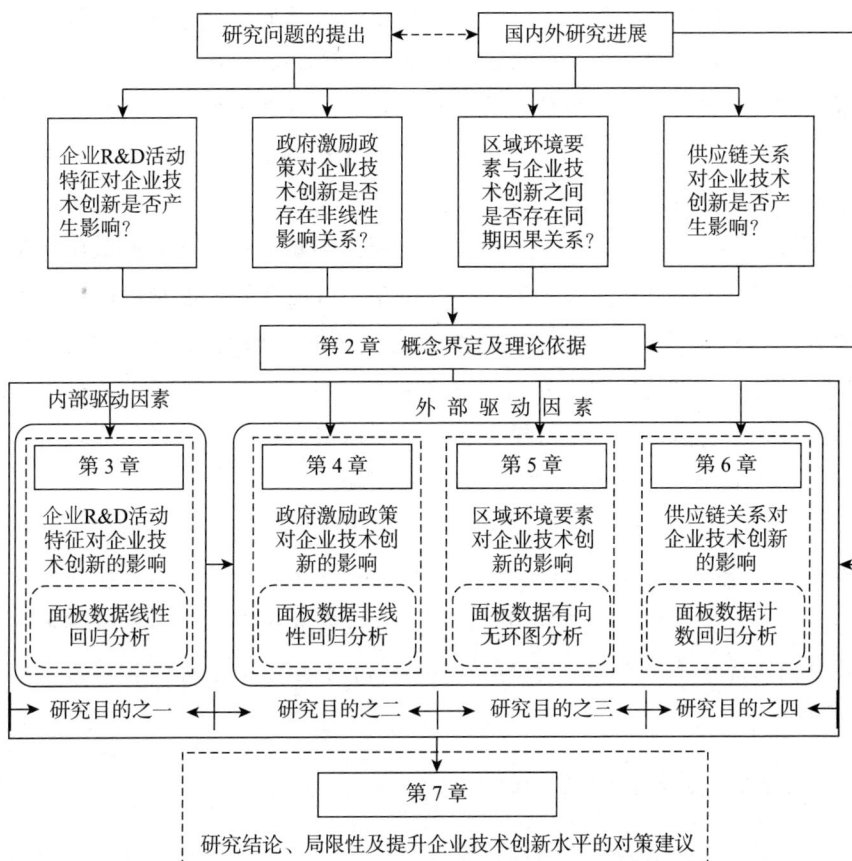

图 1.1 本书章节安排及其研究内容

响。在现有研究基础上,首先,测算 2008~2011 年我国 176 家战略性新兴产业上市企业 R&D 投资波动性和 R&D 投资强度;然后,运用面板数据个体固定效应模型揭示 R&D 投资波动性、R&D 投资强度和企业技术创新等三者之间的内在关联性。

第 4 章,政府激励政策对企业技术创新的影响。该章着重分析政府激励政策(包括税费返还和政府补贴政策)对企业技术创新的非线性影响关系。首先,依据数学理论逻辑推导,提出政府激励政策与企业技术创新之间的关系假设;然后,以 2001~2011 年我国战略性新兴产业 284 家上市公司为研究对象,采用面板数据的非线性回归分析法对上述关系假设进行验证。

第 5 章,区域环境要素对企业技术创新的影响。围绕着区域内对外开放程度、金融发展水平、科教事业和经济发展水平等区域环境要素与企业技术创新之间是否存在同期因果关系问题，以 2001～2011 年我国战略性新兴产业 284 家上市公司为研究对象，引入新的研究方法——有向无环图（DAG）分析方法对上述区域环境要素与企业技术创新之间的同期因果关系进行验证。

第 6 章，供应链关系对企业技术创新的影响。首先，提出供应商集中度、客户集中度和供应链集中度的概念，以便更好地度量供应链关系的紧密程度；然后，结合相关理论基础，提出研究假设；最后，以 2001～2011 年我国战略性新兴产业 284 家上市公司为研究对象，分别运用面板数据的泊松回归分析模型和负二项回归模型方法探讨供应链关系对企业技术创新产出和 R&D 投资频次的影响。

第 7 章，研究结论、局限性及提升企业技术创新水平的对策建议。借鉴国内外研究成果，依据第 3 章至第 6 章的研究结论，结合我国战略性新兴产业企业技术创新的现实情况，从政府和企业两个角度分别提出政府如何优化企业外部创新环境、企业如何提升自主创新水平的对策建议。

1.2.2　各章节之间的关联性

本书各章节的研究内容是以企业技术创新的内、外部驱动因素如何影响企业技术创新为核心，分别探讨企业 R&D 活动特征，包括 R&D 投资波动性、R&D 投资强度等企业内部驱动因素和政府激励政策、区域环境要素和供应链关系等企业外部驱动因素分别对企业技术创新的影响。各章节之间相互补充、紧密联系，围绕同一个研究主题逐级进行展开的。研究内容之间的关联性如图 1.2 所示。

第 2 章，概念界定及理论依据是统领全书的理论基础。没有正确的理论指导作为基础，很难保障研究结果的科学性和可靠性。因此，在梳理国内外研究现状基础之上，将本研究的核心问题进行分解并构建整体的理论模型框架。然后，详细介绍选用我国战略性新兴产业企业作为研究对象的原因以及选用的主要研究方法。第 2 章是整个研究的基础，既有理论上的必要性，又有实践中的迫切性。

第 3 章，企业 R&D 活动特征对企业技术创新影响是本研究的主要目

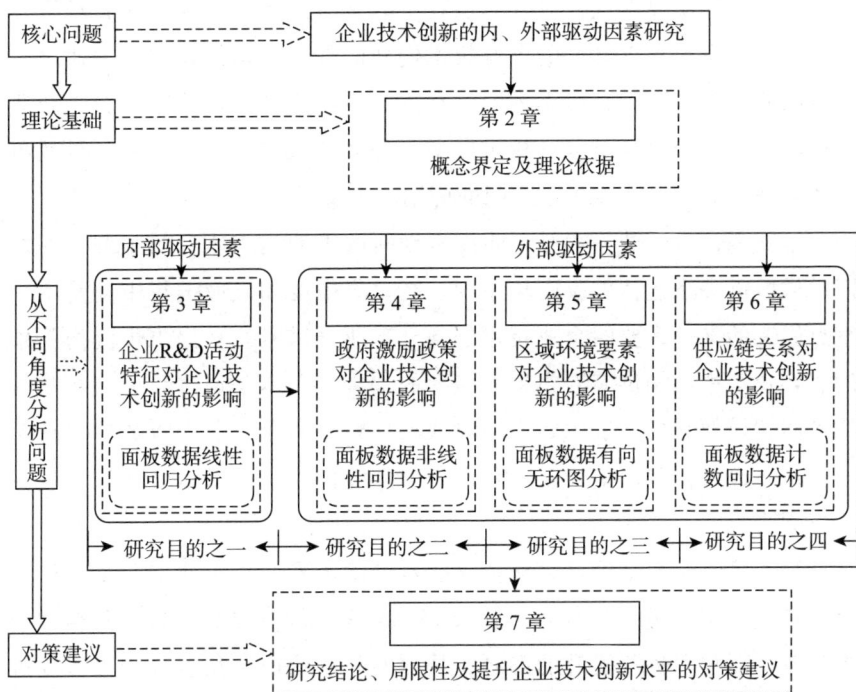

图 1.2 各章节之间的逻辑关系

的之一。R&D 投资强度和 R&D 投资波动性是本书重点研究的企业内部驱动因素。因此,本章从企业内部角度出发,重点探讨 R&D 投资波动性、R&D 投资强度对企业技术创新的影响。以 2008~2011 年我国 176 家战略性新兴产业上市企业为研究对象,在测算 R&D 投资波动性和 R&D 投资强度的基础上,采用面板数据线性回归分析模型,探讨 R&D 投资波动性、R&D 投资强度与企业技术创新之间的关系。与此同时,进一步验证企业 R&D 经费投入、R&D 人员投入、企业盈利能力、企业年龄等内部驱动因素对企业技术创新的影响。

第 4 章,政府激励政策对企业技术创新的影响是本研究的主要目的之二。政府激励政策包括政府补贴和税费返还等是本书重点研究的企业技术创新外部驱动因素之一。本书通过使用数理推导和面板数据回归模型的实证分析,深入探讨政府补贴、税费返还是否越多越有利于提升企业技术创新水平的问题。

第 5 章,区域环境要素对企业技术创新的影响是本研究的主要目的之三。区域环境要素包括对外开放程度、金融发展、科教事业和经济发展水平等是本书重点研究的企业技术创新的外部驱动因素之一。通过引入新的研究方法——有向无环图（DAG）分析方法，以战略性新兴产业企业面板数据为研究对象，探讨区域对外开放程度、金融发展、科教事业和经济发展与企业技术创新间的同期因果关系。

第 6 章，供应链关系对企业技术创新的影响是本研究的主要目的之四。供应链关系包括供应商集中度、客户集中度和供应链集中度是本书重点研究的又一重要的企业技术创新外部驱动因素。在提出供应商集中度、客户集中度和供应链集中度概念的基础上，本章通过采用面板数据泊松回归模型和负二项回归模型对战略性新兴产业企业面板数据进行实证分析，探讨供应商集中度、客户集中度等供应链关系对企业技术创新的影响。

第 7 章，研究结论及提升企业技术创新水平的对策建议是整个研究的落脚点。主要是结合本书第 3~6 章共四章的研究结论，针对战略性新兴产业企业技术创新提升的问题，从政府和企业两个角度分别提出促进企业技术创新水平的对策建议。

核心章节内容第 3 章、第 4 章、第 5 章和第 6 章之间的共同点是：都采用定量化的经济学模型对我国战略性新兴产业上市企业进行实证分析，为提升企业技术创新水平提供现实的经验依据。

核心章节内容第 3 章、第 4 章、第 5 章和第 6 章之间的不同点是：采用不同的定量化经济学模型，从影响企业技术创新的不同驱动因素角度分别进行探讨。第 3 章是从企业内部驱动因素（包括企业 R&D 投资波动性、R&D 投资强度、R&D 经费投入、R&D 人员投入、盈利能力和企业年龄等）的角度进行探讨的，第 4~6 章则是从外部驱动因素（包括政府激励政策、区域环境要素和供应链关系等）的角度进行探讨的。

1.3　主要创新点

本书的主要创新点如下。

（1）在测算企业 R&D 投资波动性和 R&D 投资强度的基础上，通过构建面板数据个体固定效应模型，揭示企业 R&D 投资波动性、R&D 投资强度与企业技术创新之间的内在关联性。

现有研究忽略了 R&D 活动特征,特别是 R&D 投资波动性和 R&D 投资强度对企业技术创新的影响,本书从这一角度出发通过构建 R&D 投资波动性、R&D 投资强度和企业技术创新之间的关系模型,运用线性个体固定效应模型对 2008~2011 年我国 176 家战略性新兴产业上市企业面板数据进行经验分析,结果表明:企业 R&D 投资波动性对企业技术创新产出具有统计上显著的负向作用,而企业 R&D 投资强度对企业技术创新产出具有统计上显著的正向作用。研究还表明,企业 R&D 投资强度对企业 R&D 投资波动性和企业技术创新之间的关系具有统计上显著的调节作用。

(2) 通过构建面板数据非线性个体随机效应模型,揭示出企业获得的政府补贴和税费返还并不是越多越有利于提升企业技术创新投入和产出,而是存在一个确定的范围,若二者在这一范围内则对企业技术创新投入和产出都具有积极的作用。

国内外学者关于政府刺激政策对企业技术创新影响的研究结论存在冲突,大都认为是由样本差异性和政策方式的不同所造成的,但本研究给出了另外一个关键的原因,即政府刺激政策对企业技术创新存在非线性的影响。通过运用面板数据的非线性回归分析方法对战略性新兴产业总体样本的分析检验,结果显示:税费返还和政府补贴确实对企业 R&D 投资和技术创新产出都具有积极的促进作用,然而,无论是政府补贴还是税费返还并不是越多越有利于企业 R&D 投资和企业技术创新产出的提高,而是存在一个确定的正向区间范围;若政府补贴和税费返还都在这个区间范围内,则二者将对企业 R&D 投资和技术创新产出都具有积极的影响;若政府补贴和税费返还都超出了这一区间范围,则二者将对企业 R&D 投资和技术创新产出产生了相反的作用。新一代信息技术产业和高端装备制造业的两个子样本的检验结果显示:对新一代信息技术产业企业而言,政府补贴和税费返还对企业技术创新产出都存在非线性影响,且政府补贴对企业 R&D 投资也存在非线性影响;对高端装备制造业企业而言,政府补贴和税费返还对企业技术创新产出都存在显著的非线性影响。

(3) 通过引入有向无环图(DAG)分析方法,揭示出区域对外开放程度、金融发展水平、科教发展水平分别是通过企业 R&D 投资强度或 R&D 投资波动性的作用来间接影响企业技术创新产出的。

通过引入新方法——有向无环图分析的结果表明如下几点。首先，企业的 R&D 投资越多、R&D 投资波动性越小，越有利于企业技术创新产出，并且 R&D 投资无规律性地增加或减少将引起较大的 R&D 投资波动性。其次，关于对外开放程度与企业技术创新之间的同期因果关系分析中，除了外商投资企业的外方注册资本情况对本土企业的 R&D 投资和技术创新产出都具有直接的正向作用外，外商企业投资情况和区域对外依存度则是通过企业 R&D 投资波动性来对企业技术创新产出产生间接的作用的。再次，区域金融发展水平是通过企业 R&D 投资强度和 R&D 投资波动性的作用来间接地影响企业技术创新产出的，并且区域金融发展效率对企业技术创新产出具有间接的促进作用；与之相反，区域金融发展规模对企业技术创新产出则具有间接的抑制作用。最后，科教发展水平也是通过企业 R&D 投资强度和 R&D 投资波动性的作用来间接地影响企业技术创新产出的，并且地方对科教事业的财政支持力度越大、高等教育水平越发达，则越有利于企业技术创新产出的提高。另外，本书还发现地区的经济增长是企业技术创新的必要条件而非充分条件。

（4）在提出供应商集中度、客户集中度和供应链集中度概念的基础上，通过采用面板数据的计数回归分析方法揭示出它们对企业技术创新的影响关系，从而弥补现有理论中缺乏中国社会背景条件下供应链关系对企业技术创新影响研究的不足。

通过面板数据计数回归分析方法（包括负二项回归模型和泊松回归模型）的实证检验结果表明：无论是供应商集中度还是客户集中度，对企业技术创新产出、R&D 投资频次都具有显著的负向作用。首先，企业的供应商集中度或客户集中度过高表明企业在供应链关系中地位较低，企业对供应商或客户容易形成一种单向的依赖关系，而这种依赖关系不仅致使企业减小了进行自主创新的压力，减少了对新产品、新技术的开发需求，而且一旦核心供应商或用户流失，甚至成为竞争对手，将极大地抑制企业的技术创新产出及其未来发展。其次，供应商、客户作为企业获得外部知识资源的重要来源，当企业的供应商集中度或客户集中度过高时，企业与供应商和客户的关系相对紧密，因此，企业很容易会通过溢出效应来拥有大量的外部知识资源。然而，当企业拥有外部知识资源但不受内部知识资源的影响时，更有可能进行间断性的而非连续性的创新投入。因此，在企业内部知识资源确定的情况下，将不利于企业进行连续性的 R&D 投资。最后，供应链集中度既不利于企业的技术创新产出，也不利于企业进行连续性的 R&D 投资，即供应商集中度和客户集中度对企业技术创新产出和连续性创新投入的影响具有相互替代作用。

本章参考文献

[1] 傅晓霞，吴利学.技术差距、创新环境与企业自主研发强度 [J].世界经济，2012，(7)：101～122.

[2] 郤萌，韩树政.我国企业技术创新行为及影响因素研究 [J].科学管理研究，2013，31 (4)：76～79.

[3] 吴舟，夏管军.企业技术创新的影响因素分析 [J].现代经济信息，2013，(11)：108～109，125.

[4] 肖洪钧，李苗苗，于丽丽.战略性新兴产业企业技术创新能力影响因素研究 [J].大连理工大学学报 (社会科学版)，2013，34 (2)：8～12.

[5] 徐彪，李心丹，张珣.区域环境对企业创新绩效的影响机制研究 [J].科研管理，2011，32 (9)：147～156.

[6] 朱平芳，徐伟民.政府的科技激励政策对大中型工业企业 R&D 投入及其专利产出的影响 [J].经济研究，2003，(6)：45～53.

[7] Ahuja G., Lampert C. M., Tandon V. Moving beyond schumpeter: Management research on the determinants of technological innovation [J]. *The Academy of Management Annals*, 2008, 2 (1)：1-98.

[8] Ali M., Park K. The spiral model of indigenous technological innovation capabilities for developing countries [C]. 6th International Student Conference, Izmir Turkey, 2010.

[9] Annique Un C., Cuervo - Cazurra A. Do subsidiaries of foreign MNEs invest more in R&D than domestic firms? [J]. *Research Policy*, 2008, 37 (10)：1812-1828.

[10] Baron R. A. , Tang J. The role of entrepreneurs in firm – level innovation: Joint effects of positive affect, creativity and environmental dynamism [J]. *Journal of Business Venturing*, 2011, 26 (1): 49 – 60.

[11] Bartoloni E. Capital structure and innovation: Causality and determinants [J]. *Empirica*, 2013, 40 (1): 111 – 151.

[12] Caetano M. , Amaral D. C. Roadmapping for technology push and partnership: A contribution for open innovation environments [J]. *Technovation*, 2011, 31 (7): 320 – 335.

[13] Cappelen A. , Raknerud A. , Rybalka M. The effects of R&D tax credits on patenting and innovations [J]. *Research Policy*, 2012, 41 (2): 334 – 345.

[14] Czarnitzki D. , Hanel P. , Rosa J. Evaluating the impact of R&D tax credits on innovation: A microeconometric study on Canadian firms [J]. *Research Policy*, 2011, 40 (2): 217 – 229.

[15] David P. , Hall B. , Toole A. Is public R&D a complement or substitute for private R&D: A review of the econometric evidence [J]. *Research Policy*, 2000, 29 (4): 497 – 529.

[16] Fedderke J. W. , Teubes B. G. Fiscal incentives for research and development [J]. *Applied Economics*, 2011, 43 (14): 1787 – 1800.

[17] Feng T. W. , Wang D. Supply chain involvement for better product development performance [J]. *Industrial Management & Data Systems*, 2013, 113 (2): 190 – 206.

[18] Furman J. L. , Porter M. E. , Stern S. The determinants of national innovative capacity [J]. *Research Policy*, 2002, 31 (6): 899 – 933.

[19] Hinloopen J. More on subsidizing cooperative and non – cooperative R&D in duopoly with spillovers [J]. *Journal of Economics*, 2000, 72 (3): 295 – 308.

[20] Jansen J. J. P. , Van Den Bosch F. A. J. , Volberda H. W. Exploratory innovation, exploitative innovation, and performance: Effects of organizational antecedents and environmental moderators [J]. *Management Science*, 2006, 52 (11): 1661 – 1674.

[21] Kapoor R., Lee J. M. Coordinating and competing in ecosystems: How organizational forms shape new technology investments [J]. *Strategic Management Journal*, 2013, 34 (3): 274 – 296.

[22] Lach S. Do R&D subsidies stimulate or displace private R&D, evidence from Israel [J]. *The Journal of Industrial Economics*, 2002, 50 (4): 369 – 390.

[23] Romero I., Martínez – Román J. A. Self – employment and innovation, exploring the determinants of innovative behavior in small businesses [J]. *Research Policy*, 2012, 41 (1): 178 – 189.

[24] Schuelke – Leech B. A. Volatility in federal funding of energy R&D [J]. *Energy Policy*, 2014, 67: 943 – 950.

[25] Swift T. R&D expenditure volatility and firm performance: Organizational and environmental contexts [J]. *International Journal of Innovation and Technology Management*, 2013, 10 (4): 1 – 21.

[26] Yam R., William L., Tang E., et al. Analysis of sources of innovation, technological innovation capabilities, and performance: An empirical study of Hong Kong manufacturing industries [J]. *Research Policy*, 2011, 40 (3): 391 – 402.

第2章 概念界定及理论依据

本章内容安排如下。首先，借鉴国内外学者对企业技术创新及其内、外部驱动因素的定义和内涵研究，给出企业技术创新和企业内、外部技术创新驱动因素的定义，以便界定所要研究的企业技术创新及其内、外部驱动因素的范畴。其次，从企业技术创新内部驱动因素、外部驱动因素等方面对国内外相关主流研究的进展进行梳理，并且进行评述。再次，在此基础上结合现有研究理论构建本书的主要理论研究模型框架。最后，给出本书采用的主要研究对象和研究方法，并且重点、详细介绍有向无环图（DAG）分析方法、面板数据负二项回归模型和泊松回归模型。

2.1 相关概念的界定

2.1.1 企业技术创新的界定

自熊彼特提出创新（Innovation）这一概念以来，许多学者纷纷在此基础上从不同角度给出了企业技术创新的定义和内涵。

1. 从系统性或过程性角度定义企业技术创新的研究

目前，从系统性或过程性角度来定义企业技术创新的研究得到了广泛认同。他们认为企业技术创新是企业实现创新价值的全过程，是指企业从市场需求的感知、新概念的创造到研究开发再到商业化的整个过程。这一概念得到了进一步拓展性研究，Chen 等（2006）、朱霞和朱永跃（2012）认为企业技术创新是企业内、外部环境与企业内在相关能力有机作用的结果。Yam 等（2004）认为企业技术创新能力是由企业的学习能力、R&D 能力、资源配置能力、制造能力、营销能力、组织能力和战略计划能力等构成的。熊彼特认为创新是发明创造的第一次商品化。傅家骥和施培公（1996）认为企业技术创新本质上是一个利用旧知识创造新知识、调动各项技术能力将新知识物化为生产技术系统、组织员工高效率生产、创造新产品、实现市场价值的过程。蒋秋荣（2013）认为企业技术创新是指以获得商业利益和竞争优势为目的而进行的研发、推出新产品或新工艺的一系列活动或过程，其核心内容是新产品和新工艺。

2. 从创新强度角度定义企业技术创新的研究

有些学者认为由于创新强度的不同，企业技术创新具有渐进性创新和突破性（破坏性）创新之分。Christensen（1997）通过对多个产业兴衰历程的研究，将破坏性创新定义为打破现有行业的平衡，促使新一代技术、产品、服务及其相应价值的系统实现过程。张洪石和卢显文（2005）认为企业渐进性创新是指对企业现有用户关注的产品（服务）性能方面的改进；而企业突破性创新则是指并未按照企业主流用户需求而进行改进的创新，因此，可能暂时并不能够满足企业主流用户需求的一种创新。

3. 从创新开放程度角度定义企业技术创新的研究

还有许多学者从创新的开放程度角度分别探讨了开放式创新和封闭式创新。Chesbrough（2003）认为开放式创新是指企业不仅依赖于自身的 R&D 力量，而且要从开放的市场中获得发明创造，对于本公司冗余的发明可通过一些措施转让他人使用；与之相反，封闭式创新则是一种传统的创新模式，是指企业完全掌控从新概念的产生、知识的创造、产品的开发再到市场的推广等整个过程。Caetano 和 Amaral（2011）认为开放创新是以提高组织创新能力为目的的一种组织网络方法，这些组织包括顾客、供应商、研究机构和教育机构，在创新过程中运用这一方法系统的合作伙伴关系并非像经典的创新模式那样依赖于内部的 R&D 结构。董洁林和李晶（2013）通过对朗讯、思科和华为的跨案例分析，发现创新模式的演化呈现以下两个规律：在创新开放程度方面，开放者与封闭者之间存在鸿沟；在创新的新颖度方面，存在从较高的新颖度向较低的新颖度方向自然移动。仲伟俊等（2009）主要探讨了开放式创新的一种模式——产学研合作，实证研究表明产学研合作的内容包含信息获取、技术创新、实验设备和仪器利用、合作人才培养等，联合开发模式是产学研合作技术创新的主要模式，并且委托开发和咨询模式也发挥了重要作用。

4. 其他学者的相关定义

Guan 和 Ma（2003）认为技术创新是一种专门的资产或资源，包括技术、产品、工艺、知识、经验和组织等。Ali 和 Park（2010）从技术演化角度出发，认为发展中国家的本土化技术创新由四个阶段构成：技术创新、3－I（模仿、改善和创新）技术创新战略、自适应性技术创新战略和本土化技术创新战略。齐庆祝和李莹（2013）将技术创新分为研发、科技成果转换和工业化大生产三个阶段，并且指出了在这三个阶段中技术创新的风险、收益和投入的特点及相互联系。

本书通过上述对相关研究的梳理发现，目前从创新过程角度定义企业技术创新的研究成果已达成较为一致的看法，并且大都将企业技术创新和企业技术创新能力等同。鉴于以上分析，本书将企业技术创新看作开发新技术、新产品、新工艺的全过程，即从企业技术创新的投入到实现技术创新产出的过程。企业技术创新可以从企业的技术创新投入和技术创新产出两个维度来度量。根据现有研究对企业技术创新能力的定义：它是指从企业技术创新投入到技术创新产出再到技术创新价值实现的全过程。因此，企业技术创新和企业技术创新能力具有本质的不同：前者是实现创新的过程，而后者则是实现创新价值的过程。鉴于此，从技术创新价值实现过程的角度来看，二者是包含与被包含的关系，而二者都是企业动态能力的重要组成部分，如图 2.1 所示。

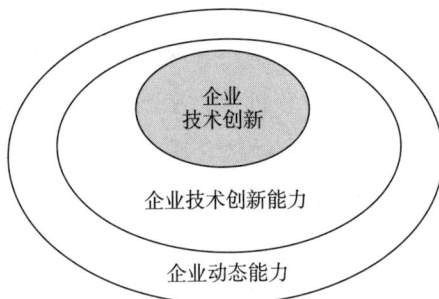

图 2.1　企业技术创新与企业技术创新能力之间的关系

2.1.2　企业技术创新的内、外部驱动因素界定

（1）关于企业技术创新的内部驱动因素的研究。Ahuja 等（2008）

认为如企业特点、经营范围、获得知识的外部来源、企业绩效、内部组织结构和流程、公司的控制安排（如补偿和激励结构）、管理者背景、组织搜索的过程等是决定技术创新的重要因素。吴舟和夏管军（2013）认为影响企业技术创新的因素包括内部和外部因素，其中内部因素包括企业创新投入、企业规模、企业组织、企业文化等。Bartoloni（2013）使用格兰杰因果关系检验表明，企业举债经营并不是引致创新产出的原因。郄萌和韩树政（2013）的实证分析表明，高新技术企业内部的研发人员投入、经费投入、新产品产值等因素对不同类型企业技术创新的影响存在显著差异性。还有一些研究表明创业者或企业家对风险的容忍度、创新精神、积极影响或创造力等也是企业创新的重要影响因素。如 Romero 和 Martínez - Román（2012）通过对西班牙 700 多名自我创业者的调查表明，创业者自身特点中教育背景通过影响创业者的动机和小企业管理风格等对创新产生重要的影响。Lee 等（2014）对来自日本、德国、英国及美国等 1267 个企业的实证分析表明，R&D 投资强度越高，企业可能更多地致力于开发性创新，而相对较少进行探索性创新。Baumann 和 Kritikos（2016）通过对德国微型制造业企业共计 4463 个观测数据的实证分析表明，微型企业 R&D 投资强度与报道的创新概率之间具有统计上显著的正向关系，相对于工艺创新，R&D 投资强度越高则越有助于产品创新。曾德明等（2017）对 2003～2012 年我国 93 家汽车产业上市公司的实证研究表明，R&D 投资强度对企业技术创新具有统计上显著的积极作用，并且高管团队的规模、高管团队任职期间的异质性分别负向调节和正向调节 R&D 投资强度与企业技术创新之间的关系。综上所知，现有研究大多关注于企业 R&D 投资强度、R&D 经费投入、R&D 人员投入、企业绩效、创新合作、企业规模等相关的企业属性并将之作为解释企业界定创新投入和技术创新成果的关键影响因素。

（2）关于企业技术创新的外部驱动因素的研究。这些研究大都关注于外部创新环境对企业技术创新的影响。目前，国内外关于创新环境（Innovation Milieu 或 Innovation Environment）的定义和内涵并未达成一致的看法：有些学者认为创新环境是一个相对稳定的系统或是一个相互影响的网络，还有一些学者则认为创新环境是影响企业技术创新的各种要素的集合。①有些学者认为创新环境是一个相对稳定的系统（体系），或者是一个相互依赖、相互影响的网络系统。王缉慈和王可（1999）认为区域创新环境是地方的大学、科研院所、企业、地方政府等机构及其个人之间在长期正式或非正式的合作与交流的基础上所形成的一个相对稳定的系统。Cooke 和 Schienstock（2000）认为在一定地理空间范围内，频繁地、密切地与企业技术创新投入相互作用的创新网络和行政性安排的制度是区域创新体系的重要组成部分。Doloreux（2002）认为企业、机构、知识基础设施和创新政策等要素是构成区域创新系统的四个相互作用、相互影响的基本要素。贾亚男（2001）将区域创新环境分为基础、文化、组织和信息等相互依赖的四个层次网络，分析了其系统性与复杂性、特色性与差异性、协调性与学习性等显著特征，并且认为良好的区域创新环境可以通过政府和企业的行为来培育和形成。李婷和董慧芹（2005）认为科技创新环境是一个稳定的开放网络系统，它将创新作为变革和发展的关键力量，在各个行为主体的制度安排和相互作用下，更经济性地创造、引进和扩散新知识、新技术，进而获得更好的科技创新绩效。②有些学者认为创新环境是影响企业技术创新的外部要素集合。Bruno 和 Tyebjee（1982）概括了一个成功的区域创新环境，主要包括拥有熟练技术的劳动力和企业家、邻近的供应商和客户、邻近的大学和科研机构、便利的土地利用和交通、令人满意的政府政策、易获得风险性投资等。Doloreux 和 Parto（2005）将制度要素作为区域创新环境的一个重要组成部分。章立军（2006）将区域创新环境分为基础设施水平、市场需求、劳动力素质、金融环境和创业水平等五个要素。马勇等（2009）将区域创新环境分为硬件环境和软件环境，其中硬件环境包括地理因素、经济基础、财政实力、居民收入和生活质量，而软件环境包括介质环境、机构环境和调控环境等三个层次。Chen 和 Guan（2011）将创新环境看作区域创新系统的一个重要构成要素，并且它与企业生产过程创新相互作用、相互影响。傅晓霞和吴利学（2012）主要从地区的对外开放程度、人力资本水平、研发外溢性、市场结构、研发资金来源结构、经济规模等度量企业创新环境。孙冰和张为峰（2013）认为创新环境由技术环境、人文环境、政法环境、市场环境和经济环境等相互联系、相互作用的五个要素构成。③其他学者关于创新环境的相关定义。欧洲区域创新环境研究小组（GREMI）将创新环境看作一个新的空间发展理论模型，它不仅与科技本身有关，而且与社会文化理念有关；不仅与市场空间、生产空间有关，而且与支持空间有关；不仅可以通过物质手段（通信和计算机网络），而且可以通过人与人之间直接接触等非正式的、"不可见"的联结来实现信息和知识的交流、传播。陈晓红和马鸿烈（2012）认为企业创新环境是指企业为技术创新所提供的环境或是基础，因此，可以使用企业规模资产、研发投入额度和科技人员投入作为度量指标。曹勇等（2012）认为在开放式创新环境下，企业可以通过内部研发、许可、购买、外包、专利联盟等方式来获取并占用专利，进而利用专利来占据市场竞争的优势地位。洪银兴（2013）将创新环境分为包括网络信息通道在内的基础设施、活跃的风险和创新投资、产学研合作创新的平台、创新创业人才的宜居环境、创新文化等。另外，国内外学者将创新环境分为不同的类型，例如区域、宏观和微观创新环境（Cooke and Schienstock，2000），软件和硬件创新环境（陈国政，2013），开放式和封闭式创新环境（Clausen et al.，2013），自然、人文和社会创新环境（孙冰、张为峰，2013）等。事实上，创新环境不仅是一个开放性的社会环境，而且是一个动态的创新环境。

（3）经过上述对相关研究的梳理不难发现：首先，企业技术创新的内部驱动因素的研究主要集中在企业 R&D 投资强度、R&D 经费投入、R&D 人员投入、企业规模、企业年龄和经营绩效等，这些因素直接影响了企业技术创新活动的整个过程；其次，创新环境是创新系统（体系）的一个重要组成部分，也是影响创新主体进行技术创新的外部重要因素，它包含大学等高等教育机构、科研院所、政府、基础设施水平、产业结构及其集群特征、金融环境、经济规模等要素。创新环境不但能激发企业或个体的创新潜能，促进知识、信息的流动和传播，而且能保护创新成果不被窃取。

鉴于此，本书将企业技术创新内、外部驱动因素看作影响企业技术创新要素所构成的一个集合，这些驱动要素能够促进知识、信息在企业内部与外部环境之间的流动和传播，加快企业技术创新速度，激发企业技术创新潜能，它包括 R&D 活动特征（R&D 投资波动性和 R&D 投资强度）、政府政策、区域对外开放程度、金融环境、科教事业发展、经济基础、产业集群特征、产业竞争环境、企业与供应商和客户之间的关系网络、人文环境、基础设施等企业内部、外部驱动要素。

本书的研究重点：企业技术创新内、外部驱动因素是由企业 R&D 活动特征、政府激励政策、区域环境要素和供应链关系等构成的，其中区域环境要素包括区域对外开放程度、金融发展水平、科教事业和经济发展水平等要素，如图 2.2 所示。

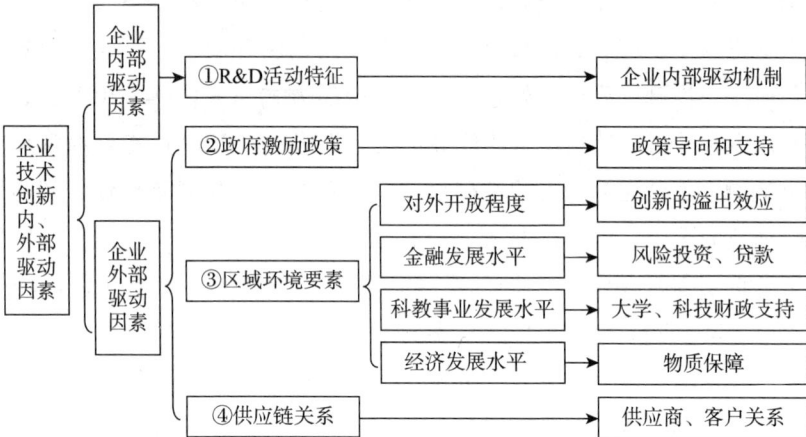

图 2.2　企业技术创新的内、外部驱动因素的界定

本书的主要研究目的之一：探讨企业 R&D 活动特征包括 R&D 投资波动性、R&D 投资强度、R&D 经费投入、R&D 人员投入等因素对企业技术创新的影响关系。因此，本书选用企业 R&D 活动特征作为企业技术创新内部驱动因素之一。主要以我国战略性新兴产业企业作为研究对象，通过构建面板数据模型揭示企业 R&D 投资波动性、企业 R&D 投资强度与企业技术创新之间的影响关系。

本书的主要研究目的之二：探讨政府激励政策对企业技术创新是否存在复杂的非线性影响关系。因此，本书选用政府激励政策作为企业技术创新外部驱动因素之一。当然，在我国针对战略性新兴产业企业的激励政策不仅来自省、自治区、直辖市政府颁布的激励政策，而且包括来自中央政府发布的激励政策。因此，将政府激励政策区别于区域环境要素单独列出作为影响企业技术创新的一个关键要素进行分析。

本书的主要研究目的之三：探讨区域环境要素与企业技术创新之间的同期因果关系。因此，以我国省、自治区和直辖市的行政区划界定"区域"。其中，区域对外开放程度为企业消化、吸收新的知识和信息提供技术溢出和知识溢出效应；金融发展水平为企业提供重要的贷款、风险投资的来源并营造良好的融资环境；科教事业发展水平为企业提供重要的科学知识资源和培育高端人才的场所；经济发展水平反映区域的基础设施水平、发展活力等，为企业技术创新提供稳定的经济大环境。然而，我国战略性新兴产业尚未形成鲜明的产业集群特征，因此，结合数据可得性问题，本书在分析区域创新环境与企业技术创新的同期因果关系时，并未考虑产业集群特征和产业竞争环境等因素。

本书的主要研究目的之四：探讨企业与供应商、客户之间关系的紧密程度对企业技术创新是否存在影响。因此，将供应商和客户（并非位于企业所在同一区域内）有别于区域环境要素和政府激励政策，单独列出研究它们对企业技术创新的影响。在提出供应商集中度、客户集中度的概念基础上，采用面板数据计数回归分析方法分别揭示出供应链关系与企业技术创新之间的内在关联性。

2.2　国内外相关研究进展

到目前为止，关于影响企业技术创新有哪些因素的问题，国内外学者做了大量的相关研究。通过研读国内外高被引文献，不难发现大多数文献都将影响企业技术创新的因素分为内部创新影响因素和外部创新影响因素。

2.2.1　国内外关于企业技术创新影响因素的研究进展

1. 国外关于企业技术创新影响因素的研究进展情况

本研究在美国汤姆森路透（Thomson Reuters）发布的集成数据库 Web of Science 官方网站中，选定时间跨度为所有年份（截至 2013 年 8 月 3 日），搜索范围包括 SCI - EXPANDED、SSCI、CPCI - S、CPCI - SSH 等数据库。首先，以 "Technological Innovation * " 进行主题检索，在结果中以 "Influence Factor * " 为主题进行精炼检索。然后，将搜索结果按照被引频次（截至 2013 年 8 月 3 日搜索时的被引频次）进行排列，如表 2.1 所示。

表 2.1　按被引频次排列的前 7 篇文献

作者	主要研究内容	文献来源	时间/卷（期）	被引频次
Kimberly 和 Evanisko	研究表明，组织层次的因素特别是组织规模对医院使用技术创新和管理创新都具有重要影响	*Academy of Management Journal*	1981/24（4）	595
Furman 等	研究表明，创新环境对国家创新强度差异性具有重要影响	*Research Policy*	2002/31（6）	275
Chwelos 等	使用结构方程模型对调查问卷分析探讨了使用新兴电子数据交换（EDI）的三个决定因素：意愿、期望收益和外部压力	*Information Systems Research*	2001/12（3）	231
Kessler 和 Chakrabarti	研究表明，战略导向因素和组织能力因素影响创新速度，而创新速度影响开发成本、产品质量和最终项目的成功	*The Academy of Management Review*	1996/21（4）	213
Zhu 和 Kraemer	使用结构方程模型对 10 个国家内 624 家零售企业数据分析表明，经济、体制等因素对技术创新在不同国家扩散具有重要影响	*Information Systems Research*	2005/16（1）	182
Tatikonda 和 Weiss	运用两阶段多层次调节回归法对 120 个开发项目的分析表明，流程的并发性、正式性和适应性等因素对企业产品开发具有重要影响	*Management Science*	2001/47（1）	152
Shane	对 1980~1996 年麻省理工申请的 1397 项专利数据的分析表明，技术的重要性、极端性和专利范围等三个属性影响发明商业化形成一个新公司的可能性	*Management Science*	2001/47（2）	149

从高被引文献研究的内容来看，外国学者们主要从组织特点和能力、战略导向因素、经济因素、体制因素、组织流程性因素和技术属性等不同的角度探讨了影响国家、产业、企业层次的技术创新（或创新产出、创新绩效）的因素。例如，Furman 等（2002）探讨了国家层面创新投入差异性的原因，通过对 17 个 OECD 国家的创新能力研究表明，创新投入（如 R&D 人员投入和经费投入）的差异性受到诸如知识产权保护政策、国际贸易的开发程度、学术机构参与研究的情况、私人部门发起的 R&D 活动、技术专业化程度以及各个国家的知识存量等因素的影响。

2. 国内关于企业技术创新影响因素的研究进展情况

本研究于 2013 年 10 月 3 日在 CNKI 3.0 知识检索数据库中的学术趋势页面中，以"技术创新影响因素"为关键词进行检索，时间跨度为 2001~2012 年。将上述检索结果按照被引频次（截至 2013 年 10 月 3 日搜索时的被引频次）进行排列，如表 2.2 所示。

表 2.2　2001~2012 年国内按被引频次排列的前 8 篇文献

作者	文献名称	文献来源	发表时间	被引频次
王霄、胡军	社会资本结构与中小企业创新	管理世界	2005/7/20	93
张方华	资源获取与技术创新绩效关系的实证研究	科学学研究	2006/8/15	58
张会云、唐元虎	企业技术创新影响因素的模糊聚类分析	科研管理	2003/11/20	57
徐金发、刘翌	企业治理结构与技术创新	科研管理	2002/7/20	50
范爱军、刘云英	我国高技术产业技术创新影响因素的定量分析	经济与管理研究	2006/10/6	45
陈晓红等	中小企业技术创新与成长性的关系研究——基于我国沪深中小上市公司的实证分析	科学学研究	2008/10/15	44
高敏	关于电子产业技术创新影响因素的实证分析	经济经纬	2004/1/25	38
叶克林等	企业技术创新影响因素的实证研究	学海	2003/6/10	27

　　单从表 2.2 国内高被引文献的名称来看，国内学者与国外学者们一样，大多采用实证分析的方法探讨影响产业或企业技术创新（创新绩效）的因素。从他们的研究结论来看，社会资本结构、政府政策、市场环境、资源获取、企业治理结构、企业资源投入、企业创新意识和领导重视程度等企业内、外部因素对技术创新具有不同程度的影响。王霄和胡军（2005）使用结构方程模型分析了在我国中小企业技术创新的影响因素，认为社会关系网络、社会信任合作环境、外部技术交流网络、企业知识积累与企业人力资本深化等因素都直接和间接地影响企业技术创新。张方华（2006）通过使用 BP 神经网络方法对我国 210 家企业样本的分析表明，企业的信息和知识获取对企业技术创新具有简单的正向线性影响，而企业的资金获取对企业技术创新则存在复杂的非线性影响。张会云和唐元虎（2003）通过采用模糊聚类分析方法对河北省 532 家大中型工业企业的分析表明，企业创新意识、创新决策、研发人员素质、领导的重视程度等四个内部因素以及政府行为因素、政府政策等外部因

素对企业技术创新的影响程度最大。徐金发和刘翌（2002）定性描述了
企业的股权结构、董事会等企业治理结构因素对企业技术创新的影响。
范爱军和刘云英（2006）对 1996～2002 年我国高技术产业内大中型企业
面板数据的分析表明，大型企业和中型企业之间的竞争效应和技术溢出
效应分别抑制和促进了各自技术创新水平的提升，并且二者的技术创新
对外资具有很大依赖性。高敏（2004）使用计量回归模型对 1986～2001
年我国电子产业数据进行分析表明，产业内企业规模、产业进出口额、
大企业比重等对电子产业创新的影响较大，然而市场集中度、产权制度
变化对电子产业创新的影响较小。叶克林等（2003）对江苏省淮安市
150 家企业的分析表明，创新资本、人力资源、管理体制和配套体系等
是制约企业技术创新最重要的影响因素。

2.2.2　企业技术创新的内部驱动因素研究进展

目前，国内外研究涉及如何提升企业技术创新（能力）的问题大都
是从企业内部环境出发来探讨的。关于企业技术创新的内部影响因素的
研究大多是将企业 R&D 经费投入、R&D 人员投入、R&D 投资强度、人
力资本、企业年龄、企业规模、经营绩效等相关的企业属性作为解释企
业创新投入和创新成果的关键影响因素。

1. 企业 R&D 活动对企业技术创新影响研究

R&D 活动是企业技术创新和获得竞争优势的关键，而企业 R&D 经
费投入是研发活动的血液，一旦出现较大波动或者"断流"，R&D 活动
可能将被延迟甚至中断，进而影响企业技术创新产出。为此，现有文献
已经就 R&D 活动对企业技术创新的影响展开了大量研究，并取得了丰硕
的成果。例如，Hall 和 Sharmistha（2002）研究发现，研发投资强度与专
利产出呈显著的正相关，研发和科技突破是创新的主要推动力。李志远
和赵树宽（2011）通过对长春市和通化市生物医药企业的调查研究发
现，企业 R&D 投资强度对企业新产品研发成功具有统计上显著的影响，
并且企业跨部门整合对二者间的关系具有正向调节作用。李左峰
（2013）对 2010 年我国 289 家创新型企业数据的实证分析表明，企业内
部 R&D 经费投入的产出弹性为正数，但企业外部 R&D 经费投入的产出
弹性则需视企业技术创新产出指标的选择而定。郄萌和韩树政（2013）

的实证分析表明，高新技术企业内部的 R&D 人员投入、R&D 经费投入等因素对不同类型企业技术创新的影响存在显著的差异性。吴舟和夏管军（2013）认为企业创新投入是影响企业技术创新的最主要内部因素。李爽（2016）采用随机前沿生产函数方法对我国 96 家新能源企业的实证分析表明，企业 R&D 投资强度越高，企业自主 R&D 的努力程度越高，则该企业技术创新效率也越高。另外，近年来相关学者已经就企业 R&D 投资波动性与技术创新关系开展了初步的研究。例如，Mokyr（1996）的研究表明，企业技术创新是一个渐进性变化和破坏性变化循环交替的过程，在某一个阶段渐进性变化可能起支配作用，在另一个阶段破坏性变化则起主导作用。Schuelke-Leech（2014）对 2000～2012 年美国联邦政府能源行业 R&D 经费配置研究表明，在碳的获取与封存、废物再处理等领域的 R&D 经费投入波动最大，但并不能说明 R&D 经费投入的波动性不利于企业技术进步和创新。总之，已有研究主要集中于 R&D 经费投入、R&D 投资强度、R&D 人员投入等因素对企业技术创新的影响，而关于企业 R&D 投资波动性对企业技术创新的影响研究仍然处于初级探索阶段。

2. 企业年龄、经营绩效等对企业技术创新影响研究

已有研究除了关注企业 R&D 活动对企业技术创新的影响之外，还探讨了诸如企业年龄、经营绩效等内部因素对企业技术创新的影响。例如，Lee（2002）运用 6 个国家内 7 个产业企业的数据进行实证检验表明，企业的技术竞争力是 R&D 投资强度的主要决定因素，而企业规模是 R&D 投资强度的间接影响因素。Chiang 和 Mensah（2004）以 1994～1998 年预包装的计算机软件产业企业为样本进行实证分析表明，企业拥有较大市场份额、较高技术人员比例和较多产品种类等对 R&D 支出的市场价值影响较大。Koberg 和 Levien（2004）运用五分法测度企业内部职能部门间的协同机制，认为企业职能部门间的协同机制对突破性创新和渐进性创新都具有正相关关系。Börjesson 和 Elmquist（2011）、宫留记（2011）等的研究也试图从企业内部寻找提升企业技术创新的途径。Ahuja 等（2008）认为如企业特点、经营范围、获得知识的外部来源、企业绩效、内部组织结构和流程、公司的控制安排（如补偿和激励结构）、管理者背景、组织搜索的过程等是决定创新的重要因素。总之，现有研究集中探讨了企业家（包括企业家背景、企业家精神等）、企业年龄、企业规

模、经营绩效、组织结构、专利等内部因素对企业技术创新的影响。

综上所述，目前国内外关于企业内部因素（包括企业 R&D 经费投入、R&D 人员投入、R&D 投资强度、人力资本、企业年龄、企业规模、经营绩效、组织结构等）对技术创新的影响研究已经取得了丰硕的成果。然而，企业 R&D 投资是研发活动的血液，一旦出现较大波动或者"断流"，R&D 活动可能将被延迟甚至中断，进而影响企业技术创新。因此，企业 R&D 投资波动性可能对企业技术创新产生重要的影响。但是，已有文献缺少关于这一问题的研究，而关于企业 R&D 投资波动性、R&D 投资强度与企业技术创新的影响研究更少。

2.2.3　企业技术创新的外部驱动因素研究进展

大多数学者认为影响企业技术创新的外部因素主要包括政府政策、市场属性、产业状况、社会资本、供应链网络关系、技术合作等在内的外部创新环境要素。

1. 国外关于创新环境要素对企业技术创新影响研究

在美国汤姆森路透（Thomson Reuters）发布的集成数据库 Web of Science 中进行相应的检索。其中搜索范围包括 SCI - EXPANDED、SSCI、CPCI - S、CPCI - SSH 等数据库，时间跨度为 2001～2012 年。首先，以 "Innovation Environment*" 进行主题检索，总共获得 12100 多篇公共发表的学术文献。然后，在结果中以 "Technological*" 为主题进行精炼搜索，共搜索了 2176 篇相关的学术文献，并将其按照被引频次进行排列，排名前 5 篇的文献及其主要研究内容如表 2.3 所示。

表 2.3　按被引频次排列的前 5 篇文献

作者	主要研究内容	文献来源	时间/卷（期）	被引频次
Benner 和 Tushman	过程管理对技术创新和组织适应力的影响	*Academy of Management Review*	2003/28（2）	503
Lee 等	内部能力和外部网络对企业绩效的影响	*Strategic Management Journal*	2001/22（6）	316
Dabrowski	主要评论了关于吸附性技术的文献，强调了未来发展趋势及其在环境保护、环境分析中应用的前景	*Advances in Colloid and Interface Science*	2001/93（1）	288

作者	主要研究内容	文献来源	时间/卷(期)	被引频次
Furman 等	探讨国家创新强度差异性的决定因素,并强调了创新环境的影响	*Research Policy*	2002/31 (6)	265
Jansen 等	环境如何调节探索性创新、开发性创新对企业绩效的影响	*Management Science*	2006/52 (11)	200

注:被引频次是按照截至 2013 年 5 月 26 日搜索时的被引情况所得的。

从逐年检索的结果来看,在 2001~2012 年,Web of Science 数据库中相关文献收录量的年均增长率高于 13%,总体上呈现递增的趋势。从某种程度上表明近 10 年来国外对创新环境和技术创新的研究日益增多,并且与之相关问题的研究日益受到外国学者的重视和青睐。

从搜索的高被引文献的研究内容来看,外国研究者集中关注于创新与绩效之间的关系。在 2001~2012 年公共发表的相关学术文献中,被引频次最高的是宾夕法尼亚大学的 Benner 和哈佛商学院的 Tushman 学者于 2003 年共同发表在国际顶级期刊 *Academy of Management Review* 上的一篇名为《开发、探索和过程管理:重新审视生产率的困境》,主要研究了过程管理对技术创新和组织适应力的影响。被引频次排名第 2 的文献是由韩国中北大学的 Lee、韩国首尔大学的一些学者于 2001 年在 *Strategic Management Journal* 杂志上合作公开发表的名为《内部能力、外部网络和绩效:基于技术型企业的研究》,主要探讨了内部能力和外部网络对企业绩效的影响,通过 137 家韩国技术型企业的数据分析表明,在企业形成阶段,创业导向、技术等内部能力对初创企业的绩效具有积极的正向影响;政府、商业银行对财政资源投资、企业与风险资本公司之间的关系等外部网络对初创企业绩效具有正向的边际影响;然而,企业与大学、科研机构的联系对企业绩效并没有直接的影响,而是通过内部能力对企业绩效产生间接和积极显著的影响(Clausen et al., 2013)。被引频次排名第 5 的文献是由伊拉斯姆斯大学的 Jansen 等学者于 2006 年在 *Management Science* 杂志上共同公开发表的一篇名为《探索性创新、开发性创新和绩效:组织形式的前提条件和环境的调节效应》,文章通过对欧洲大型金融服务业企业的调查问卷和层级回归分析方法的研究表明,组织的集中化负向影响探索性创新,而组织的形式化正向影响开发性创新;各部门间的联系是探索性创新和开发性创新的重要前提条件。研究还表明，在动态环境中，追求开发性创新对企业财务绩效的提高更加有效，即在竞争激烈的环境中，追求开发性创新更有利于企业的财务绩效。

另外，Ali 和 Park（2010。）认为 R&D 机构、教育机构、金融机构、基础设施、首席技术管理者、创业等环境要素是影响发展中国家本土化技术创新的主要因素，而本土化技术创新促使技术创新合理地应用到本土情境中，因此，企业技术创新受到经济、社会、政治系统、当地人们的具体需求、文化背景等环境要素的影响。Yam 等（2011）通过对中国香港制造业企业的调查问卷分析表明，大学、研究机构、中介机构等企业外部组织不仅对制造业中小企业的创新活动具有直接的影响（创新来源），而且为企业吸收外部知识铺平了道路，进而间接地影响创新活动（桥梁作用）。Robin 和 Schubert（2013）通过对 2004 年和 2008 年法国和德国社区创新的调查数据分析表明，与公共研究机构的合作对企业技术创新产出具有显著的正向影响，然而对企业工艺创新并没有显著的影响。Guisado-González 等（2013）探讨了西班牙企业内不同技术知识来源对创新绩效的影响。实证检验表明，在外部技术服务的并购、研发合作、机械并购和非物质性技术等影响因素中，只有机械并购技术对创新绩效具有统计上显著的负向影响。De Dominicis 等（2013）的研究表明，在欧洲区域内，社会资本和地理邻近性是创新产出存在差异性的两个重要影响因素。

综上所述，目前，国外关于外部创新环境对企业技术创新影响的研究相对较少。从 2001～2012 年公开发表的高被引文献的研究内容来看，外国学者集中关注于过程管理、内部能力、外部网络等因素对企业绩效的影响。然而，关于创新环境对企业技术创新是否存在直接或间接的影响，如果这种影响关系存在，那么创新环境如何对企业技术创新产生作用等问题的研究较少。已有研究结论大都是针对发达国家的创新问题而获得的，那么，这些研究结论是否也适用于新兴经济体的创新问题？到目前为止，现有研究并没有给出清晰的解释，并且很少有来自新兴经济体的实证分析。因此，需要新的理论和新的经验依据来解释这些问题。

2. 国内关于创新环境要素对企业技术创新影响研究

于 2013 年 6 月 30 日在 CNKI 3.0 知识检索数据库中的学术趋势页面

中，以"创新环境"为关键词进行检索，时间跨度为 2001 ~ 2012 年。从 CNKI 中每年收录的关于"创新环境"的文献数量来看，在 2001 ~ 2012 年，收录的相关文献数量整体上呈递增的趋势（见图 2.3），其年均增长率超过 11%。

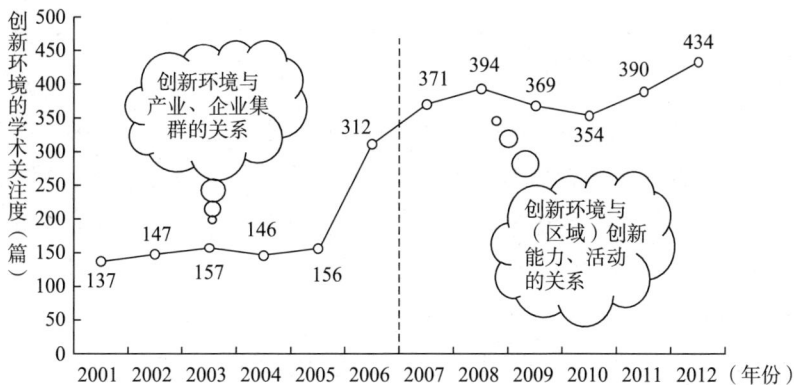

图 2.3　国内关于创新环境的学术研究热点

将上述检索结果按照被引频次进行排列，排名前 7 篇的文献如表 2.4 所示。从高被引文献的研究内容来看，发现 2001 ~ 2012 年国内学者对创新环境的研究焦点有所变化。2001 ~ 2006 年的研究焦点是探讨创新环境与产业、企业集群的关系，而 2007 ~ 2012 年则重点探讨了创新环境与（区域）创新能力、活动的关系。

表 2.4　2001 ~ 2012 年国内按被引频次排列的前 7 篇文献

作者	文献名称	文献来源	发表时间	被引频次
魏后凯	对产业集群与竞争力关系的考察	经济管理	2003/3/23	286
王一鸣、王君	关于提高企业自主创新能力的几个问题	中国软科学	2005/7/28	261
盖文启	论区域经济发展与区域创新环境	学术研究	2002/1/25	157
朱海就	区域创新能力评估的指标体系研究	科研管理	2004/5/20	130
佘明龙	产业集群理论综述	兰州商学院学报	2005/6/30	112

作者	文献名称	文献来源	发表时间	被引频次
肖广岭、柳卸林	我国技术创新的环境问题及其对策	中国软科学	2001/1/21	102
李习保	区域创新环境对创新活动效率影响的实证研究	数量经济技术经济研究	2007/8/5	91

注：被引频次是按照截至 2013 年 6 月 30 日搜索时的被引情况所得的。

　　在表 2.4 的文献中，被引频次最高的文献是由魏后凯于 2003 年发表的一篇标题为《对产业集群与竞争力关系的考察》的文献，被引频次为 286 次，该篇文章认为创新环境是形成产业集群并保持其竞争优势的关键要素之一。紧随其后的是王一鸣和王君于 2005 年发表的一篇题为《关于提高企业自主创新能力的几个问题》的文献，他们认为工业化和产业发展阶段、市场需求和市场竞争、技术链和创新链、国家创新体系、知识产权保护等外部创新环境是影响企业自主创新能力提升的重要因素，并且在最后分别从企业和政府等不同角度对如何提升企业自主创新能力的问题，提出相应的对策建议。

　　通过对 2012 年 6 月到 2013 年 6 月每月被 CNKI 用户下载的文献进行统计分析，结果如图 2.4 所示。

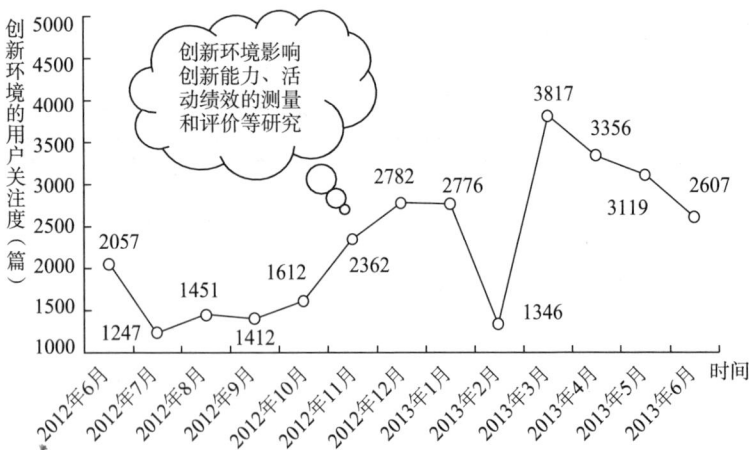

图 2.4　CNKI 用户关注的焦点

　　通过统计分析被 CNKI 用户高频次下载的文献，不难发现在 2012 年 6 月至 2013 年 6 月，CNKI 用户集中关注于创新环境对创新能力（包括创新绩效、效率等）影响的问题。相比较而言，国内学者关于外部创新环境要素对企业技术创新影响的研究较多。发表在国内主流期刊上的被引频次较高的文献情况如表 2.5 所示。在国内主流期刊发表的这些学术论文中，大多是采用不同的实证分析方法选用国家层面、区域层面或产业层面的数据进行分析探讨的，很少选用微观企业层面的数据进行分析。如表 2.5 所示，在被引频次较高的 6 篇文献中，学者李习保（2007）、党文娟等（2008）、傅晓霞和吴利学（2012）、马勇等（2009）是分别选用了国家层面、省级区域层面和副省级层面的数据展开分析的，孙冰和张为峰（2013）则是选用产业层面的数据进行分析的，只有章丹和胡祖光（2013）是选用了微观企业层面数据进行分析的。

表 2.5　国内关于创新环境要素对企业技术创新的影响研究

作者（时间）	研究的问题	文献来源
李习保（2007）	通过运用随机前沿模型分析了 1998～2006 年我国创新活动数据，结果表明，一个地区的教育投入程度和政府科技财政支持力度是促进创新效率的两个显著的环境因素	数量经济技术经济研究
党文娟等（2008）	对 2005 年我国 30 个省、自治区、直辖市的相关数据分析表明，创新环境对区域创新能力存在显著性促进作用	中国软科学
马勇等（2009）	比较了大连、青岛、宁波、厦门和深圳五市的地方创新环境要素，并探讨了它们对当地外资研发活动产生的影响	科学学与科学技术管理
傅晓霞、吴利学（2012）	通过对 1996～2008 年省级地区相关数据的分析表明，创新环境要素中区域对外开放程度总体上对企业 R&D 投资强度具有负向影响，同时地区的经济规模、人力资本、政府研发投入比重和大企业比重对自主 R&D 投资强度都存在负向影响	世界经济
章丹、胡祖光（2013）	通过对国内 63 个技术创新网络的调研分析表明，网络结构洞对企业探索式的技术创新活动具有正向影响，而对利用式的技术创新活动则不具有统计上显著的影响	科研管理
孙冰、张为峰（2013）	运用 1996～2010 年我国电子及通信设备制造业相关数据的研究表明，创新环境与技术创新之间存在正向非线性关系	统计与决策

另外，池仁勇（2003）根据浙江省 230 家企业的问卷调查分析表明，政府的补贴对技术创新效率并没有显著的影响。于飞（2013）以 187 家高新技术园区内企业为样本进行了实证分析表明，在企业集群中，企业在供应链网络内的位置中心性、企业在连锁董事网络和相互持股关系网络内的位置中心性对企业技术创新具有显著的影响。吴岩（2013）采用

主成分分析法对影响科技型中小企业技术创新的因素进行了实证分析表明，产业状况和环境因素等是影响科技型中小企业技术创新的重要因素。当然，国内有些博士研究生也已经将创新环境对技术创新的影响问题作为博士学位论文的研究重点，并且大都通过调查问卷获得第一手资料，采用结构方程模型或简单的相关性分析来进行验证。如浙江大学博士研究生陈力田（2012）通过对浙江和福建两省企业的调查问卷和实证分析，验证了技术创新能力随环境适应性演进的路径，即"吸收能力主导沿吸收、集成能力为主向吸收、集成、原创能力高水平均衡发展"。昆明理工大学博士研究生吴晓松（2012）在其博士学位论文中探讨了诸如创新基础设施、政府创新政策、外商直接投资的知识溢出等创新环境要素对企业创新能力的影响，并通过调查问卷进行了验证。华南理工大学博士研究生林春培（2012）通过对广东创新型企业问卷调查和实证分析表明，网络规模、关系强度对根本性创新的直接影响在统计上显著，而对渐进性创新的直接影响并不显著；网络中心性对渐进性创新和根本性创新的直接影响都不显著。

综上所述，通过上述对 CNKI 数据库中关于创新环境的相关文献的收录数量和被下载频次的统计分析，不难发现以下几点。首先，国内学者对创新环境的关注度逐年提升，表明创新环境相关问题的研究日益受到国内学者的青睐。其次，2001～2012 年，国内关于创新环境的研究焦点有所转变，焦点由创新环境对产业、企业集群的影响转换为对技术创新能力、活动的影响。最后，从 2012 年 6 月至 2013 年 6 月 CNKI 用户对相关文献下载频次的统计分析来看，关注焦点在于创新环境影响创新能力、活动绩效的测度和评价等问题。然而，从上述高被引频次、高下载频次的文献内容来看，虽然强调了创新环境对创新能力、活动的重要性，但大都从国家、区域或产业等宏观层次来探讨创新环境对创新能力、活动所产生的影响，很少从微观层次来研究外部创新环境对企业技术创新的影响。因此，缺乏微观企业的理论依据和经验证据。

2.3　现有研究评述

从前文主流文献的研究内容来看，国内外关于企业技术创新影响因素的研究大多数将影响企业技术创新的因素分为企业内部影响因素和外部影响因素。其中，诸如企业规模、企业年龄、企业创新投入等内部因素对企业技术创新影响的研究相对较多，而诸如政府激励政策、金融机构等外部因素对企业技术创新影响的研究相对较少。企业根植于不同的国家、区域，以及所属不同产业类型，因此，企业技术创新的内、外部关键影响因素也存在差异性。事实上，影响企业技术创新活动的环境因素不仅仅来自企业内部，还应包括来自政府政策、大学、科研机构、市场属性、竞争者、供应商、顾客、技术合作等外部环境因素，以及企业所根植于某一区域内的经济发展水平、社会文化科教事业、金融发展、对外开放程度等因素。通过上述对国内外关于创新环境、企业技术创新影响因素以及创新环境要素对企业技术创新影响等相关研究的梳理，本书发现至少还存在以下几个问题。

2.3.1 企业技术创新内部驱动因素的研究评述

关于企业 R&D 投资波动性对企业技术创新影响的研究相对较少，并且关于企业 R&D 投资强度对企业技术创新的影响研究更少。关于企业技术创新内部驱动因素的影响研究，国内外主流文献更多地关注于企业研发投入、企业规模、企业年龄等内部因素对企业技术创新影响的研究，忽略了对企业 R&D 活动特征对企业技术创新驱动影响的研究。事实上，企业 R&D 经费投入是研发活动的血液，一旦出现较大波动或者"断流"，R&D 活动可能将被延迟甚至中断，进而影响企业技术创新。那么，在企业整个的 R&D 活动过程中涉及企业 R&D 投资波动性、R&D 投资强度等 R&D 活动特征是如何影响企业技术创新的？国内外主流文献对这一问题的研究相对较少。虽然现有文献已经就 R&D 投资波动性对技术创新绩效的影响开展了探索性研究（Swift，2013），但仍然处于初级探索阶段，并未形成相对成熟的理论。

2.3.2 企业技术创新外部驱动因素的研究评述

（1）关于政府激励政策对企业技术创新的非线性影响研究相对较少。探讨政府激励政策对企业技术创新影响的问题是国内外关于创新环境对企业技术创新影响的重要研究焦点之一，并且已经取得了一定的研究成果。然而，关于政府激励政策对企业技术创新影响的研究结论存在非一致性，甚至存在冲突性。多数学者认为研究结论不同是样本差异性和政策方式的不同造成的。事实上，如果政府激励政策对企业技术创新存在非线性的影响，那么处于不同阶段时政府激励政策对企业技术创新的影响也会造成研究结论的冲突性。目前只有很少的文献涉及并探讨了政府激励政策对企业技术创新是否存在非线性影响的问题。

（2）缺乏新的研究方法来分析和检验区域环境要素与企业技术创新之间的同期因果关系。近年来，创新环境要素对企业技术创新影响的研究集中探讨了政府激励政策、科研机构和高等院校、金融机构、竞争者、市场属性、知识溢出等环境要素对企业技术创新的影响，并取得了一定的研究成果。然而，相关的实证研究方法相对较少，特别是用来检验区域创新环境与企业技术创新之间因果关系的方法通常采用格兰杰（Granger）因果关系检验方法。事实上，格兰杰因果关系检验方法往往容易形成虚假性关系。对于采用面板数据的有向无环图（DAG）分析方法来验证区域创新环境与企业技术创新之间的同期因果关系的研究并不多见。

（3）缺乏中国社会背景条件下企业与供应商、客户之间的关系对企业技术创新影响的研究。关于企业技术创新驱动因素的研究，国内外学者们将驱动企业技术创新的因素分为内部的和外部的创新驱动因素。与外部创新驱动因素对企业技术创新影响的研究相比，诸如企业的规模、年龄、创新投入等内部创新驱动因素对企业技术创新影响的研究也达成了较为广泛的共识。然而，尽管关于企业外部创新驱动因素对企业技术创新影响的研究也已取得了一定的研究成果，但缺乏企业与供应商、客户的关系对企业技术创新影响的研究。

（4）缺乏新兴经济体背景下的微观企业面板数据的研究。一方面，目前，关于创新环境领域的研究正日益受到国内外学者的青睐，这些研究大都集中关注于创新环境对企业绩效、产业或企业集群、创新活动和能力的影响问题。然而，从国内外相关的高被引文献研究内容来看，大多数是以国家、区域、省份等宏观层面数据为研究对象，而且针对发达国家问题的研究较多。另一方面，通过对上述文献的梳理，本书还发现相关的实证研究所使用的数据大多数是通过调查问卷的方式获得的。尽管许多学者认为通过严谨的调查问卷获得的第一手数据能够真实地反映客观情况，然而，也有许多学者认为通过调查问卷获得的数据与统计官方发布的二手数据相比，它更容易受到调查对象的性别、年龄、性格等主观因素的影响，因此，其科学性和可靠性值得怀疑。

2.4　研究的理论基础及模型构建

2.4.1　模型构建的理论基础

围绕前文主流文献研究存在的主要不足，本研究围绕四个核心问题（包括企业 R&D 活动特征、政府激励政策、区域环境要素、供应链关系）分别研究对企业技术创新的影响；通过研读和梳理国内外关于上述四个内、外部驱动因素对企业技术创新影响的主流文献，找出用来构建本书整体研究模型框架的理论基础。

1. R&D 活动特征对企业技术创新影响的理论

从基础研究、应用研究、产品开发再到投放市场不仅时间漫长，而且每一个阶段都需要投放大量研发资金和资源，在此期间难免受到突发事件（如 2008 年金融危机）等不确定性因素的影响。因此，企业 R&D 活动过程产生了 R&D 投资波动性、R&D 投资强度等特征。这些 R&D 活动特征是否或如何影响企业的技术创新产出的呢？为此，近年来相关学者已经分别就企业 R&D 投资波动性、R&D 投资强度与技术创新之间的关系开展了初步的探索（Mudambi and Swift, 2014）。

（1）企业 R&D 投资波动性与企业技术创新的关系研究。一方面，企业 R&D 投资波动性是否显著地存在于企业技术创新过程中。有观点认为随着渐进性变化和破坏性变化的循环交替，或随着企业 R&D 活动的启动、发展到成熟阶段，企业 R&D 投资也随之上下波动（Mokyr, 1996）。当然，来自战略创业领域的研究认为，绩效优异的企业往往致力于在探索阶段和开发阶段间不断进行循环交替的活动，而部分实证研究表明，探索性 R&D 需要比开发性 R&D 付出更多的成本，当企业从开发性阶段向探索性阶段进行转换时，将涉及 R&D 投资迅速的增加。另一方面，企业 R&D 投资波动性对企业技术创新的影响研究。Li 等（2014）运用面板数据的个体随机效应模型，探讨了我国高技术大中型工业企业 R&D 投资波动性对技术创新的影响。

（2）企业 R&D 投资强度对企业技术创新的影响研究。一方面，大部分学者通过对国外发达国家的企业实证分析表明，企业 R&D 投资强度越高，越有利于企业技术创新的提高，并且二者的关系受到高管团队规模、高管团队任职期间异质性等因素的影响（Lee et al.，2014；曾德明等，2017；李志远、赵树宽，2011）。另一方面，关于企业 R&D 投资强度对企业技术创新效率影响的实证研究表明，二者存在正相关关系，并且二者的关系受到企业自主 R&D 努力程度的影响（Baumann and Kritikos，2016；李爽，2016）。

从上述现有相关理论的研究中应该看到，目前关于企业 R&D 投资波动性、R&D 投资强度分别对企业技术创新影响的研究取得了一定的研究成果，并且关于企业 R&D 投资波动性是否显著存在于企业技术创新过程中的问题研究结论基本一致：R&D 投资波动性显著存在于企业技术创新过程中。然而，关于企业 R&D 投资波动性、R&D 投资强度如何对企业技术创新产生影响的问题并未纳入同一研究框架内进行研究。事实上，在企业技术创新过程中，企业 R&D 投资波动性过大或 R&D 投资强度过低，可能因 R&D 经费投入的断流而迫使延迟甚至中断 R&D 活动，进而影响企业技术创新产出。因此，企业 R&D 投资波动性、R&D 投资强度等特征与企业技术创新之间存在相关性。

2. 政府激励政策对企业技术创新影响的理论

通过研读国内外主流高被引文献，本书发现主要存在两类主流研究：政府激励政策是否引致更多的企业 R&D 投资或企业技术创新产出变化的问题。

（1）政府激励政策对企业 R&D 投资影响的理论。国内外学者对政府创新激励政策在 R&D 活动中的作用进行了广泛的讨论并获得了一定的成果（见表2.6）。如胡卫和熊鸿军（2005）运用会计学理论分析了税收优惠政策对企业 R&D 投资的激励原理。李苗苗等（2014）探讨了我国财政政策对战略性新兴产业企业技术创新的非线性影响。关于政府激励政策对企业 R&D 投资影响的现有研究主要存在两种观点。第一种是政府激励政策对企业 R&D 投资存在"挤入效应"。有研究表明政府刺激政策能够降低 R&D 活动的高风险性，进而对企业（或私人）R&D 经费投入产

生积极的影响（David et al. , 2000）。第二种是政府刺激政策对企业 R&D
投资存在"挤出效应"。有些研究认为政府激励政策在一定程度上能够增
加 R&D 活动成本、降低企业收益，进而对企业的 R&D 经费投入的作用不
显著，甚至产生"挤出效应"或"替代效应"（陈晓、方保荣，2001）。

　　一方面，政府刺激政策对企业 R&D 经费投入具有"挤入效应"。从
已有实证研究结果和许多国家（特别是发达国家）的实践经验可以看
出，政府激励政策对 R&D 投资起到了一定的促进作用。Mamuneas 和 Na-
diri（1996）、Guellec（2003）、李丽青（2006）的研究表明，财政政策
可以通过利益机制来影响企业 R&D 经费投入的动力机制、降低其投资风
险、增加投资收益，进而刺激企业加大 R&D 经费投入。有些学者还将政
府激励政策对 R&D 投资的作用程度进行了量化分析。如 Dagenais 等
（1997）运用计量经济学方法研究了加拿大 R&D 税收抵免的效率，认为
政府放弃 1 美元联邦税收收入将产生平均 80 美元左右的额外私有 R&D
支出。Bloom 等（2002）使用 OECD 内 17 个国家数据，研究表明税收激
励增加了 R&D 投资强度，减少 10% 的 R&D 成本将分别在短期和长期内
刺激 R&D 投资增加 1% 和 10% 。与之类似，Guellec（2003）研究表明在
短期内税收激励的影响较强，弹性系数达到了 0.5。Wu（2008）运用来
自美国亚利桑那州等六个州的数据研究表明，1 美元的 R&D 税收抵免产
生了平均 75 ~ 118 美元的私人 R&D 经费投入。唐清泉等（2008）的研究
表明，我国政府 R&D 补贴对企业 R&D 经费投入的促进作用具有很强的
解释力和在统计上显著，并且间接补贴所产生的诱导能力是直接补贴产
生诱导能力的 4.5 倍。Yang 等（2012）研究了中国台湾税收激励政策对
制造业企业 R&D 活动的影响，结果证实 R&D 税收抵免政策确实在统计
上显著且正向影响 R&D 支出及其增长率。

表 2.6 不同国家或地区的激励政策对 R&D 活动的影响研究

作者（发表时间）	研究的问题	文献来源
Wallsten（2000）	美国政府主导的产业 R&D 项目对小型企业创新研究项目的影响	*RAND Journal of Economics*
Lach（2002）	实证分析检验了以色列 R&D 补贴政策对制造业企业的影响情况	*Journal of Industrial Economics*

续表

作者（发表时间）	研究的问题	文献来源
Koga（2003）	研究了日本 R&D 税收抵免政策分别对不同规模的制造业企业创新的影响	*Technovation*
Baghana 和 Mohnen（2009）	研究了加拿大 R&D 税收抵免政策分别对不同规模企业 R&D 价格弹性系数的影响	*Small Business Economics*
Liu 等（2011）	研究了中国政府的税收、财政政策对改善和刺激技术创新的作用	*Research Policy*
Yam 等（2011）	探讨了中国香港特区政府提供政策支持或为企业与大学科研机构合作搭建桥梁而影响了制造业企业的研发能力	*Research Policy*
熊维勤（2011）	研究了中国税收政策对 14 家高技术产业企业 R&D 规模和效率的影响	科学学研究
Yang 等（2012）	研究中国台湾税收激励政策对制造业企业研发活动的影响	*Research Policy*
Yang 和 Liu 等（2012）	综述了关于中国企业技术创新战略已发表的 122 篇文献，认为中国政府应采用财政税收政策等措施来鼓励企业技术创新	*Asia Pacifical Journal of Management*
Cappelen 等（2012）	探讨了挪威税收减免政策对企业技术创新产出的影响	*Research Policy*
Hu（2012）	比较分析了日本、韩国和中国台湾的创新激励政策对企业技术创新的影响	*Research Policy*

　　另一方面，若按照上述观点，政府激励政策对 R&D 投资具有积极的促进作用，那么，许多发展中国家已经持续颁布了促进企业技术创新的政策，为什么许多行业领先的创新型企业仍然集中在少数发达国家内？尽管企业技术创新与企业的技术基础和能力有关，但政府激励政策对企业 R&D 投资产生"挤入效应"的结论仍然遭到了许多学者的质疑。事实上，当在没有政府补贴情况下企业也会进行 R&D 投资的项目时，如果政府增加 R&D 补贴或投资的话，企业很有可能将原本计划投资于该项目的资金转作他用，反而降低了企业的 R&D 投资（唐清泉等，2008）。国外许多学者的理论和实证研究结论都支持了这一观点，如 David 和 Hall（2000）认为当政府投资的领域与企业投资的领域之间缺乏清晰定位时，政府增加 R&D 投资或补贴，可能对企业 R&D 投资产生"挤出效应"。Wallsten（2000）对美国小型企业创新研究项目的分析表明，直接的 R&D 补贴政策（或 R&D 合同或 R&D 津贴）可能简单地替代了企业的

R&D 投资，即对企业财政 R&D 支出具有一个"挤出效应"，并最终没有促进企业 R&D 投资的作用。Wu（2008）认为由于公共 R&D 补贴降低了科学家和工程师工资价格上升的压力，所以政府的 R&D 补贴可能对私人 R&D 投资具有负向的影响。Lokshin 和 Mohnen（2007）的研究表明，荷兰的税收抵免政策具有"挤出效应"，即政府 R&D 基金或补贴替代了企业 R&D 投资。国内学者的研究大多是在国外研究基础上展开的。郑绪涛、柳剑平（2011）总结归纳国外相关文献，认为政府增加 R&D 投资将提高从事 R&D 活动的成本、降低 R&D 活动带来的收益，从而对企业 R&D 活动产生了"挤出效应"或"替代效应"。顾晓敏和任爱莲（2011）认为目前有些创新激励政策产生了"挤出效应"，有的甚至导致"政策寻租者"的产生，并强调应当增加"需求类政策"，减少"供给类政策"，因为"供给类政策"提供的不少资金投入成了政府对研发项目申报单位的"变相补贴"，未能带动社会资金进入科研创新领域。许治等（2012）采用系统动力学方法对位于广东省内 80 家企业样本进行分析表明：政府 R&D 经费投入会产生"杠杆效应"，而带动企业 R&D 经费投入，但企业则因对政府研发投入的过度依赖而产生"挤出效应"，从而不利于企业自身的 R&D 经费投入。

（2）政府激励政策对企业技术创新产出影响的理论。目前，国内外主流研究认为政府激励政策对企业技术创新产出具有积极的影响。他们大都认为政府激励政策通过刺激企业加大 R&D 经费投入，实现新技术的突破、新产品的开发、新市场的开拓、新原材料的控制和新组织的建立，进而促进企业技术创新产出的提升。还有部分学者认为政府激励政策通过加强对知识产权的保护、维护发明者权益、促进研究开发和技术扩散，进而促进企业技术创新产出的提升。与之相反，也有一些研究表明，政府的激励政策对企业技术创新产出的影响不显著，甚至产生消极的影响。

国外学者 Lokshin 和 Mohnen（2007）研究了荷兰 R&D 税收抵免的"WBSO"项目如何影响新产品和服务销售比例的，结果表明 WBSO 项目对创新产出的测量指标具有显著的正向影响。Czarnitzki 等（2011）研究了加拿大 R&D 税收减免对企业技术创新产出（包括新产品数量、新产品销售比例、原始性创新等）的影响，采用了非参数匹配方法对 1997 年 3562 家样本制造业企业的截面数据进行了分析表明，与没有接受 R&D

税收抵免的企业相比，接受 R&D 税收抵免的企业确实产生了更多的创新产品数量、更高的创新产品销售比例和因引进新技术而产生的更高生产率。Fedderke 和 Teubes（2011）研究了 R&D 财政激励对税收收入和产出的影响，在一个相对静态模型分析基础上，以新加坡、以色列和马来西亚作为例子进行对比分析发现：补贴系统的适用范围越广越有效，政府财政支持机制要慷慨，从而避免道德水平的问题。Samara 等（2012）基于系统动力学模型研究的创新政策对国家创新系统影响表明，许多政策对绩效的影响与系统内的国家、经济、制度和社会环境相关联，因此，提高创新绩效是一个长期的目标，需要持续的和系统的能力。Cappelen 等（2012）研究了挪威的税收激励工具——Skattefunn 计划对企业创新活动和专利申请的影响，通过对 2001～2004 年挪威企业微观数据研究表明，Skattefunn 计划有助于新产品工艺的开发，并且在某种程度上也有助于企业的新产品开发，然而，这一计划对市场上新产品开发（主要是模仿其他企业而进行的创新）和专利申请并没有显著的作用。

国内学者程华和赵祥（2008）研究了政府科技资助政策对企业研发产出的影响，运用 1996～2005 年全国大中型企业面板数据，构建了企业研发投入产出计量经济学模型，研究表明，政府科技资助政策对企业的 R&D 产出，特别是对中等资助强度的产业 R&D 产出具有显著的促进作用。张钦红和骆建文（2009）研究了上海市专利资助政策对专利申请数量的影响，研究表明，上海市现有的专利资助政策对发明专利申请数量具有较为明显的促进作用，然而，对实用新型和外观设计专利申请数量并没有统计上显著的促进作用，并且对上述三种专利质量存在一定的消极作用。然而，朱平芳和徐伟民（2003）运用 1993～2000 年上海市大中型工业企业 32 个行业的面板数据，分析了上海市政府科技激励政策对企业专利产出的影响，研究表明，政府对大中型工业企业的科技拨款资助并没有对专利数量产生显著的影响。

从上述现有相关理论的研究中应该看到：目前关于政府激励政策对企业 R&D 投资和企业技术创新产出影响的研究取得了大量的成果，但许多学者的研究结论出现冲突，即政府激励政策对企业 R&D 投资或企业技术创新产出到底是存在"挤入效应"还是存在"挤出效应"？许多现有研究认为政府刺激政策的方式不同、企业样本的差异性等是造成国内外相关研究结论存在非一致性的主要原因。事实上，如果政府激励政策对企业技术创新存在非线性的影响，那么也会造成研究结论的非一致性。然而，国内外现有研究对此问题的探讨并不多见，并且相关研究以宏观层面研究为主，缺乏微观层面的定量化实证分析。

3. 区域环境要素对企业技术创新影响的理论

源于新古典经济学和公司地理学方面的研究，认为区位因素是企业创新活动的重要决定因素，发达地区被寄予了更高的创新期望，而且能够更加迅速地吸纳创新资源（Feldman and Audretsch，1999）。因此，国内外相关研究普遍赞同创新环境在企业技术创新和成长过程中的作用不容忽视。经过认真梳理国内外相关文献，针对本书对区域创新环境的界定，主要综述了区域对外开放程度、金融发展、科教事业和经济发展水平等环境对企业技术创新影响的理论。

（1）区域对外开放程度对企业技术创新影响的理论。目前，区域对外开放程度对企业技术创新的影响研究大都关注于 FDI 与东道主国家（或企业）的生产率、经济增长之间影响关系的研究。早期的研究大都关注于跨国公司 FDI 的动机及其效应、地点和模式选择的决定因素（Martin and Salomon，2003）等问题。后来，研究者们逐渐将研究的核心内容转为从国家或产业等宏观角度来探讨 FDI 的流入对东道国的或本土企业的生产率、劳动生产率产生的影响（Blalock and Gertler，2008），如 Cheung 和 Lin（2004）的研究表明，流入中国的 FDI 可能对本土企业技术创新产出具有负向作用。其他一些公开发表在国内外一流学术期刊上的相关研究情况如表 2.7 所示。

表 2.7　关于 FDI 流入对本土企业技术创新的影响

作者（发表时间）	研究内容
FDI 的流入对本土企业技术创新具有积极的影响	
Javorcik（2004）	研究表明，流入立陶宛的 FDI，从外国进入者到上游供应商的知识转移提高了这些供应商特别是对于合资企业的生产率
王红领等（2006）	以 1998～2003 年我国 37 个工业行业为研究对象的研究表明，FDI 的流入促进了内资企业的自主研发
Blalock 和 Gertler（2008）	实证分析表明，流入印度尼西亚的 FDI，外国进入者愿意转让技术给上游供应商，因此，导致本土企业生产率的提高

作者（发表时间）	研究内容
范如国、蔡海霞（2012）	以 2004～2008 年中国 30 个省、自治区、直辖市的大中型企业为研究对象，表明 FDI 对企业技术创新产出具有正向的溢出效应，每增加 1% 的 FDI 流入量，专利申请授权数将增加 0.18%
FDI 的流入对本土企业技术创新具有消极的影响	
Young（1998）	对新加坡的经验研究表明，虽然 FDI 在短期内推动地区经济发展，但使人力资本转移到了最终产品部门，从而导致研发部门投入不足
Aitken 和 Harrison（1999）	研究表明，流入委内瑞拉的 FDI 对企业生产率具有负向影响作用
张海洋（2005）	认为内资部门较低的研发吸收能力和外资活动产生的负向竞争效应，使得外资活动对内资工业部门的生产率具有抑制作用
García 等（2013）	以 1990～2002 年西班牙 1799 个制造业企业为研究对象，实证结果表明，FDI 的流入与企业的创新绩效具有负向关系

从上述现有相关理论的研究中不难发现以下几点。首先，目前区域对外开放程度对企业技术创新影响的研究焦点在于 FDI 对企业技术创新的影响，并且有些研究认为 FDI 对企业技术创新存在积极的影响，有些研究则认为具有消极的影响，然而关于区域国际贸易对企业技术创新的影响却只有很少文献涉及。其次，尽管有些研究已经涉及区域 FDI 的流入对东道主国家企业技术创新的影响，但大都是从国家或产业层面来研究的，很少涉及具体微观企业层面的研究（García et al.，2013）。最后，目前大多数研究采用了格兰杰因果关系检验方法来验证对外开放程度与企业技术创新之间的因果关系，忽略了对二者间同期因果关系的检验。

（2）区域金融发展对企业技术创新影响的理论。关于金融发展与企业技术创新关系的研究，早在 1912 年著名创新经济学家熊彼特就已提出银行系统可以通过动员储蓄、评估投资项目、公司监管等途径，识别最有可能成功实施研制新产品、新工艺的企业或企业家并为其提供大量的有偿资金，进而加快企业技术创新的速度。随后，国内外学者纷纷展开了相关的研究。章立军（2006）的实证分析表明，金融环境对企业技术创新能力具有积极的影响。康志勇和张杰（2008）分析了金融结构对自主创新能力的微观影响机制，研究表明，二者之间存在长期稳定的关系，并且股票市场的发展和以市场为主导的金融系统的发展都积极地推动了自主创新活动（如专利申请数量、研发经费投入等）。钱水土和周永涛

（2011）以 2000～2008 年中国 28 个省份为研究样本，验证了金融发展对技术进步、产业升级的影响关系，研究表明，金融发展对技术进步具有积极的作用。Maskus 等（2012）主要探讨了国内、国际金融市场的发展对 OECD 国家制造业的 R&D 投资强度的影响。朱欢（2012）主要探讨了我国金融发展对企业技术创新的影响，通过对我国 31 个省份相关面板数据的回归分析表明，目前我国金融发展对企业技术创新的支持作用存在不充分的现象，其根本原因在于现有经济体制、金融体制的不完善。Chowdhury 和 Min（2012）则主要研究了 70 个发达国家和新兴经济体的金融市场发展是否促进 R&D 投资效率的问题。李苗苗等（2015）对中国省市面板数据的实证分析表明，国内金融发展和企业 R&D 经费投入之间具有很强的正向关系，但以银行主导的金融发展结构不利于 R&D 投资。

　　从上述现有相关理论的研究中不难发现：目前关于金融发展水平与企业技术创新（效率）之间关系的研究结论尚无定论，并且大都是从国家、地区或产业等宏观或中观层面探讨了金融发展与区域或国家技术创新（效率）之间的格兰杰因果关系，并且金融发展规模和金融发展效率等通常是用来度量一个区域金融发展水平的两个重要维度。因此，需要进一步探讨金融发展与微观层面的企业技术创新之间的关系。

　　（3）区域科教事业发展对企业技术创新影响的理论。到目前为止，关于区域科教事业发展水平对企业技术创新的影响研究相对较少。高等院校和科研机构是新知识产生和传播的源头，也是高端人才的重要培育基地，因此，区域内科学、教育事业的发展水平直接影响企业从外部获取先进知识和技术的速度、质量和机会，进而影响企业技术创新。Johansson 和 Lööf（2006）的研究表明，大学和研究机构等富集的地区能够更好地整合大学、科研机构与企业资源。王红梅和邱成利（2003）认为教育和科研机构能够为企业技术创新提供源源不断的知识资源和智力资源。闵维方（2005）的研究表明，企业与科研、教育机构之间的创新整合网络类型越来越重要。

　　大多研究表明，区域内产学研合作是企业将外部知识转移到内部并用于价值创造的重要途径。因此，许多学者越来越多地关注产学研合作对企业技术创新的影响。苏敬勤（1999）提出了产学研合作创新中的交易成本包括沟通成本、谈判成本、履约成本和其他成本，并分别探讨了这些成本。Adams（2002）认为校企合作是企业将外部知识转化为内部知识并用于价值创造的重要途径，所以研究型大学被认为是培育企业技术创新能力日趋重要的区位因素。李新男（2007）主要探讨了目前我国"产学研结合"工作中存在的一些问题，并且构建了新型产业技术创新战略联盟的设想。曹霞和刘国巍（2013）主要探讨了产学研合作网络的影响因素——社会资本，通过构建和分析产学研合作创新超网络均衡框架及其实现路径，找出了两条状态转移路径和对应的功能路径来实现超网络均衡。毕强等（2013）分析了产学研合作创新信息资源配置中存在的问题，并在此基础上构建了一个面向产学研合作创新的信息资源配置模型。

从上述国内外现有相关理论的研究不难发现：区域内大学、科研机构等对提升企业技术创新水平具有重要作用。这些研究还表明，一个区域内企业与大学、科研机构、咨询公司等之间的产学研协同创新、合作联盟关系等有助于企业技术创新的提升。因此，一个区域内的科学、教育事业发展水平与企业技术创新之间确实存在紧密的联系，然而，几乎没有研究涉及区域科教事业发展与企业技术创新之间的同期因果关系。

（4）区域经济发展对企业技术创新影响的理论。关于区域经济发展水平对企业技术创新影响的研究，常见于企业技术创新对经济发展或增长的作用研究。然而，与之相反，经济发展水平对企业技术创新的反向作用却很少有研究问津。事实上，经济发达地区内拥有更加便利和完善的公共基础设施，明显的技术溢出效应、规模经济效应和范围经济效应等，这些特征都是影响企业技术创新的重要的基础性创新资源和优越条件（Henderson，1974；Feldman and Audretsch，1999）。发达地区能够提供更多的创新机会，而位于发达地区内的企业则被赋予更高的创新期望。从现有相关研究中不难发现，对于区域经济发展水平与企业技术创新之间关系的研究大多关注于企业技术创新对区域经济发展的拉动作用（孙玉涛、李苗苗，2013），很少关注于区域经济发展水平对企业技术创新的影响，关于二者之间同期因果关系的研究则更是少见。

综上所述，纵览国内外现有相关理论的研究不难发现：到目前为止，几乎很少的研究来综合探讨区域创新环境内的对外开放程度、金融发展、科教事业和经济发展水平等与企业技术创新之间的同期因果关系

（Yam et al. , 2011）。大都是分散化地来探讨不同的区域创新环境对企业技术创新的影响。即便是有一些研究涉及区域创新环境要素对企业技术创新影响关系的研究，也大都是采用格兰杰因果关系方法来验证的，然而，这种研究方法往往容易形成虚假性关系。因此，需要新的研究方法来进一步分析区域创新环境要素与企业技术创新间的同期因果关系。

4. 供应商、客户对企业技术创新影响的理论

目前，通过梳理大量主流文献不难发现，国内外关于供应商、客户与企业技术创新之间关系的研究焦点是供应商参与、客户参与对企业技术创新的影响。

（1）客户参与对企业技术创新影响的理论。Feng 等（2010）认为在新产品开发过程中，客户拥有大量的与顾客需求和偏好相关的信息、知识，因此，顾客参与对企业技术创新能力的影响作用越来越重要。Svendsen 等（2011）认为在新产品开发过程中，顾客知识能够使企业以更有效的方式来开发新产品，并且使设计团队成员时常更新不断变化的顾客口味，降低需求的不确定性。张红琪和鲁若愚（2013）的研究表明：顾客参与对员工创新行为（包括创新构想的产生和创新构想的执行）具有积极的作用，并且顾客参与也可以通过创新构想的产生来影响创新构想的执行。

（2）供应商参与对企业技术创新影响的理论。Sen 等（2008）的研究表明，供应商和企业能够一起分享任何与业务有关的信息，并且可以使用新的想法共同开拓新的市场。Revilla 等（2013）研究了供应商企业的吸收能力如何促进企业绩效的问题，结果表明，在供应链关系中供应商吸收能力的水平越高，那么企业从创新和经营效益中将获得的利润越多。我国学者李随成和姜银浩（2009）探讨了供应商参与新产品开发对企业自主创新能力的影响，以我国装备制造业企业为研究对象，采用结构方程模型的实证研究表明，供应商参与主要是通过对知识的创造、供应商与企业之间的关系互动来间接地对企业自主创新能力产生积极的影响。肖洪钧等（2013）对战略性新兴产业企业技术创新的实证分析表明，企业与客户关系越紧密，越不利于企业技术创新的产出。

（3）供应商参与、客户参与对企业技术创新影响的理论。Zhang 和Li（2010）从创新搜索的角度进行了研究，认为顾客参与和供应商参与

是填补市场、技术资源和能力空白的基础，供应链参与可通过拓宽外部创新搜索范围和削减创新搜索成本，来不断地开发新产品。Feng 和 Wang (2013) 探讨了顾客参与和供应商参与对新产品开发速度、新产品开发成本和市场绩效的影响。他们针对位于中国 5 个地区内的 214 家制造业企业，采用了结构方程模型方法进行了验证，研究表明，供应链参与对新产品开发成本和新产品开发速度都具有正向的影响，顾客参与间接地促进了市场绩效，而供应商参与则是直接和间接地促进了市场绩效。马文聪和朱桂龙 (2013) 探讨了供应商和客户参与技术创新对企业技术创新绩效的影响，并运用广东省电子信息行业的 286 家企业进行了验证，结果表明，供应商和客户参与技术创新对企业技术创新绩效具有统计上显著的积极影响。

综上所述，从现有的国内外相关文献研究来看：尽管在客户参与、供应商参与对企业新产品开发、技术创新影响的研究方面取得了丰硕的研究成果，然而基于信任和相互作用的供应商、客户与企业之间的紧密关系对企业技术创新至关重要。只有当企业与供应商或客户之间拥有一定的信任度和情感的关系时，供应商或客户才会参与到企业的新产品开发和技术创新过程中去，进而影响企业的技术创新。然而，目前关于供应链紧密关系对企业技术创新影响的研究很少，并且缺乏基于中国社会背景条件下的企业微观层面的实证分析。

2.4.2　理论模型的构建

基于上述对企业技术创新和企业技术创新内、外部驱动因素概念的界定，结合国内外相关研究进展的文献综述和理论梳理，构建了由 4 个核心问题所形成的理论研究模型框架，如图 2.5 所示。

现有理论研究与该模型的关联性如下。

(1) 本书从企业 R&D 活动特征角度，经过构建面板数据计量模型揭示了企业 R&D 投资波动性、R&D 投资强度与企业技术创新三者之间的影响关系。现有关于企业技术创新的内部影响因素的研究主要是从 R&D 经费投入、R&D 人员投入、企业规模、企业年龄等角度探讨 R&D 活动与企业技术创新之间的关系，缺少了对 R&D 活动特征与企业技术创新之间影响关系的探讨。为此，本书从企业 R&D 活动特征角度，探讨了企业 R&D 投资波动性、R&D 投资强度对企业技术创新的影响，从而进一步丰富和深化了关于企业 R&D 活动对企业技术创新影响的理论研究。

（2）本书在已有研究基础上，从理论和实证角度探讨了政府激励政策对企业技术创新的非线性影响。目前关于政府激励政策对企业技术创新的非线性影响问题并未得到充分的研究和探讨。基于此，本书在已有研究基础上，通过数理推导和实证分析充分地验证了政府激励政策对企业技术创新确实存在非线性的影响，从而丰富了关于政府激励政策对企业技术创新非线性影响的研究。

（3）本书引入有向无环图（DAG）分析方法探讨了区域环境要素与企业技术创新之间的同期因果关系。目前关于区域环境要素与企业技术创新之间关系的研究大多数采用了诸如格兰杰因果关系检验方法，几乎没有学者引入新的研究方法来探讨它们之间的同期因果关系。基于此，本书引入 DAG 分析方法来探讨区域内的对外开放程度、金融发展、科教事业和经济发展水平等区域环境要素与企业技术创新之间的同期因果关系，从而弥补现有研究缺乏新的研究方法来分析区域环境与企业技术创新之间同期因果关系的不足。

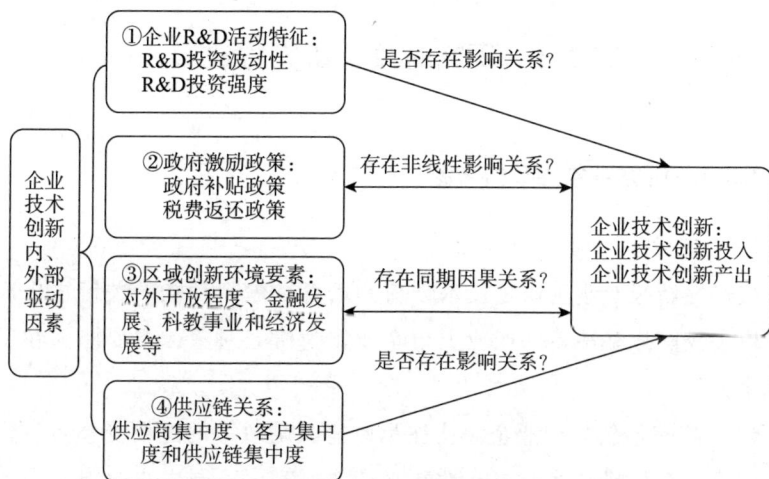

图 2.5　理论模型框架

（4）本书在提出供应商集中度、客户集中度概念的基础上，探讨在中国社会背景条件下，供应链关系对企业技术创新的影响问题。目前，国内外关于供应商、客户对企业技术创新的影响研究焦点是供应商参与、客户参与对企业技术创新的影响问题。然而，在中国社会背景条件下，供应商、客户与企业之间关系的紧密程度对企业技术创新的影响却被忽略。为此，本书提出供应商集中度、客户集中度的概念来分别衡量企业与供应商、客户之间关系的紧密程度，并使用面板数据计数回归分析方法来探讨它们对企业技术创新的影响，从而弥补现有研究缺乏企业与供应商、客户间的关系对企业技术创新影响研究的不足。

（5）本书以我国战略性新兴产业企业层面的面板数据作为研究对象，对企业内、外部驱动因素与企业技术创新之间的影响关系进行了实证分析。从国内外相关的高被引文献研究内容来看：大多数是以国家、区域、省份等宏观层面为研究对象，数据来源是通过调查问卷的方式获得的，而且针对发达国家的相关问题研究较多，缺乏对新兴经济体背景条件下企业微观层面面板数据的实证分析检验。事实上，战略性新兴产业正在成为引领未来世界经济发展的重要力量（张蕊，2014），而战略性新兴产业企业则是培育发展新动能、获取未来竞争新优势的关键主体。因此，本书选用我国微观企业层面的面板数据作为实证分析的对象，增加了新兴经济体背景下微观企业层面的经验证据。

2.5　研究对象及研究方法

2.5.1　研究对象及数据来源

1. 研究对象的选取

战略性新兴产业企业是技术创新和培育发展新动能的关键主体。本书选取了我国战略性新兴产业上市企业作为研究对象，主要原因在于以下几个方面。

（1）战略性新兴产业企业往往是政府激励政策的主要受益者。作为各个国家争夺战略高地的战略性新兴产业而言，我国中央政府及地方政府对其出台的刺激政策比较密集，特别是自 2012 年 7 月国务院颁发《"十二五"国家战略性新兴产业发展规划》以来，政府逐步加大了对战略性新兴产业企业的财政支持力度；以新一代信息技术中的云计算产业为例，2011 年 10 月，国家发改委联合工信部、财政部拨出 15 亿元，重点扶持国家首批云计算示范企业（包括百度、阿里巴巴、腾讯等企业）。因此，战略性新兴产业企业为本书研究政府激励政策对企业技术创新的影响问题提供了重要的现实素材。

（2）战略性新兴产业企业技术创新能力突出，便于观察和验证。战略性新兴产业企业往往被认为具有更高的 R&D 投资强度、更大的专利申请和创新的可能性（Wu，2008；Griffith et al.，2006），因此，便于观察和验证。与非战略性新兴产业企业相比，我国战略性新兴产业上市企业 R&D 经费投入和技术创新产出水平较高，R&D 经费投入、R&D 投资强度分别高出近 20% 和 100%，并且 60% 的创业板战略性新兴产业企业拥有与企业主营业务高度相关的发明专利（佘坚，2011）。因此，战略性新兴产业企业为本书研究企业 R&D 活动特征、供应链关系分别对企业技术创新的影响问题提供了重要的现实素材。

（3）研究结论有助于解释我国战略性新兴产业发展的一些现象。区域创新环境要素对企业技术创新影响的实证分析有助于理解我国中部、西部地区能否通过大力发展战略性新兴产业来实现"弯道超车"的问题。我国中部、西部地区期望通过大力发展战略性新兴产业来实现"弯道超车"，但很多研究表明除了政策环境外，区域内对外开放程度、经济发展水平、高等教育和科研机构等因素对产业和企业的技术创新具有重要的影响。那么，我国中部、西部地区是否可以不考虑实际情况、不计成本地发展战略性新兴产业？创新环境对我国战略性新兴产业企业的技术创新将产生什么样的影响？而解决这些问题的前提条件是厘清创新环境与企业技术创新之间的关系。因此，战略性新兴产业企业为本书研究区域环境要素对企业技术创新的影响问题提供了重要的现实素材。

（4）面板数据比单独的横截面数据或时间序列数据具有更多的优势。面板数据能够扩大样本容量和信息，降低经济变量间的共线性，进而提高估计量的有效性；能够控制不可观测的经济变量所引起的 OLS 估计偏差，使模型的假定更合理；还能够构造和检验更为真实和复杂的行为模型（白仲林，2008）。战略性新兴产业上市企业年度报告为本书的研究提供了大量的、可获得的面板数据，从而为后面四个核心问题的定量化研究奠定基础。

2. 战略性新兴产业企业面板数据的来源

样本企业的选取方式主要是采用随机抽样的方式进行抽取的，以《战略性新兴产业上市公司现状及特点分析》中提到的战略性新兴产业上市企业名单为主，以具体企业官方网站明确指定为战略性新兴产业上市企业为辅。在深圳证券交易所（http://www.szse.cn/）、上海证券交易所（http://www.sse.com.cn）以及巨潮咨询（http://www.cninfo.com.cn/information/companyinfo.html）等官方网站下载相关样本公司的年度报告。然后，通过对每家上市公司年度报告的手工翻找和处理来直接或间接地获得相应的面板数据。由于研究变量的特征不同、剔除样本的标准条件也不同，在第3章、第4章至第6章中使用的面板数据量有所不同：第3章采用了2008~2011年176家战略性新兴产业企业面板数据，第4章至第6章则采用了2001~2011年284家战略性新兴产业上市企业的面板数据。另外，很多战略性新兴产业企业在主板、中小板或创业板上市，很难获得平衡的面板数据，因此，采用了战略性新兴产业企业的非平衡面板数据。

2.5.2　有向无环图分析方法

本书用来处理非平衡面板数据所使用的研究方法包括面板数据的单位根检验、非平衡面板数据的回归模型、非平衡面板数据的向量自回归（PVAR）分析、有向无环图（DAG）分析方法、非平衡面板数据的泊松回归模型和负二项回归模型等。除了有向无环图分析方法、面板数据计数模型之外，其他方法常见于各类计量经济学教材中，因此，在这里不再赘述。本研究重点介绍用来处理变量间同期因果关系的方法——有向无环图（DAG）分析方法和用来构建企业技术创新产出的面板数据计数模型。

有向无环图（DAG）分析方法主要被运用在第5章探讨区域环境要素（包括对外开放程度、金融发展水平、科教事业和经济发展水平等要素）与企业技术创新之间的同期因果关系。

1. 图的基本知识

假设一个图是由有序的三元组 $<V, E, P>$ 构成的，其中 V 是一个非空的点集（变量集合）；E 是一系列有序边的集合（即 $\forall a \in E$ 则称 a

为边），假设任意两点间有且仅有一条边；P 是 V 与 $<V,\ E>$ 相适应的概率分布族。图主要有以下几种类型，如表 2.8 所示（Bessler and Yang，2003）。

表 2.8　图的主要类型

类型	定义	简单举例
无向图	仅包含无向边的图	$A—B$
有向图	仅包含有向边的图	$A \to B$
诱导路径图	包含双向边和有向边的路径图	$A \to B \leftrightarrow C$
有向路径图	仅含有向边且方向相同的路径图	$A \to B \to C$
有向循环路径图	始点和终点重合的有向路径图	$A \to B \to C \to A$
有向非循环路径图	含非循环路径的有向图	

若 $M = \{M_0,\ M_1,\ \cdots,\ M_n\}$ 属于 V 中的任意一个变量子集合，且对任意整数 i，$i \in [1,\ n]$，都存在 $(M_{i-1},\ M_i) \in E$，则称 M 为从 M_0 到 M_n 的一条长度为 n 的路径；当 $M_0 = M_n$（$n \geqslant 3$）时，则称 M 为一个循环路径。例如，对于任意的点集 $\{A,\ B,\ C\} \in V$，如为 $A—B—C$，则称之为由 A 到 C 的一条长度为 2 的路径，如为 $A—B—C—A$，则称之为一个循环路径。

2. 有向无环图的定义

有向无环图（Directed Acyclic Graphs，DAG），又称之为有向非循环路径图、有向非循环图，是指含非循环路径的有向图，即所有的边都是有向边且无循环路径的图，它表示序列之间的非对称的同期因果关系。

对点集 V 中 $\forall A,\ B,\ C$，若为 $A—B$，则称 A 与 B 互为邻居；若为 $A \to B$，则称 A 是 B 的父节点，即 A 是引致 B 的直接原因，B 是 A 的子节点，即 B 是 A 产生的直接结果；若 A 到 B 有一条有向路径（如 $A \to C \to B$），则 A 是 B 的祖父节点，即 A 是通过 C 引致 B 的原因，B 是 A 的后代节点，即 B 是 A 通过 C 产生的结果，A 是引致 B 的间接原因，C 是引致 B 的直接原因。

3. 有向无环图的假设条件

使用有向无环图分析方法主要有以下三个假设（闫云仙，2010）。

（1）因果关系充分性假设，要求观测变量的数据具有完整性，只有这样才能运用 PC 算法充分地挖掘变量间的因果关系。

（2）马尔科夫条件假设，可写成其父节点、祖父节点及更高层次节点的唯一条件概率。

（3）因果忠实条件假设，若两个变量间的相关系数或条件相关系数为 0，那么，这两个变量间不存在任何形式的边连接。对于多维正态分布，偏相关系数与条件独立性是等价的，若 A 与 B 的无条件相关系数为 0，则称 A 与 B 的分离集为空集。

4. 有向无环图的应用

在 DAG 模型中，若在路径 π 上存在→C←，则称点 C 为路径 π 上的碰撞点，否则称之为非碰撞点。若满足以下两点，即路径 π 上的每个非碰撞点都不在集合 S 中，以及路径 π 上的每个碰撞点都在集合 S 中则称路径 π 被集合 S d-连通，否则称 d-阻断；若 A 与 B 之间所有路径都被集合 S d-阻断，则 A 与 B 被集合 S d-隔离（Spirtes et al.，2000）。

例如，对于任意的变量集合 $W = \{A, B, C, D, E, F, L, M, N\}$，变量间常见的 DAG 关系如图 2.6 所示。根据上述定义，在图 2.6（a）中，变量 A 与 B 间互不相关，即条件相关系数为 0，因此，空集 ϕ 是变量 A 与 B 间的分离集；C 是 A 产生的结果，也是 B 产生的结果，是 A 与 B 路径上的碰撞点，因此，集合 $\{C\}$ 没有将 A 与 B 间的所有路径 d-隔离，即集合 $\{C\}$ 不是 A 与 B 间的隔离集。在图 2.6（b）中，F 是引致 D 与 E 的共同原因，也是 D 与 E 路径上的非碰撞点，因此，集合 $\{F\}$ 将 D 与 E 间的所有路径 d-隔离，即集合 $\{F\}$ 是 D 与 E 间的隔离集。在图 2.6（c）中，因果关系是一个因果链，即 M 是引致 L 的原因、L 是引致 N 的原因；变量 M 与 N 间的无条件相关系数不为 0，L 是 M 与 N 路径上的非碰撞点，集合 $\{L\}$ 将 M 与 N 间的所有路径 d-隔离，即集合 $\{L\}$ 是 M 与 N 间的隔离集。

有向无环图是依据 d-隔离集来分析所观测变量间因果关系的指向性。根据上述 d-隔离集的定义，对任意变量集合 $W = \{A, B, C\}$，A 与 C、C 与 B 互为邻居（存在相关系数显著不为 0）。

（1）若 A 与 B 不相邻（相关系数不显著），并且 C 不在 A 与 B 的分离集中，则确定 DAG 为图 2.6（a）。

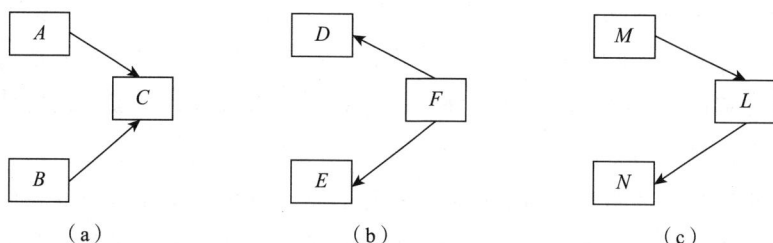

图 2.6　DAG 中常见的三种变量关系

（2）若已知 A 与 C 间的标向为 $A \leftarrow C$，并且 C 在 A 与 B 的分离集中，则确定 DAG 为图 2.6（b）。

（3）若已知 A 与 C 间的标向为 $A \rightarrow C$，并且 C 在 A 与 B 的分离集中，则确定 DAG 为图 2.6（c）。

（4）若根据上述方法确定的 DAG 不唯一，那么我们需要借助已有的社会经济背景进行判断和选择。

在上述显著性检验过程中，应用了 Fisher 的 Z 统计量检验条件相关系数是否显著不为零。

$$Z\big[\rho(i,j\mid k),n\big] = \Big(\frac{1}{2}\ \sqrt{n-\mid k\mid-3}\,\Big) \times \ln\left[\frac{1+\rho(i,j\mid k)}{1-\rho(i,j\mid k)}\right] \qquad (2.1)$$

其中，n 为样本数量；$\rho(i,j\mid k)$ 是序列 i 和 j 关于序列 k 的总体条件相关系数；$\mid k\mid$ 是序列 k 的变量个数；若序列 i、j、k 服从正态分布且 $\gamma(i,j\mid k)$ 是序列 i 和 j 关于序列 k 的样本条件相关系数，则 $Z\big[\rho(i,j\mid k),n\big] - Z\big[\gamma(i,j\mid k),n\big]$ 服从标准正态分布。

本书将 d - 隔离集与 PC 算法相结合来确定变量之间的因果关系。首先，确定变量之间的一个完全图，即任意两变量之间都有一条无向边；其次，计算变量间的无条件相关系数，并剔除那些相关系数不显著的边；再次，在剩下的无向边中进行一阶偏相关系数检验，依次类推，若有 n 个变量，则最多要计算 $n-2$ 阶偏相关系数；最后，利用 d - 隔离集的方法确定图中无向边的指向性。本书采用了统计软件 TETRAD Ⅳ 中的 PC 算法进行分析。

2.5.3　面板数据计数模型

面板数据（Panel Data）又称为时间序列或截面数据、平行数据，是指截面上个体的某一指标在不同时点的重复观测数据。它是具有个体、时间和指标三维信息的数据结构。根据数据变量特征，本书主要选用了面板数据的计数模型、线性和非线性回归分析方法等。面板数据线性回归和非线性回归分析常见于计量经济学教材中，在这里就不再赘述，仅对面板数据计数模型包括泊松回归模型和负二项回归模型进行介绍。企业技术创新如专利申请数量、R&D 投资频次、商品注册数量等都是非负整数，具有显著的计数特征，因此，采用计数模型作为本书的重要方法之一是科学合理的。

面板数据泊松回归模型和负二项回归模型类似，都是通过最大似然估计对计数变量均值的回归，但是泊松回归模型的应用条件为均值等于（略等于）方差，而负二项回归模型的应用条件为方差远远大于均值。因此，需要根据面板数据变量的特征来确定采用哪一种面板数据的计数模型。本研究还将分别使用 Cameron 和 Trivedi（1990）、Wooldridge（1996）等提出的方法验证所使用的这两种计数方法的有效性。本研究主要运用软件 STATA 10.0 构建面板数据的泊松回归模型和负二项回归模型。

1. 面板数据泊松回归模型

以因变量——企业 R&D 投资频次为例，详细说明面板数据泊松回归模型。设定 t 年（$t = 2001$，2002，$\cdots$，2011）第 i（$i = 1$，2，$\cdots$，284）家企业 R&D 投资频次为 Y_{it}（Y_{it} 为大于等于 0 的整数），泊松回归模型假设 y_{it} 服从参数为 λ_{it} 的泊松分布，即：

$$F(Y_{it} = y_{it} \mid X) = \frac{e^{-\lambda_{it}}\lambda_{it}^{y_{it}}}{y_{it}!}(y_{it} = 0,1,\cdots,N) \tag{2.2}$$

其中，X 是指自变量和控制变量，包括区域内金融环境、人力资本、政府政策、企业规模、企业绩效、企业年龄等；λ_{it} 的大小由 X 决定，被称为"泊松到达率"，它等于泊松分布的期望，也等于其方差，即 $\lambda_{it} = E(y_{it} \mid X) = Var(y_{it} \mid X)$。估计的企业 R&D 投资频次的泊松回归模型为因变量 y_{it} 的条件期望函数（Saffari et al.，2013）：

$$\lambda_{it} = E(y_{it} \mid X) = e^{\beta x_{it}} \tag{2.3}$$

将式（2.3）两边取对数可得：$\ln(\lambda_{it}) = \beta x_{it}$。那么，样本的似然函

数为：

$$L(\beta) = \frac{e^{-\sum_{i=1}^{n}\lambda_{it}}\prod_{i=1}^{n}\lambda_{it}{}^{y_{it}}}{\prod_{i=1}^{n}y_{it}!} \tag{2.4}$$

将式（2.4）两边取对数可得：

$$\ln[L(\beta)] = \sum_{i=1}^{n}[-\lambda_{it} + y_{it}\ln(\lambda_{it}) - \ln(y_{it}!)]$$
$$= \sum_{i=1}^{n}[-e^{\beta x_{it}} + \beta y_{it}x_{it} - \ln(y_{it}!)] \tag{2.5}$$

对 β 求导可得到一阶偏导数条件为 0：

$$\frac{\partial\ln[L(\beta)]}{\partial\beta} = \sum_{i=1}^{n}x_{it}(-e^{\beta x_{it}} + y_{it}) = 0 \tag{2.6}$$

通过数值计算可得 β 的估计值。

2. 面板数据负二项回归模型

以因变量——企业专利申请数量为例，详细说明面板数据负二项回归模型。设定 t 年（t = 2001，2002，…，2011）第 i（i = 1，2，…，284）家企业的专利申请数量为 P_{it}（P_{it} 为大于等于 0 的整数），在给定 h 的条件下，假设 p_{it} 服从参数为 $\lambda_{it}h$ 的泊松分布，即：

$$F(P_{it} = p_{it} \mid x_{it},h) = \frac{e^{-\lambda_{it}h}(\lambda_{it}h)^{p_{it}}}{p_{it}!} \tag{2.7}$$

其中，h 服从均值为 1、方差为 $1/\theta$ 的单参数 $\Gamma(\theta,1/\theta)$ 分布：

$$f(h) = \frac{\theta^{\theta}e^{-\theta h}h^{\theta-1}}{\Gamma(\theta)},\theta > 0,h \geq 0 \tag{2.8}$$

$\lambda_{it} = e^{\beta x_{it}+v_i}$，$x_{it}$ 同上；p_{it} = 0，1，…，6382。由此，对于 t 年第 i 家企业的专利申请数量 P_{it} 服从负二项回归模型：

$$F(P_{it} = p_{it} \mid x_{it}) = \int F(P_{it} = p_{it} \mid x_{it},h)f(h)\mathrm{d}h$$
$$= \frac{\Gamma(\theta + p_{it})}{\Gamma(\theta)\Gamma(1 + p_{it})}\left(\frac{\theta}{\theta + \lambda_{it}}\right)^{\theta}\left(\frac{\lambda_{it}}{\theta + \lambda_{it}}\right)^{y_{it}} \tag{2.9}$$

其均值和方差分别为：$E(P_{it} \mid x_{it}) = \lambda_{it}$，$Var(P_{it} \mid x_{it}) = \lambda_{it}\left(1 + \frac{1}{\theta}\lambda_{it}\right)$。

若令参数 $\theta = \sigma^{-2}\lambda_{it}(\sigma^2 > 0)$，则此时负二项回归模型为 NB1 模型，

概率函数为：

$$F(P_{it} = p_{it} \mid x_{it}) = \frac{\Gamma(\sigma^{-2}\lambda_{it} + p_{it})}{\Gamma(\sigma^{-2}\lambda_{it})\Gamma(1 + p_{it})}\left(\frac{\sigma^{-2}}{1 + \sigma^{-2}}\right)^{\sigma^{-2}\lambda_{it}}\left(\frac{1}{1 + \sigma^{-2}}\right)^{p_{it}} \quad (2.10)$$

其均值和方差分别为 $E(P_{it} \mid x_{it}) = \lambda_{it}$，$Var(P_{it} \mid x_{it}) = \lambda_{it} + \sigma^2\lambda_{it}$，方差是均值的一次函数且大于均值。

若令参数 $\theta = \sigma^{-2}(\sigma^2 > 0)$，则此时负二项回归模型为 NB2 模型，概率函数为：

$$F(P_{it} = p_{it} \mid x_{it}) = \frac{\Gamma(\sigma^{-2} + p_{it})}{\Gamma(\sigma^{-2})\Gamma(1 + p_{it})}\left(\frac{\sigma^{-2}}{\lambda_{it} + \sigma^{-2}}\right)^{\sigma^{-2}}\left(\frac{\lambda_{it}}{\lambda_{it} + \sigma^{-2}}\right)^{p_{it}} \quad (2.11)$$

其均值和方差分别为 $E(P_{it} \mid x_{it}) = \lambda_{it}$，$Var(P_{it} \mid x_{it}) = \lambda_{it} + \sigma^2\lambda_{it}^2$，方差是均值的二次函数且大于均值。

最后，与泊松回归模型方法类似，依次通过对负二项回归模型取对数后求偏导，再进行参数估计等步骤来计算出各个影响因素对应的参数值。

本章参考文献

［1］白仲林.面板数据的计量经济分析［M］.南开大学出版社，2008.

［2］毕强，周浩，王雨.面向产学研合作创新的信息资源配置研究［J］.情报科学，2013，31（6）：20～23，27.

［3］曹霞，刘国巍.基于社会资本的产学研合作创新超网络分析［J］.管理评论，2013，25（4）：115～124，157.

［4］曹勇，赵莉，张阳等.高新技术企业专利管理与技术创新绩效关联的实证研究［J］.管理世界，2012，（6）：182～183.

［5］陈国政.上海科技创新环境面临的问题与对策建议［J］.上海经济研究，2013，（2）：2～59.

［6］程华，赵祥.政府科技资助对企业 R&D 产出的影响［J］.科学学研究，2008，26（3）：519～525.

［7］陈力田.企业技术创新能力演进规律研究［D］.浙江大学，2012.

［8］池仁勇.企业技术创新效率及其影响因素研究［J］.数量经济技术经

济研究，2003，20（6）：105～108.

[9] 陈晓，方保荣.对增值税转型的几点逆向思考 [J].税务研究，2001，（5）：26～30.

[10] 陈晓红，马鸿烈.中小企业技术创新对成长性影响 [J].科学学研究，2012，30（11）：1749～1760.

[11] 董洁林，李晶.企业技术创新模式的形成及演化 [J].科学学与科学技术管理，2013，34（3）：3～12.

[12] 傅家骥，施培公.技术积累与企业技术创新 [J].数量经济技术经济研究，1996，（11）：70～71.

[13] 傅晓霞，吴利学.技术差距、创新环境与企业自主研发强度 [J].世界经济，2012，（7）：101～122.

[14] 宫留记.增强企业技术创新能力的途径研究 [J].自然辩证法研究，2011，27（12）：40～45.

[15] 顾晓敏，任爱莲.学习能力与开放创新绩效的关系研究——基于电子类高新技术企业的数据 [J].软科学，2011，25（3）：57～60.

[16] 洪银兴.论创新驱动经济发展战略 [J].经济学家，2013，（1）：5～11.

[17] 胡卫，熊鸿军.R&D 税收刺激原理、评估方法与政策含义 [J].管理科学，2005，18（1）：84～91.

[18] 贾亚男.关于区域创新环境的理论初探 [J].地域研究与开发，2001，20（1）：5～8.

[19] 蒋秋荣.企业技术创新的内涵与影响因素分析 [J].商，2013，（7）：64～65.

[20] 康志勇，张杰.中国金融结构对自主创新能力影响研究 [J].统计与决策，2008，（19）：130～133.

[21] 李丽青.企业 R&D 投入与国家税收政策研究 [D].西北大学，2006.

[22] 李苗苗，肖洪钧，傅吉新.财政政策、企业 R&D 投入与技术创新能力——基于战略性新兴产业上市公司的实证研究 [J].管理评论，2014，26（8）：135～144.

[23] 李苗苗，肖洪钧，赵爽.金融发展、技术创新与经济增长的关系研

究——基于中国的省市面板数据［J］.中国管理科学，2015，23
（1）：162～169.

［24］李爽.R&D强度、政府支持度与新能源企业的技术创新效率［J］.
软科学，2016，30（3）：11～14.

［25］李婷，董慧芹.科技创新环境评价指标体系的探讨［J］.中国科技论
坛，2005，（4）：30～31.

［26］李随成，姜银浩.供应商参与新产品开发对企业自主创新能力的影
响研究［J］.南开管理评论，2009，12（6）：11～16.

［27］李新男.创新"产学研结合"组织模式构建产业技术创新战略联盟
［J］.中国软科学，2007，（5）：9～12.

［28］李志远，赵树宽.跨部门整合、研发强度对新产品开发成功的影响
［J］.科学学研究，2011，29（1）：49～55.

［29］李左峰.创新型企业创新投入要素的产出弹性估计［J］.管理世界，
2013，（2）：176～177.

［30］林春培.企业外部创新网络对渐进性创新与根本性创新的影响
［D］.华南理工大学，2012.

［31］马文聪，朱桂龙.供应商和客户参与技术创新对创新绩效的影响
［J］.科研管理，2013，34（2）：19～26.

［32］马勇，杜德斌，周天瑜，盛垒.地方创新环境对外资研发活动的影响
分析［J］.科学学与科学技术管理，2009，30（5）：61～67.

［33］闵维方.企业创新与大学的生死情节［J］.中关村，2005，
（1）：49.

［34］齐庆祝，李莹.企业技术创新阶段性融资模式设计与案例分析［J］.
科技进步与对策，2013，（14）：108～111.

［35］钱水土，周永涛.金融发展、技术进步与产业升级［J］.统计研究，
2011，28（1）：68～74.

［36］郐萌，韩树政.我国企业技术创新行为及影响因素研究［J］.科学管
理研究，2013，31（4）：76～79.

［37］佘坚.战略性新兴产业上市公司现状及特点分析［R］.深圳证券交
易所综合研究所，2011.

［38］苏敬勤.产学研合作创新的交易成本及内外部化条件［J］.科研管

理，1999，20（5）：68～72.

[39] 孙冰，张为峰.技术创新与创新环境之间的非线性关系研究 [J].统计与决策，2013，（6）：171～174.

[40] 孙玉涛，李苗苗.企业技术创新能力培育的区域性因素——基于战略性新兴产业上市公司的实证分析 [J].科学学与科学技术管理，2013，34（8）：129～137.

[41] 唐清泉，卢珊珊，李懿东.企业成为创新主体与 R&D 补贴的政府角色定位 [J].中国软科学，2008，（6）：88～98.

[42] 王红梅，邱成利.技术创新过程中多主体合作的重要性分析及启示 [J].中国软科学，2003，（3）：76～79.

[43] 王缉慈，王可.区域创新环境和企业根植性——兼论我国高新技术企业开发区的发展 [J].地理研究，1999，18（4）：357～362.

[44] 吴晓松.国家创新体系对企业创新能力及创新绩效影响研究 [D].昆明理工大学，2012.

[45] 吴岩.基于主成分分析法的科技型中小企业技术创新能力的影响因素研究 [J].科技管理研究，2013，33（14）：108～112.

[46] 吴舟，夏管军.企业技术创新的影响因素分析 [J].现代经济信息，2013，（11）：108～109，125.

[47] 闫云仙.中国玉米期货市场价格发现功能的实证分析 [J].中国农村经济，2010，（7）：39～46.

[48] 肖洪钧，李苗苗，于丽丽.战略性新兴产业企业技术创新能力影响因素研究——基于供应链企业间紧密关系的视角 [J].大连理工大学学报（社会科学版），2013，34（2）：8～12.

[49] 许治，何悦，王晗.政府 R&D 资助与企业 R&D 行为的影响因素——基于系统动力学研究 [J].管理评论，2012，24（4）：67～75.

[50] 于飞.集群企业技术创新能力的外部影响因素——基于组织间网络的视角 [J].中国科技论坛，2013，1（8）：61～66.

[51] 曾德明，李励，王泓略.研发强度对二元式创新的影响 [J].科学学与科学技术管理，2017，37（1）：69～79.

[52] 张红琪，鲁若愚.服务企业顾客参与对员工创新行为的影响研究 [J].科研管理，2013，34（3）：99～105.

［53］张洪石, 卢显文. 突破性创新和渐进性创新辨析 ［J］. 科技进步与对策, 2005, 22 (2)：164~166.

［54］章立军. 创新环境、创新能力及全要素生产率——基于省际数据的经验证据 ［J］. 南方经济, 2006, (11)：43~56.

［55］张钦红, 骆建文. 上海市专利资助政策对专利申请量的影响作用分析 ［J］. 科学学研究, 2009, 27 (5)：682~685.

［56］张蕊. 战略性新兴产业企业业绩评价问题研究 ［J］. 会计研究, 2014, (8)：41~44, 96.

［57］郑绪涛, 柳剑平. R&D 活动的溢出效应、吸收能力与补贴政策 ［J］. 中国软科学, 2011, (11)：52~63.

［58］仲伟俊, 梅姝娥, 谢园园. 产学研合作技术创新模式分析 ［J］. 中国软科学, 2009, (8)：174~181.

［59］朱欢. 中国金融发展对企业技术创新的效应研究 ［D］. 中国矿业大学, 2012.

［60］朱平芳, 徐伟民. 政府的科技激励政策对大中型工业企业 R&D 投入及其专利产出的影响 ［J］. 经济研究, 2003, (6)：45~53.

［61］朱霞, 朱永跃. 基于小波神经网络的企业技术创新能力评价 ［J］. 统计与决策, 2012, (1)：172~174.

［62］Adams J. Comparative localization of academic and industrial spillovers ［J］. *Journal of Economic Geography*, 2002, 2 (3)：253–278.

［63］Ahuja G., Lampert C. M., Tandon V. Moving beyond Schumpeter：Management research on the determinants of technological innovation ［J］. *The Academy of Management Annals*, 2008, 2 (1)：1–98.

［64］Ali M., Park K. The spiral model of indigenous technological innovation capabilities for developing countries ［C］. 6th International Student Conference, Izmir Turkey, 2010.

［65］Baron R. A., Tang J. The role of entrepreneurs in firm – level innovation：Joint effects of positive affect, creativity and environmental dynamism ［J］. *Journal of Business Venturing*, 2011, 26 (1)：49–60.

［66］Bartoloni E. Capital structure and innovation：Causality and determinants ［J］. *Empirica*, 2013, 40 (1)：111–151.

[67] Baumann J. , Kritikos A. S. The link between R&D, innovation and pro-
ductivity: Are micro firms different? [J]. *Research Policy*, 2016, 45
(6): 1263 – 1274.

[68] Bessler D. A. , Yang J. The structure of interdependence in international
stock markets [J]. *Journal of International Money and Finance*, 2003,
22 (2): 261 – 287.

[69] Blalock G. , Gertler P. J. Welfare gains from foreign direct investment
through technology transfer to local suppliers [J]. *Journal of Interna-
tional Economics*, 2008, 74 (2): 402 – 421.

[70] Bloom N. , Griffith R. , Reenen J. V. Do R&D tax credits work? Evi-
dence from a panel of countries 1979 – 1997 [J]. *Journal of Public Eco-
nomics*, 2002, 85 (1): 1 – 31.

[71] Börjesson S. , Elmquist M. Developing innovation capabilities: A longi-
tudinal study of a project at Volvo cars [J]. *Creativity and Innovation
Management*, 2011, 20 (3): 171 – 184.

[72] Bruno A. , Tyebjee T. The environment for entrepreneurship [J]. *Ency-
clopedia of Entrepreneurship*, 1982, (2): 288 – 315.

[73] Caetano M. , Amaral D. C. Roadmapping for technology push and part-
nership: A contribution for open innovation environments [J]. *Techno-
vation*, 2011, 31 (7): 320 – 335.

[74] Cameron A. C. , Trivedi P. K. Regression – based tests for overdispersion
in the Poisson model [J]. *Journal of Econometrics*, 1990, 46 (3):
347 – 364.

[75] Cappelen A. , Raknerud A. , Rybalka M. The effects of R&D tax credits
on patenting andinnovations [J]. *Research Policy*, 2012, 41 (2):
334 – 345.

[76] Chen K. , Guan J. Mapping the functionality of China's regional innova-
tion systems: A structural approach [J]. *China Economic Review*,
2011, 22 (1): 11 – 27.

[77] Chen J. , Jin X. , He Y. B. , et al. TIM based indigenous innovation:
Experiences from Haier Group [C]. IEEE International Conference on

Management of Innovation and Technology, Singapore and China, 2006, 1: 207 – 210.

[78] Chesbrough, H. The logic of open innovation: Managing intellectual property [J]. *California Management Review*, 2003, 15: 33 – 58.

[79] Cheung K. Y., Lin P. Spillover effects of FDI on innovation in China: Evidence from the provincial data [J]. *China Economic Review*, 2004, 15 (1): 25 – 44.

[80] Chiang C. C., Mensah Y. M. The determinants of investor valuation of R&D expenditure in the software industry [J]. *Review of Quantitative Finance and Accounting*, 2004, 22 (4): 293 – 313.

[81] Chowdhury R. H., Min M. Financial market development and the effectiveness of R&D investment: Evidence from developed and emerging countries [J]. *Research in International Business & Finance*, 2012, 26 (2): 258 – 272.

[82] Christensen C. M. *The innovator's dilemma: When new technologies cause great firms to fail* [M]. Boston: Harvard Business School Press, 1997.

[83] Clausen T. H., Korneliussen T., Madsen E. L. Modes of innovation, resources and their influence on product innovation: Empirical evidence from R&D active firms in Norway [J]. *Technovation*, 2013, 33 (6): 225 – 233.

[84] Cooke P., Schienstock G. Structural competitiveness and learning regions [J]. *Enterprise and Innovation Management Studies*, 2000, 1 (3): 265 – 280.

[85] Czarnitzki D., Hanel P., Rosa J. Evaluating the impact of R&D tax credits on innovation: A microeconometric study on Canadian firms [J]. *Research Policy*, 2011, 40 (2): 217 – 229.

[86] Dagenais M., Mohnen P., Therrien P. *Do Canadian firms respond to fiscal incentives to research and development?* [M]. Montreal: CIRANO, Discussion Paper, 1997.

[87] David P., Hall B., Toole A. Is public R&D a complement or substitute for private R&D: A review of the econometric evidence [J]. *Research*

Policy, 2000, 29 (4): 497 – 529.

[88] De Dominicis L. , Florax R. , De Groot H. Regional clusters of innovative activity in Europe: Are social capital and geographical proximity key determinants? [J]. *Applied Economics*, 2013, 45 (17): 2325 – 2335.

[89] Doloreux D. What we should know about regional systems of innovation [J]. *Technology in Society*, 2002, 24 (3): 243 – 263.

[90] Doloreux D. , Parto S. Regional innovation systems: Current discourse and unresolved issues [J]. *Technology in Society*, 2005, 27 (2): 133 – 153.

[91] Fedderke J. W. , Teubes B. G. Fiscal incentives for research and development [J]. *Applied Economics*, 2011, 43 (14): 1787 – 1800.

[92] Feldman M. , Audretsch D. Innovation in cities: Science – based diversity, specialization and localized competition [J]. *European Economic Review*, 1999, 43 (2): 409 – 429.

[93] Feng T. , Sun L. , Zhang Y. The effects of customer and supplier involvement on competitive advantage: An empirical study in China [J]. *Industrial Marketing Management*, 2010, 39 (8): 1384 – 1394.

[94] Feng T. W. , Wang D. Supply chain involvement for better product development performance [J]. *Industrial Management & Data Systems*, 2013, 113 (2): 190 – 206.

[95] García F. , Jin B. , Salomon R. Does inward foreign direct investment improve the innovative performance of local firms? [J]. *Research Policy*, 2013, (42): 231 – 244.

[96] Griffith R. , Huergo E. , Mairesse J. , et al. Innovation and productivity across four European countries [J]. *Oxford Review of Economic Policy*, 2006, 22 (4): 483 – 498.

[97] Guan J. , Ma N. Innovative capability and export performance of Chinese firms [J]. *Technovation*, 2003, 23 (9): 737 – 747.

[98] Guellec D. The impact of public R&D expenditure on business R&D [J]. *Ulb Institutional Repository*, 2003, 12 (3): 225 – 243.

[99] Guisado – González M. , Guisado – Tato M. , Sandoval – Pérez A. Determinants of innovation performance in Spanish hospitality companies: A-

nalysis of the coexistence of innovation strategies [J]. *The Service Industries Journal*, 2013, 33 (6): 580 –593.

[100] Hall A. L. , Sharmistha B. S. A study of R&D, innovation, and business performance in the Canadian biotechnology industry [J]. *Technovation*, 2002, 22 (1): 231 –244.

[101] Henderson J. V. The size and types of cities [J]. *The American Economic Review*, 1974, 64 (4): 640 –656.

[102] Johansson B. , Lööf H. Innovation activities explained by firm attributes and location [R]. Electronic Working Paper Series, 2006.

[103] Koberg M. , Levien T. , Harman. Interpretative barriers to successful product innovation in large firms [J]. *The Journal of Product Innovation Management*, 2004, 3 (2): 179 –202.

[104] Lee C. Y. Industry R&D intensity distributions: Regularities and underlying determinants [J]. *Journal of Evolutionary Economics*, 2002, 12 (3): 307 –340.

[105] Lee C. Y. , Wu H. L. , Pao H. W. How does R&D intensity influence firm explorativeness? Evidence of R&D active firms in four advanced countries [J]. *Technovation*, 2014, 34 (10): 582 –593

[106] Li Miaomiao, Li Haibo, Wang Haining, et al. Study on the relationships among the enterprises' R&D volatility technological innovation and performance [C]. 2014 the 7th International Conference on Information Management and Industrial Engineering, 2014, 2: 431 –435.

[107] Lokshin B. , Mohnen P. Measuring the Effectiveness of R&D Tax Credits in the Netherlands [J]. *Social Science Electronic Publishing*, 2007.

[108] Mamuneas T. P. , Nadiri M. I. Public R&D policies and cost behavior of the US manufacturing industries [J]. *Journal of Public Economics*, 1996, 63 (1): 57 –81.

[109] Martin X. , Salomon R. Knowledge transfer capacity and its implications for the theory of the multinational corporation [J]. *Journal of International Business Studies*, 2003, 34 (4): 356 –373.

[110] Maskus K. E. , Neumann R. , Seidel T. How national and international

financial development affect industrial R&D [J]. *European Economic Review*, 2012, 56 (1): 72 – 83.

[101] Mokyr J. Evolution and technological change: A new metaphor for *economic history*? [M]. Technological Change, London: Harwood Publishers, 1996.

[102] Mudambi R., Swift T. Knowing when to leap: Transitioning between exploitative and explorative R&D [J]. *Strategic Management Journal*, 2014, 35 (1): 126 – 145.

[103] Revilla E., Sáenz M. J., Knoppen D. Towards an empirical typology of buyer – supplier relationships based on absorptive capacity [J]. *International Journal of Production Research*, 2013, 51 (10): 2935 – 2951.

[114] Robin S., Schubert T. Cooperation with public research institutions and success in innovation: Evidence from France and Germany [J]. *Research Policy*, 2013, 42 (1): 149 – 166.

[115] Romero I., Martínez – Román J. A. Self – employment and innovation, exploring the determinants of innovative behavior in small businesses [J]. *Research Policy*, 2012, 41 (1): 178 – 189.

[116] Saffari S. E., Adnan R., Greene W., et al. A poisson regression model for analysis of censored count data with excess zeroes [J]. *Jurnal Teknologi*, 2013, 62 (2): 71 – 74.

[117] Samara E., Georgiadis P., Bakouros I. The impact of innovation policies on the performance of national innovation systems: A system dynamics analysis [J]. *Technovation*, 2012, 32 (11): 624 – 638.

[118] Schuelke – Leech B. A. Volatility in federal funding of energy R&D [J]. *Energy Policy*, 2014, 67: 943 – 950.

[119] Sen S., Basligil H., Sen C. G., et al. A framework for defining both qualitative and quantitative supplier selection criteria considering the buyer-supplier integration strategies [J]. *International Journal of Production Research*, 2008, 46 (7): 1825 – 1845.

[120] Spirtes P., Glymour C., Scheines R. *Causation, prediction, and search* [M]. MIT Press, Cambridge, 2000.

[121] Svendsen M. F. , Haugland S. A. , Grønhaug K. , et al. Marketing strategy and customer involvement in product development [J]. *European Journal of Marketing*, 2011, 45 (4): 513 – 530.

[122] Swift T. R&D expenditure volatility and firm performance: Organizational and environmental contexts [J]. *International Journal of Innovation and Technology Management*, 2013, 10 (4): 1 – 21.

[123] Wallsten S. J. The effects of government – industry R&D programs on private R&D: The case of the small business innovation research program [J]. *RAND Journal of Economics*, 2000, 31 (1): 82 – 100.

[124] Wooldridge J. M. Estimating systems of equations with different instruments for different equations [J]. *Journal of Econometrics*, 1996, 74 (2): 387 – 405.

[125] Wu Y. State R&D tax credits and high – technology establishments [J]. *Economic Development Quarterly*, 2008, 22 (2): 136 – 148.

[126] Yam R. , Guan J. C. , Pun K. F. , et al. An audit of technological innovation capabilities in Chinese firms: Some empirical findings in Beijing, China [J]. *Research Policy*, 2004, 33 (8): 1123 – 1140.

[127] Yam R. , William L. , Tang E. , et al. Analysis of sources of innovation, technological innovation capabilities, and performance: An empirical study of Hong Kong manufacturing industries [J]. *Research Policy*, 2011, 40 (3): 391 – 402.

[128] Yang C. H. , Huang C. H. , Hou T. C. T. Tax incentives and R&D activity: Firm – level evidence from Taiwan [J]. *Research Policy*, 2012: 41 (9): 1578 – 1588.

[129] Zhang Y. , Li H. Innovation search of new ventures in a technology cluster: The role of ties with service intermediaries [J]. *Strategic Management Journal*, 2010, 31 (1): 88 – 109.

第3章 企业 R&D 活动特征对企业技术创新的影响

R&D 活动是提高企业技术创新能力和获得竞争优势的关键。R&D 活动涉及从基础研究、应用研究、中试、产品开发再到投放市场等一系列复杂过程。企业技术创新活动不仅时间漫长，每一个阶段都需要投放大量研发资金和资源，而且在此期间难免受到突发事件（如 2008 年金融危机）等不确定性因素的影响而产生 R&D 投资波动性。因此，在 R&D 活动过程中存在两个明显的特征：R&D 投资强度和 R&D 投资波动性。企业 R&D 投资强度反映了企业对技术创新活动的努力程度，而企业 R&D 投资波动性则反映了企业对技术创新活动的关注度是否随着时间的变化而变化。那么，R&D 活动的这两个特征是否对企业技术创新产生影响呢？

国内外学者分别探讨了企业 R&D 投资波动性（Mudambi and Swift，2014）和 R&D 投资强度（曾德明等，2017）对企业技术创新的影响。

一是，关于企业 R&D 投资波动性的研究相对较少。现有研究表明，企业 R&D 投资波动性显著地存在于企业创新活动中（Dimasi et al.，2003）。来自战略创业领域的研究认为绩效优异的企业往往致力于在探索性 R&D 阶段和开发性 R&D 阶段之间不断进行循环交替活动（Gupta et al.，2006）。学者 Dimasi 和 Grabowski（2007）、Harryson 等（2008）认为探索性 R&D 活动面临更大的创新不确定性和更高的风险性，因此，企业的探索性 R&D 活动要比开发性 R&D 活动付出更多的成本。当企业从开发性 R&D 阶段向探索性 R&D 阶段进行转换时，将涉及 R&D 投资的增加；反之，当企业从探索性 R&D 阶段向开发性 R&D 阶段进行转换时，将涉及 R&D 投资的减少（Kor and Mahoney，2005）。另外，探讨 R&D 投资波动性对企业技术创新的文献更少。Li 等（2014）对我国高技术大中型工业企业的研究表明，企业 R&D 投资波动性对企业技术创新确实产生了消极的影响。事实上，企业 R&D 经费投入犹如研发活动的血液，R&D

投资一旦出现较大波动或者"断流"，R&D 活动可能将被延迟甚至中断，进而影响企业技术创新。

二是，企业 R&D 投资强度对企业技术创新的影响研究相对较多，并取得了丰硕的成果。以日本、德国、英国和美国等发达国家企业为研究样本的实证分析表明，企业 R&D 投资强度与开发性创新或创新效率之间存在显著的正向关联性（Lee et al.，2014；Baumann and Kritikos，2016）。国内的部分实证研究与之相类似，表明企业 R&D 投资强度与新产品开发、二元式技术创新或技术创新效率之间存在显著的正向关联性，并且这一关系受到企业跨部门整合、自主 R&D 努力程度或高管团队特征等的影响（李志远、赵树宽，2011；李爽，2016；曾德明等，2017）。

综上所述，企业 R&D 活动特征对企业技术创新的研究已取得了一定的研究成果，但仍然存在以下几方面的不足：尽管现有文献已经分别探讨了 R&D 投资波动性、R&D 投资强度对企业技术创新的影响问题，但缺少将企业 R&D 投资波动性、R&D 投资强度和企业技术创新纳入同一研究框架体系进行研究，挖掘三者之间内在的关联性。现有文献大多采用发达国家产业层面为研究样本，缺少来自新兴经济体战略性新兴产业微观企业层面的实证检验。为此，本章提出 R&D 投资波动性、R&D 投资强度与企业技术创新之间的关系模型，通过对我国战略性新兴产业企业面板数据的实证分析，揭示上述三者之间的内在关系。研究结论不仅丰富企业技术创新的相关理论，还能够为提升战略性新兴产业企业技术创新水平提供借鉴和理论指导。

3.1　概念界定与研究假设

3.1.1　概念界定

1. 企业 R&D 投资波动性

所谓企业 R&D 投资波动性（Research and Development Volatility）是指企业 R&D 经费投入随时间变化而相对上下波动的情况，在某种程度上，反映了企业 R&D 经费投入相对稳定的程度。保持企业创新活动的稳定性是企业顺利完成技术创新目标的重要保障。诸如专利等技术创新产出往往具有一定的时间滞后性，如果在技术创新过程中企业 R&D 活动特别是 R&D 经费的投入出现较大的波动，那么，很可能导致技术创新活动的中断或创新速度的减缓，甚至导致技术创新活动的终止。关于企业 R&D 投资波动性的计算方法，本章借鉴 Mudambi 和 Swift（2011）的算法，具体计算过程如下。

首先，对企业 R&D 经费投入进行关于时间（t）的线性趋势回归分析：

$$R\&D_{it} = \alpha_i + \beta_i t + \varepsilon_i \tag{3.1}$$

其中，i（$i = 1, 2, \cdots, 176$）为第 i 家企业；$t = 1$、2、3、4 分别对应 2008 年、2009 年、2010 年、2011 年；α_i、β_i 分别为常数项和回归系数；ε_i 为标准残差项。

其次，企业 R&D 投资波动性（RDV）为：

$$RDV_{it} = S_{it} / \overline{R\&D_i} \times 100\% \tag{3.2}$$

其中，RDV_{it}、S_{it} 分别为第 t 年第 i 家企业 R&D 投资波动性、标准残差（等于企业 R&D 经费投入的实际值减去其时间趋势值）；$\overline{R\&D_i}$ 是指第 i 家企业 R&D 经费投入的平均值。由此可知，当企业 R&D 经费投入逐年增加或逐年减少时，企业 R&D 投资波动性则相对较小。当企业 R&D 经费投入随时间变化而呈现无规律性上下变动时，企业 R&D 投资波动性相对较大。当企业 R&D 投资波动值超过 50% 时，表明企业 R&D 投资变化幅度将超过企业近几年的平均 R&D 经费投入的 1/2，故 R&D 经费投入的变化幅度较大。与 Mudambi 和 Swift（2011）算法的不同之处在于，本书并没有将 RDV 进行平方后再作为测量企业 R&D 投资波动性的指标。一方面，是因为直接将 RDV 作为企业 R&D 投资波动性更能直观地反映出企业 R&D 投资过程中的正向波动和负向波动情况。另一方面，是因为我国战略性新兴产业部分企业的 R&D 投资波动性本身就很大，如果再进行平方处理将出现极端值，可能会对后面的面板数据模型构建造成影响。为此，选用上述 RDV 直接作为企业 R&D 投资波动性的测量指标。

2. 企业 R&D 投资强度

国内外学者对企业 R&D 投资强度的定义或评定标准已基本达成一

致的看法：R&D 投资强度是指企业在进行 R&D 活动过程中投入 R&D 资源的多寡程度。大多学者通常采用企业 R&D 经费投入占营业收入的比重作为测量 R&D 投资强度的指标（Wei et al.，2015），也有部分学者采用高技术企业新产品销售额占营业收入的比重（Hansen and Hill，1991）或者人均 R&D 费用来测量 R&D 投资强度（曾德明等，2017）等。经济合作与发展组织（OECD）采用的是企业 R&D 经费投入占总产值的比重，它直接将企业 R&D 投资强度看作衡量企业技术创新能力的重要指标，并且规定了当企业 R&D 投资强度超过 4% 时，认为企业创新能力较强；当企业 R&D 投资强度低于 1% 时，认为企业创新能力较弱；当企业 R&D 投资强度在 1% 和 4% 之间时，认为企业创新能力处于中等水平。

本章所界定的企业 R&D 投资强度是指企业在 R&D 经费投入方面对技术创新活动的努力程度或支持力度。将采用企业 R&D 经费投入占主营业务收入的比重作为测量企业 R&D 投资强度的指标。

3.1.2　企业 R&D 投资波动性与企业技术创新

目前，关于企业 R&D 投资波动性对企业技术创新的影响研究相对较少（Swift，2013）。事实上，由于企业 R&D 投资波动性产生于企业技术创新过程中，其必然与企业技术创新有着紧密的联系。从产生新产品的概念，到产品规划设计阶段，到小规模试制阶段，再到大规模生产并投放市场的阶段都需要 R&D 费用和 R&D 人员的投入，而在这期间可能突发性事件等不确定性因素难以预见而导致研发资源的投入存在一定的波动性，从而直接影响到企业技术创新活动的进展情况（Kor and Mahoney，2005）。一方面，已有相关研究表明约有 50% 的 R&D 经费投入是用于支付 R&D 人员的工资的（戴小勇、成力为，2013），因此，R&D 投资波动性过大很可能导致 R&D 人员的流失，而 R&D 人员的缺失将直接导致 R&D 活动进展缓慢甚至中断，从而不利于提升企业技术创新产出（Mudambi and Swift，2011）。另一方面，根据技术路径依赖的原理，当 R&D 投资波动性较小时确保了企业技术创新行为的持续性，而持续的技术创新行为将对现在产生机会成本（Suárez，2014），从而增加企业决定实施技术创新项目的可能性，进而提高企业技术创新产出的可能性。鉴于上述分析，本书提出研究假设 H1。

假设 H1：在企业 R&D 投资规模一定的情况下，企业的 R&D 投资波动性越小，越有利于提升企业技术创新产出。

3.1.3　企业 R&D 投资强度与企业技术创新

企业 R&D 投资强度对企业技术创新影响研究已取得了一定的研究成果，主要从以下两个方面进行探讨。一方面，企业 R&D 投资强度对不同类型技术创新影响的研究表明，企业 R&D 投资强度对开发性创新或二元式技术创新的影响统计显著，并且二者的关系受到企业高管团队特征的影响（Lee et al.，2014；曾德明等，2017）。另一方面，企业 R&D 投资强度对技术创新效率影响的研究表明，企业 R&D 投资强度越高，越有利于提高企业技术创新效率，并且二者的关系受到企业自主 R&D 努力程度的影响（李爽，2016；Baumann and Kritikos，2016）。陈艳莹等（2009）对我国 37 个制造业的面板数据建立固定效应模型的研究表明，企业内部的 R&D 投资强度越高，越不利于企业利用外部资源提高企业 R&D 效率。鉴于上述分析，本书提出研究假设 H2。

假设 H2：在企业 R&D 规模一定的情况下，企业的 R&D 投资强度越高，越有利于提升企业技术创新产出。

3.1.4　企业 R&D 活动特征与企业技术创新

依据技术路径依赖理论，当企业 R&D 经费投入保持相对稳定时，企业能够维持 R&D 人员的相对稳定、保证技术创新活动的持续性，从而促进企业技术创新成果的产出。与此同时，相比 R&D 投资强度较低的企业，R&D 投资强度较高的企业越有机会雇用高层次、高学历、高技能的尖端人才，越有机会开展更高难度的技术攻关项目，因此，将更加有利于提升企业技术创新产出。事实上，从现实企业技术创新活动过程中也不难发现上述现象。从中兴通讯股份有限公司（以下简称中兴）、华为投资控股有限公司（以下简称华为）的 R&D 投资强度来看，2012～2016年两家企业的 R&D 投资强度呈现相对稳定的状态，均保持在 10% 以上（除了 2013 年中兴 R&D 投资强度约为 9.81% 之外），并且基本上呈现出稳中有升的趋势，如图 3.1 所示。

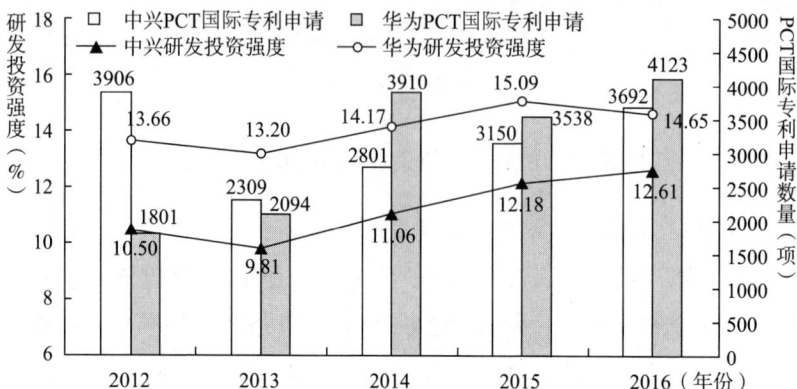

图 3.1   2012～2016 年华为、中兴的 R&D 活动情况

资料来源：2016 年中兴年度报告，2012 年、2014 年和 2016 年华为年度报告。

再观察 2013～2016 年不难发现：华为的 R&D 投资强度明显高于中兴的；与此同时，华为 PCT 国际专利申请数量的年均增长速度（25.34%）要大于中兴 PCT 国际专利申请数量的年均增长速度（16.94%），并且华为 PCT 国际专利申请数量在 2014 年超过了中兴的 PCT 国际专利申请数量。这一现象从某种程度上表明，当 R&D 投资保持相对稳定时，企业 R&D 投资强度越高，越有利于企业技术创新产出的增加。鉴于上述分析，本书提出研究假设 H3。

假设 H3：在企业 R&D 规模一定的情况下，企业的 R&D 投资波动性越小、R&D 投资强度越高，越有利于提升企业技术创新产出。

综上所述，本章旨在探讨企业 R&D 投资强度、R&D 投资波动性与企业技术创新产出之间的关系，在已有研究基础上提出了 3 个研究假设之间的关系，如图 3.2 所示。

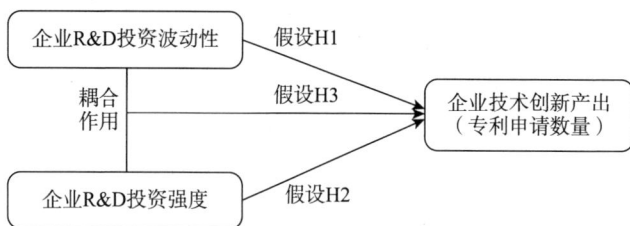

图 3.2   本章研究的理论模型

3.2　研究变量及其描述性分析

3.2.1　研究变量及数据来源

本章的目的是探讨企业 R&D 活动特征对企业技术创新的影响问题，因此，因变量设为企业技术创新产出，自变量设为企业 R&D 活动特征，包括企业 R&D 投资波动性和 R&D 投资强度，各研究变量的测量指标及其数据来源具体如表 3.1 所示。

1. 因变量

运用企业专利申请数量测量企业技术创新产出是最常用的，也是被广泛接受的测量指标（Yang et al.，2012）。主要是因为企业专利申请数量不仅能够反映企业整个创新活动的活跃程度，而且关键是数据容易获取。因此，采用专利申请数量（PATE）来反映企业技术创新产出。在国家知识产权局（http://www.sipo.gov.cn/zljs/）官方网站的搜索框内，输入战略性新兴产业企业名称或上市股票代码获得 2008～2011 年企业专利申请数量，并结合企业年度报告的数据进行修正，若出现不一致的现象，则以企业年度报告的数据为准。

表 3.1　研究变量及其测量指标

类型	变量名称	符号	测量指标	数据来源
因变量	企业技术创新产出	PATE	专利申请数量（含发明、实用新型和外观设计三种类型）（项）	国家知识产权局，http://www.sipo.gov.cn/zljs/
自变量	R&D 投资波动性	RDV	研发投资随时间变化而上下波动的情况（%）	
	R&D 投资强度	RDI	研发经费投入占主营业务收入比重（%）	2008～2011 年 176 家企业的年度报告中手动摘抄并整理获得
控制变量	研发经费投入	RD	企业研发经费投入（千万元）	
	研发人员投入	STAF	大专及以上学历人员数量（百人）	
	企业盈利情况	PROF	企业净利润占总收入比重（%）	
	企业年龄	AGE	企业注册的年限（年）	巨潮咨询及企业官方网站搜索

2. 自变量

在企业 R&D 活动过程中，在企业 R&D 人员投入一定的情况下，R&D 投资波动性和 R&D 投资强度是企业 R&D 活动最主要的两个特征。因此，本章的自变量包括企业 R&D 投资强度（RDI）和企业 R&D 投资波动性（RDV）。其中 R&D 投资强度等于 R&D 经费投入占主营业务收入的比重。在整理过程中，发现个别企业 R&D 投资强度超过 30%，此比例不合乎常规，因此，删除了 R&D 投资强度超过 30% 的企业数据。企业 R&D 投资波动性是根据 3.1.1 节中式（3.1）和式（3.2）计算获得的。著名学者 Romanelli 和 Tushman（1994）的研究就表明，大多数企业特别是战略性新兴产业企业在 2 年内便可完成深刻的变化，而在 10 多年后的 2008 ~ 2011 年企业的变化速度更快。因此，本章运用 4 年时间数据就可以充分研究企业 R&D 活动特征。

3. 控制变量

为了更准确地探索企业 R&D 活动特征对企业技术创新产出的影响，在构建面板数据计量模型时，控制了包括企业 R&D 经费投入（RD）、R&D 人员投入（$STAF$）、企业盈利情况（$PROF$）、企业年龄（AGE）等影响因素。其中，本书采用大专及以上学历人员数量来度量企业 R&D 人员投入，主要是因为部分企业 R&D 人员数量很大程度上被看作企业的机密，故在很多企业年度报告中并未陈列这一项指标。采用净利润率（等于企业净利润占总收入比重）来度量企业盈利情况。按照学术界的通常做法，用企业在工商部门注册的年份到 t 年的时间长度作为企业的第 t 年年龄（例如，公司在 2003 年注册，则到 2008 年时的企业年龄为 5 年）。企业 R&D 经费投入、大专及以上学历人员数量等指标的数据是 2008 ~ 2011 年 176 家企业的年度报告中手动摘抄并整理获得的。企业在工商管理部门注册的年限是通过巨潮咨询及企业官方网站的搜索获取的。

4. 样本量

本章采用的研究样本为我国部分战略性新兴产业上市公司（详见第 2.4 节），时间跨度为 2008 ~ 2011 年。在分析之前剔除了如下样本：一是，重要指标数据为空、填写错误或不合乎常理的情况，如数据缺失、不能为负的指标却出现了负数、不能大于 1 的指标却大于 1 等，这些样本的数据真实可靠性值得怀疑，因此，予以剔除；二是，企业注册时间不足 3 年的予以剔除；三是，部分企业 R&D 投资强度超过 20%，甚至超过 30%，此比例不合乎常规，因此，予以剔除。剔除上述样本后，共剩下样本企业总数为 176 家，总观测数量为 704 个，剔除后不影响样本的代表性，并且数据的处理均通过 Eviews 8.0 实现。

3.2.2　研究变量的描述性分析

1. 研究变量整体性描述

对 2008~2011 年的研究变量进行了描述性统计，如表 3.2 所示。从中不难发现以下几个特征。

表 3.2　研究变量的离散统计

变量及单位	统计值	2008 年	2009 年	2010 年	2011 年	总计
PATE（项）	最小值	0	0	0	0	0
	最大值	4731	5719	5623	5708	5719
	均值	42.48	53.19	60.95	64.84	55.37
RDV（%）	最小值	−209.22	−213.44	−141.11	−236.68	−236.68
	最大值	73.47	254.78	194.77	132.20	254.78
	均值	2.39	−1.85	−10.64	6.19	−0.98
RDI（%）	最小值	0.01	0.01	0.02	0.01	0.01
	最大值	10.04	10.32	10.15	10.48	10.48
	均值	2.20	2.73	2.74	3.23	2.73
RD（千万元）	最小值	0.87	0.46	0.22	0.18	0.18
	最大值	399.41	578.16	709.20	849.26	849.26
	均值	76.12	107.05	157.49	216.31	139.24
STAF（百人）	最小值	25	96	91	29	25
	最大值	489.26	553.16	560.93	689.45	689.45
	均值	1933	2325	2630	3100	2497
PROF（%）	最小值	−29.71	−36.98	−28.52	−29.22	−36.98
	最大值	40.93	43.63	55.11	50.67	55.11
	均值	8.34	8.77	10.03	8.71	8.96
AGE（年）	最小值	5	6	7	8	5
	最大值	68	69	70	71	71
	均值	16	17	18	19	17

（1）因变量企业专利申请数量的描述性分析。在所选的战略性新兴产业企业样本中，2008～2011 年企业专利申请数量年均约为 55 项，并且呈现逐年递增的趋势。其中专利申请数量最高的企业是中兴通讯股份有限公司。

（2）自变量企业 R&D 投资波动性的描述性分析。从企业 R&D 投资波动性来看，样本企业 R&D 投资波动性整体上呈现递减的趋势（2008～2011 年的方差分别为 59.97、61.62、49.40 和 38.23）。但从平均波动范围来看，企业 R&D 投资波动性相对较大的企业有北京中创信测科技股份有限公司、北京首创股份有限公司、中国东方红卫星股份有限公司、福建新大陆电脑股份有限公司等。

（3）自变量企业 R&D 投资强度和控制变量 R&D 经费投入的描述性分析。样本企业平均 R&D 投资强度和 R&D 经费投入呈现逐年递增的趋势，但是 R&D 投资强度仍然处于中等偏低水平。R&D 投资强度、R&D 经费投入相对较低的企业有厦门信达股份有限公司、四川成发航空科技股份有限公司、上海广电信息产业股份有限公司和浙江网盛生意宝股份有限公司等；与之相反，R&D 投资强度、R&D 经费投入相对较高的企业有中兴通讯股份有限公司、福建福晶科技股份有限公司、贵州航天电器股份有限公司、拓维信息系统股份有限公司。

（4）控制变量研发人员投入的描述性分析。在样本企业中，大专及以上学历人员数量呈现逐年递增的趋势。大专及以上学历人员数量相对较少的企业有宁波康强电子股份有限公司、广东东方锆业科技股份有限公司、上海广电信息产业股份有限公司、上海机电股份有限公司等；而相对较多的企业有中兴通讯股份有限公司。

（5）控制变量企业盈利情况的描述性分析。所选样本企业的利润率相对较高，平均在 9% 左右，主要原因在于新一代信息技术产业企业、生物产业企业的利润率大大高于其他战略性新兴产业企业。利润率相对较低的企业有航天科技控股集团股份有限公司、天通控股股份有限公司、桂林莱茵生物科技股份有限公司、深圳市拓日新能源科技股份有限公司等。与之相反，利润率相对较高的企业有华兰生物工程股份有限公司、上海复星医药（集团）股份有限公司、中航动力控制股份有限公司、三安光电股份有限公司等。

（6）控制变量企业年龄的描述性分析。样本中大部分企业是于 1994 年左右成立的，即成立时间为 17 年左右。其中，成立相对较晚的企业有浙江大立科技股份有限公司和中航航空电子系统股份有限公司等；成立时间相对较早的企业有国电南京自动化股份有限公司、安徽全柴动力股份有限公司和太原重工股份有限公司等。

2. 企业 R&D 投资波动性的行业及区域特征

运用式（3.1）和式（3.2）计算出 2008～2011 年我国战略性新兴产业内 176 家企业的 R&D 投资波动性，结果如图 3.3 所示。经过定量化分析发现，2008～2011 年我国战略性新兴产业企业的 R&D 投资波动性具有以下几个方面的特征。

（1）企业 R&D 投资波动性的行业特征。在七大战略性新兴产业内，企业 R&D 投资波动性具有显著的行业特征：企业 R&D 投资波动性最大的行业是高端装备制造业和新一代信息技术产业。在选定的样本中，2008～2011 年企业 R&D 投资波动性不在区间［-50%，50%］内，且属于高端装备制造业和新一代信息技术产业的企业数量占总体样本的70.45%，其中高端装备制造业企业数量占 47.73%，新一代信息技术产业企业数量占 22.72%；而属于新能源汽车产业、新材料产业、新能源产业、生物医药产业和节能环保产业的企业比例均低于 5.69%。这表明在不同的战略性新兴产业内，企业 R&D 投资波动性存在显著差异：高端装备制造业和新一代信息技术产业内企业 R&D 投资波动性较大，而生物医药产业、节能环保产业内企业 R&D 投资波动性较小。事实上，在我国高端装备制造业和新一代信息技术产业已具有较好的技术研究基础，有利于企业在探索 R&D 阶段与开发性 R&D 阶段之间循环交替，进而表现出较大的 R&D 投资波动性。生物医药产业、节能环保产业的技术创新研究基础相对薄弱，并且收益周期相对较长，加之政府是 R&D 投资的主要来源，因此，避免了 R&D 投资的不稳定性。

（2）企业 R&D 投资波动性的区域特征。位于我国大陆 31 个省、自治区、直辖市内的战略性新兴产业企业 R&D 投资波动性具有显著的区域特征：与那些位于中部、西部地区的企业相比，位于东部地区的企业具有较大的 R&D 投资波动性。在选定的样本中，2008～2011 年 RDV 变化

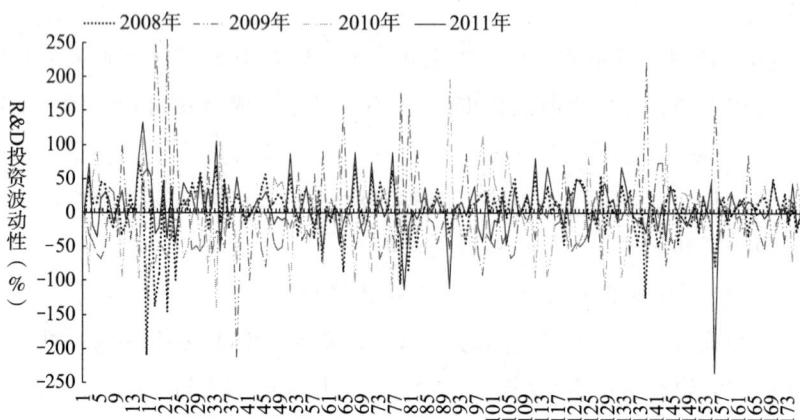

图3.3　2008～2011年我国战略性新兴产业企业 R&D 投资波动性

注：其中横轴表示各企业，由于篇幅原因用序号1，2，…，176来代替。

范围不在区间 ［-50%，50%］ 内，且位于东部、中部和西部地区的战略性新兴产业企业占总体样本的比例分别为 60.23%、26.14% 和 13.63%。在东部地区，特别是位于北京、浙江、江苏、上海、广东和山东等地区的战略性新兴产业企业 *RDV* 呈现极不稳定的特点，上述六个地区内 *RDV* 变化范围不在区间 ［-50%，50%］ 内的企业所占比例高达 52.27%。由此可以看出，*RDV* 具有明显的地域特征，位于东部发达地区内的战略性新兴产业企业的 R&D 支出具有更不稳定的特点。东部发达地区良好的融资环境、较高的经济发展水平、相对较快的产业发展速度，该区域的企业往往更频繁地在探索性 R&D 和开发性 R&D 之间循环交替，进而致使 R&D 投资波动性变化较大。与之相反，位于融资环境差、经济发展水平相对落后、产业发展速度缓慢的区域内企业往往倾向于保守型的创新，很少涉足探索性的 R&D 活动，因此，企业 R&D 投资波动性较小。

3.3　实证分析及结果

3.3.1　平稳性检验

对于面板数据来说，在建模之前首先要检验变量的稳定性。采用面板数据的单位根检验方法，运用软件 Eviews 8.0 对研究变量的稳定性进行检验，结果如表 3.3 所示。

表 3.3　面板数据单位根检验

检验方法	原始序列检验结果					
	PATE	*RDV*	*RDI*	*RD*	*STAF*	*PROF*
LLC 检验	- 1. 79	- 49. 55	- 29. 58	- 31. 83	- 32. 52	- 72. 40
Fisher – ADF 检验	484. 41	565. 15	563. 59	509. 44	462. 73	503. 43
Fisher – PP 检验	551. 57	630. 81	648. 75	574. 11	556. 82	616. 43
检验模式	No	I	I	I	I	I

注：上述统计量值均在 5% 的置信水平下统计显著；其中"I"表示检验模式只含截距项，"No"表示检验模式既不含截距项也不含时间趋势项。

从表 3.3 中不难发现各研究变量都是平稳性序列（各指标均为零阶单整序列）。其中，变量 *PATE* 采用了既不含截距项也不含时间趋势项的检验模式，其他变量则采用了只含截距项的检验模式。在原始序列检验中，所有序列经过各种方法的检验后，统计量值都通过了 5% 的置信水平检验，这充分表明零阶序列是平稳的。因此，下一步可直接进行回归分析。

3.3.2　模型的选择

为了验证企业 R&D 投资强度、企业 R&D 投资波动性对企业技术创新产出的影响关系，本书构建了面板数据计量经济学模型，如下所示：

$$PATE_{it} = (A_0 + A_i) + \alpha_1 RDV_{it} + \sum_{i=2}^{5} \alpha_i X_{it} + \varepsilon_{it} \tag{3.3}$$

$$PATE_{it} = (A_0' + A_i') + \alpha_1' RDV_{it} + \alpha_2' RDI_{it} + \sum_{i=3}^{6} \alpha_i' X_{it} + \varepsilon_{it} \tag{3.4}$$

$$PATE_{it} = (A_0'' + A_i'') + \alpha_1'' RDV_{it} + \alpha_2'' RDI_{it} + \alpha_3'' RDA_{it} + \sum_{i=4}^{7} \alpha_i'' X_{it} + \varepsilon_{it} \tag{3.5}$$

其中，$PATE_{it}$、RDV_{it}、RDI_{it} 分别为第 t（t = 2008，2009，2010，2011）年第 i（i = 1，2，…，176）家企业的专利申请数量、R&D 投资波动性、R&D 投资强度；RDA_{it} 为企业 R&D 投资波动性和 R&D 投资强度的耦合项，即 $RDA_{it} = RDV_{it} \times RDI_{it}$；$\alpha_k (k = 1,2,\cdots,5)$、$\alpha_k' (k = 1,2,\cdots,6)$、$\alpha_k'' (k = 1,2,\cdots,7)$ 为参数；A_0、A_0'、A_0'' 分别为均值截距项；A_i、A_i'、A_i'' 分别

为个体截距项（表示对整体截距的偏离，详见附录 A）；X_{it} 为控制变量，包括第 t 年第 i 家企业的研发经费投入（RD_{it}）、研发人员投入（$STAF_{it}$）、企业盈利情况（$PROF_{it}$）和企业年龄（AGE_{it}）；ε_i 为随机误差项。

运用 Kao 检验方法发现模型（3.3）到模型（3.5）中因变量（$PATE$）分别与自变量之间存在显著的协整关系（ADF 的 T 统计量值分别为 -12.47、-12.50、-11.80 且均在 1% 的水平下统计显著），即因变量与自变量之间具有长期均衡的协整关系。

运用 Hausman 检验方法对模型 A－Ⅰ 至模型 A－Ⅳ 进行了检验，检验结果如表 3.4 所示。不难发现 4 个模型都在 5% 的信度条件下拒绝建立随机效应模型的原假设，故采用个体固定效应模型。我们采用的面板数据具有截面数量远大于时间跨度的特点，故建立个体固定效应模型时采用了截面加权的方法。

表 3.4　Hausman 检验结果

检验方法	模型 A－Ⅰ	模型 A－Ⅱ	模型 A－Ⅲ	模型 A－Ⅳ
Hausman 检验 χ^2 值	297.67	344.44	370.84	369.17
接受原假设的概率	0.000	0.000	0.000	0.000

3.3.3　模型检验结果

在建立基础模型（模型 A－Ⅰ）的基础之上，逐步引入变量，即企业 R&D 投资波动性、企业 R&D 投资强度等，具体实证检验结果如表3.5所示。

1. 企业 R&D 投资波动性的影响

从模型 A－Ⅱ 到模型 A－Ⅳ 显示结果中不难发现，变量 RDV 对专利申请数量（$PATE$）的影响系数分别约为 -0.02、-0.02、-0.03，且都在 1% 的水平下统计显著。这一结果表明，企业 R&D 投资波动性对企业技术创新产出具有统计上显著的负向影响，即企业 R&D 投资波动性越大，将越不利于企业技术创新产出。因此，研究结论支持研究假设 H1。当企业 R&D 投资波动性过大时，可能迫使企业的 R&D 活动间断甚至停滞，从而不利于企业技术创新产出。部分现有研究结果表明，R&D 收益的衰减速度相对较快（李巍，2015；Baber et al.，1991），企业只有通过持续地增加 R&D 经费投入、维持 R&D 投资的相对稳定性、合理地配置 R&D 经费投入范围才能获得有效的技术创新产出。

2. 企业 R&D 投资强度的影响

从模型 A‑Ⅲ到模型 A‑Ⅳ的显示结果中不难发现，变量 *RDI* 对专利申请数量（*PATE*）的影响系数分别约为 0.31 和 0.26，且都在 5% 的水平下统计显著。这一结果表明，企业 R&D 投资强度对企业技术创新具有统计上显著的正向影响。因此，研究结论支持研究假设 H2。本研究结论与学者曾德明等（2017）的研究结论一致：在我国战略性新兴产业内，企业 R&D 经费投入的增加将带来企业技术创新产出的增加。原因主要是企业 R&D 投资强度越高，表明企业 R&D 经费投入相对较多，因此，促使企业有机会雇用到更优秀的专业技术研发人员，有机会对难度更大的技术难题进行攻关，从而有机会获得更多的技术创新产出。

表 3.5　实证检验结果

解释变量	因变量：企业技术创新产出（*PATE*）			
	模型 A‑Ⅰ	模型 A‑Ⅱ	模型 A‑Ⅲ	模型 A‑Ⅳ
RDV	—	−0.019** (−6.085)	−0.020** (−5.751)	−0.033** (−2.691)
RDI	—	—	0.310* (2.051)	0.262* (2.057)
RDV × RDI	—	—	—	−0.008** (−2.900)
RD	0.552** (9.840)	0.577** (10.241)	0.602** (10.107)	0.556** (9.464)
STAF	0.399** (6.073)	0.390** (5.908)	0.404** (6.171)	0.387** (6.123)
PROF	0.052 (1.527)	0.040 (1.207)	0.040 (1.200)	0.039 (1.285)
AGE	0.570** (3.511)	0.431* (2.462)	0.308+ (1.817)	0.264+ (1.665)
常数项	27.520** (9.944)	29.834** (10.659)	30.937** (11.258)	32.019** (12.154)
R^2	0.928	0.963	0.971	0.993

续表

解释变量	因变量：企业技术创新产出（PATE）			
	模型 A – Ⅰ	模型 A – Ⅱ	模型 A – Ⅲ	模型 A – Ⅳ
加权后 Adj – R^2	0.839	0.865	0.872	0.894

注：①+、*和**分别表示在10%、5%和1%的水平下统计显著；②括号内数值为系数对应的T统计量值；③我们侧重研究战略性新兴产业企业的整体R&D活动特征对企业技术创新的影响，故模型中各个企业的固定效应没有在表中显示，详见附录A；④观测数量为704个。

3. 企业 R&D 投资强度的部分调节作用

结合模型 A – Ⅱ 至模型 A – Ⅳ 中变量 RDV 的影响系数分别为 -0.019、-0.020 和 -0.033，不难发现引入变量 RDI 后，变量 RDV 的影响系数变小；与此同时，截面加权调整后的拟合优度 R^2 由 0.865、0.872 上升至 0.894；RDI 和 RDV 的耦合作用项（RDV × RDI）对企业技术创新产出（PATE）的影响系数为 -0.008，且在 1% 的水平下统计显著。由此可以判定企业 RDI 负向调节 RDV 与 PATE 的关系，即企业 R&D 投资强度负向调节企业 R&D 投资波动性和企业技术创新产出之间的关系。这表明当企业 R&D 投资保持相对稳定时，企业 R&D 投资强度越高，越有利于企业技术创新产出。但是，当企业 R&D 投资波动性较大，与此同时，企业的 R&D 投资强度也很高时，将不利于企业技术创新产出。因此，研究结论支持假设 H3。

4. 控制变量的影响

在构建的个体固定效应模型 A – Ⅰ 至模型 A – Ⅳ 中，变量 RD 对 PATE 的作用系数分别约为 0.55、0.58、0.60 和 0.56，且都在 1% 的水平下统计显著；变量 STAF 对 PATE 的作用系数分别约为 0.40、0.39、0.40 和 0.39，且都在 1% 的水平下统计显著。这表明控制变量 R&D 经费投入和 R&D 人员投入对企业技术创新产出具有统计上显著的正向影响。控制变量 AGE 对 PATE 的作用系数分别约为 0.57、0.43、0.31 和 0.26，且分别在 1%、5%、10% 和 10% 的水平下统计显著，表明企业年龄对企业技术创新产出具有较弱的影响。控制变量企业盈利情况（PROF）对企业技术创新产出的影响并不显著。主要原因之一是，在进行技术创新过程中，企业盈利情况不是影响战略性新兴产业企业技术创新的关键因素。因为在本书中所选样本企业的利润率都相对较高，利润率平均在

9% 左右，企业拥有的较高利润率有效地保证了企业技术创新各项资源的投入。另一个重要原因是，近年来，我国陆续颁布了激励战略性新兴产业技术创新的政策措施，特别是政府直接的 R&D 补贴政策和税费返还政策的出台，大大降低了企业技术创新成本，有效地激励了较多的战略性新兴产业企业进行技术创新。因此，在战略性新兴产业企业样本中，无论企业是盈利还是亏损，对企业技术创新并没有显著的影响。

3.4　本章小结及展望

3.4.1　本章小结

通过对 2008～2011 年 176 家战略性新兴产业上市企业的实证检验，本章重点探讨了企业 R&D 活动特征包括企业 R&D 投资波动性、R&D 投资强度等驱动因素对企业技术创新的影响。本章通过构造企业 R&D 投资波动性的概念、构建面板数据个体固定效应模型，丰富了现有研究对我国战略性新兴产业企业的定量化研究，主要研究结论如下。

（1）从描述性统计分析中不难发现：一是，我国样本企业平均 R&D 投资强度和 R&D 经费投入呈现逐年递增的趋势，但是 R&D 投资强度仍然处于中等偏低水平；二是，从企业 R&D 投资波动性来看，样本企业 R&D 投资波动性整体上呈现递减的趋势。我国七大战略性新兴产业企业 R&D 投资波动性存在显著的差异，高端装备制造业和新一代信息技术产业的企业 R&D 投资波动性较大，而生物医药产业、节能环保产业的企业 R&D 投资波动性较小；位于我国经济发达地区的战略性新兴产业企业 R&D 投资波动性相对较大，而位于经济欠发达地区的战略性新兴产业企业 R&D 经费投入则相对稳定。

（2）从个体固定效应模型检验结果来看：一是，我国战略性新兴产业企业 R&D 投资波动性对企业技术创新具有统计上显著的负向作用，而企业 R&D 投资强度对企业技术创新则具有统计上显著的正向作用；二是，研究表明，我国战略性新兴产业企业 R&D 投资强度负向调节企业 R&D 投资波动性和企业技术创新产出之间的关系。当企业 R&D 经费投入保持相对稳定时，企业 R&D 投资强度越高，越有利于企业技术创新产出；当企业 R&D 投资波动性相对较大时，企业 R&D 投资强度越高，则越不利于企业技术创新产出。

3.4.2 本章研究局限性及展望

本章以我国战略性新兴产业上市公司的面板数据为研究样本，探讨了企业 R&D 活动特征对企业技术创新的影响，由于面板数据的不易获取性，本章的这一研究仍然存在以下两个方面的不足。

一是，本章的研究是以我国战略性新兴产业上市公司为研究对象的，那么，研究结论可能不适用于战略性新兴产业非上市公司或非战略性新兴产业企业。因此，后续研究可以拓展到以战略性新兴产业非上市公司或非战略性新兴产业企业为研究对象，探讨企业 R&D 投资波动性、企业 R&D 投资强度对企业技术创新的影响。

二是，企业 R&D 活动特征除了具有本章研究的 R&D 投资波动性和 R&D 投资强度之外，还包括诸如 R&D 投资频次、R&D 人员结构类型、R&D 经费来源类别等特征。那么，关于 R&D 投资频次、R&D 人员结构类型、R&D 经费来源类别等 R&D 活动特征如何对企业技术创新产生影响的问题，由于二手数据的不可获取性，在本章并没有进行深入研究，在后续的研究中可以结合询问访谈、调查问卷等方法对这一问题做进一步探讨和分析。

本章参考文献

[1] 陈艳莹，朱宇，游闽. 研发强度与企业的技术外购倾向：中国制造业的实证研究 [J]. 科技管理研究，2009，(12)：349 ~ 351.

[2] 戴小勇，成力为. 研发投入强度对企业绩效影响的门槛效应研究 [J]. 科学学研究，2013，31 (11)：1708 ~ 1716.

[3] 李爽. R&D 强度、政府支持度与新能源企业的技术创新效率 [J]. 软科学，2016，30 (3)：11 ~ 14.

[4] 李巍. 战略导向均衡对产品创新与经营绩效影响研究 [J]. 科研管理，2015，36 (1)：143 ~ 151.

[5] 李志远，赵树宽. 跨部门整合、研发强度对新产品开发成功的影

响——基于生物医药企业的实证研究 ［J］. 科学学研究，2011，29
（1）：49 ~ 55.

［6］ 曾德明，李励，王泓略. 研发强度对二元式创新的影响 ［J］. 科学学
与科学技术管理，2017，37 （1）：69 ~ 79.

［7］ Baber W. R. , Fairfield P. W. , Haggard J. A. The effect of concern on
discretionary spending decisions：The case of research and development
［J］. *Accounting Review*，1991，66 （4）：818 – 829.

［8］ Baumann J. , Kritikos A. S. The link between R&D, innovation and produc-
tivity：Are micro firms different?　［J］. *Research Policy*，2016，45 （6）：
1263 – 1274.

［9］ Dimasi J. A. , Hansen W. , Grabowski H. G. The price of innovation：New
estimates of drug development costs ［J］. *Journal of Health Economics*，
2003，22 （2）：151 – 185.

［10］ Dimasi J. A. , Grabowski H. G. The cost of biopharmaceutical R&D：Is
biotech different?　［J］. *Managerial and Decision Economics*，2007，28
（4 – 5）：469 – 479.

［11］ Gupta A. K. , Smith K. G. , Shalley C. E. The interplay between explora-
tion and exploitation ［J］. *Academy of Management Journal*，2006，49
（4）：693 – 706.

［12］ Hansen G. S. , Hill C. W. L. Are institutional investors myopic? A time –
series study of four technology – driven industries ［J］. *Strategic Manage-
ment Journal*，1991，12 （1）：1 – 16.

［13］ Harryson S. J. , Dudkowski R. , Stern A. Transformation networks in in-
novation alliances – the development of Volvo C70 ［J］. *Journal of Man-
agement Studies*，2008，45 （4）：745 – 773.

［14］ Kor Y. Y. , Mahoney J. T. How dynamics, management and governance
of resource deployments influence firm – level performance ［J］. *Strategic
Management Journal*，2005，26 （5）：489 – 496.

［15］ Lee C. Y. , Wu H. L. , Pao H. W. How does R&D intensity influence
firm explorativeness? Evidence of R&D active firms in four advanced
countries ［J］. *Technovation*，2014，34 （10）：582 – 593.

[16] Li Miaomiao, Li H. B. , Wang H. N. , et al. Study on the relationships a-mong the enterprises' R&D volatility technological innovation and per-formance [C]. 2014 the 7th International Conference on Information Management and Industrial Engineering, 2014, 2: 431 – 435.

[17] Mudambi R. , Swift T. Proactive R&D management and firm growth: A punctuated equilibrium model [J]. *Research Policy*, 2011, 40 (3): 429 – 440.

[18] Mudambi R. , Swift T. Knowing when to leap: Transitioning between ex-ploitative and explorative R&D [J]. *Strategic Management Journal*, 2014, 35 (1): 126 – 145.

[19] Romanelli E. , Tushman M. L. Organizational transformation as punctua-ted equilibrium: An empirical test [J]. *Academy of Management Jour-nal*, 1994, 37 (5): 1141 – 1166.

[20] Swift T. R&D expenditure volatility and firm performance: Organizational and environmental contexts [J]. *International Journal of Innovation and Technology Management*, 2013, 10 (4): 1 – 21.

[21] Suárez D. Persistence of innovation in unstable environments: Continuity and change in the firm's innovative behavior [J]. *Research Policy*, 2014, 43 (4): 726 – 736.

[22] Wei Y. , Zhang H. , Wei J. Patent elasticity, R&D intensity and regional innovation capacity in China [J]. *World Patent Information*, 2015, 43: 50 – 59.

[23] Yang C. H. , Huang C. H. , Hou T. Tax incentives and R&D activity: Firm – level evidence from Taiwan [J]. *Research Policy*, 2012, (41): 1578 – 1588.

第4章　政府激励政策对企业技术创新的影响

在实践中，全球主要国家和地区已经纷纷出台各种形式的政府政策来激励企业技术创新。然而，国家或地区战略层面的政策共识并没有引致企业技术创新的同步提升，行业领先的创新型企业仍然集中在少数发达国家。那么，政府激励政策到底能不能对企业技术创新产生预期的激励作用？哪种类型的激励政策更有效？它们对企业技术创新的作用机制是什么？政府激励政策对企业技术创新是否存在非线性的影响？这些问题就成了管理层和学术界关注的重要议题。目前，这些问题虽然已经得到了广泛讨论，但仍然停留在理论初级阶段，不仅需要进一步的理论研究，更需要典型的实证分析。

本章主要探讨政府激励政策对企业技术创新的影响。无论是从世界各个国家的实践经验来看还是从国内外学者研究的对象来看，用来激励企业技术创新的政府政策主要包括政府补贴和税收减免政策等内容（郑绪涛、柳剑平，2011）。因此，本章使用的政府激励政策包括企业获得的来自中央政府和地方政府出台的税费返还（税收减免的一个最主要政策）和政府补贴两项政策。当然，根据第2章关于企业技术创新概念的界定，本章将企业技术创新分解为企业技术创新投入（在本章节中用企业 R&D 投资来度量）和企业技术创新产出两个维度。综上，本章的理论模型框架如图 4.1 所示。

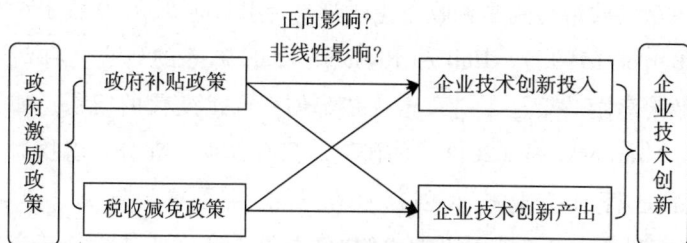

图 4.1　本章理论模型框架

本章结构安排如下：首先，从数学理论模型的推导归纳入手，提出政府激励政策对企业技术创新影响的相关理论假设；然后，运用第 2 章选取的 284 家战略性新兴产业企业的面板数据作为研究对象，通过采用面板数据的回归模型方法检验企业所获得来自中央政府和地方政府出台的税费返还政策、政府补贴政策分别对企业技术创新投入和企业技术创新产出的影响关系。

4.1　理论推导及研究假设

目前，国内外关于政府激励政策对企业技术创新活动的影响及作用机制问题进行了广泛讨论。有些国外学者通过建立 R&D 补贴、R&D 投资和创新产出之间的关系模型，来研究政府激励政策对 R&D 活动的影响，例如 Czarnitzki 和 Licht（2006）、Hussinger（2008）等研究了 R&D 经费投入补贴对 R&D 投资的影响，并且估计了增加的 R&D 投资对企业技术创新产出的影响。而国内学者则在分析发达国家创新激励政策的基础上，对我国现行创新激励政策进行了定性归纳分析，从而找出存在的优势和不足。如张桂玲和左浩泓（2005）通过对我国采用科技税收优惠政策的优惠方式和优惠环节进行了定性归纳分析，认为税收优惠政策存在对研发环节给予的支持较少、以直接优惠方式为主等问题；曾国祥（2001）和谢光亚（2002）则介绍了发达国家创新激励政策（包括政府的直接 R&D 经费投入或补贴、税收优惠政策等），认为无论是对 R&D 活动的直接支持政策还是间接支持政策都很重要，它们各有侧重。

总而言之，关于政府激励政策对企业技术创新影响的研究重点是探讨政府激励政策对企业技术创新活动的刺激效果情况。许多学者研究了政府财政激励政策特别是税收减免政策是否引致企业 R&D 投资变化的问题，如 Berger（1993）、Hall 和 Reenen（2002）等的研究。有些学者则研究了政府激励政策是否引致企业技术创新产出变化的问题，如吴秀波（2003）、Czarnitzki 等（2011）的研究。只有很少一部分学者探讨了政府财政政策是否对企业技术创新产生非线性影响。例如，李苗苗等（2014）探讨了财政政策、企业 R&D 经费投入和企业技术创新产出之间的关系，实证分析表明，财政政策对我国战略性新兴产业企业 R&D 经费投入和技术创新能力存在某一特定的区间值，使得财政政策无论是对企业 R&D 经费投入的影响还是对企业技术创新能力的影响均是积极的；若不在这一区间范围内，财政政策对企业 R&D 经费投入和企业技术创新能力均具有抑制作用。

4.1.1 相关函数的设定

1. 企业生产函数的设定

借鉴 Fedderke 和 Teubes（2011）的模型，建立完全竞争条件下企业的生产函数。假设企业具有同质性，并且是价格的接受者，这些企业的生产函数为：

$$Y = Y(RD,K,L) \tag{4.1}$$

其中，Y 为企业产出，RD 为企业承担的 R&D 经费投入，L 为企业劳动力投入，K 为企业资本投入。假设企业的生产函数是一个凹函数（即假设企业生产函数为边际效应递减），则有 $Y_i > 0; Y_{ij} = 0$ $for\ i \neq j, i,j = RD,K,L$。

2. 税后利润函数的设定

在政府设定税率和税收优惠条件下，企业试图最大化税后利润。故企业所得税后利润 π 可表示为：

$$\max_{RD,K,L} \pi = (1 - \tau)[Y(RD,K,L) - rK - \omega L] - RD(1 - \beta)[1 - \tau(1 + \alpha)] \tag{4.2}$$

其中，π 为企业的税后利润，r 为资本成本率，ω 为工资率，τ 为企业所得税率，α 为企业获得税费返还率，β 为政府的 R&D 补贴率。

式（4.1）、式（4.2）是借用 Fedderke 和 Teubes（2011）构建的模型，并且沿用了他们的假设条件。不同于他们的是，在本书中企业的生产函数是关于企业 R&D 经费、人员和资本投入的函数。因为企业只有进行 R&D 经费投入才可以获得政府的补贴和税费返还，而这部分补贴或税费返还是构成企业利润或收益的一个重要部分。

由于假设生产函数为凹函数，所以税后利润函数也是一个凹函数，故企业税后利润的一阶偏导为零时，企业才能获得最大的税后利润。分别对式（4.2）中的 RD、K 和 L 求一阶偏导得：

$$\frac{\partial \pi}{\partial K} = (1 - \tau)\left(\frac{\partial Y}{\partial K} - r\right)$$

$$\frac{\partial \pi}{\partial L} = (1 - \tau)\left(\frac{\partial Y}{\partial L} - \omega\right)$$

$$\frac{\partial \pi}{\partial RD} = (1 - \tau)\frac{\partial Y}{\partial RD} - (1 - \beta)\left[1 - \tau(1 + \alpha)\right] \tag{4.3}$$

进一步，可得利润最大化（$\pi_{\max}$）时，企业研发经费投入（RD^*）、企业资本投入（K^*）、企业劳动力投入（L^*）：

$$Y_K(RD^*, K^*, L^*) = r$$

$$Y_L(RD^*, K^*, L^*) = \omega$$

$$Y_{RD}(RD^*, K^*, L^*) = \frac{(1 - \beta)\left[1 - \tau(1 + \alpha)\right]}{1 - \tau} \tag{4.4}$$

另外，为了将政府补贴与政府补贴率、税费返还与税费返还率分别等价，不妨假设企业获得政府 R&D 补贴（RDS）和 R&D 税费返还（RDR）的计算式分别为：

$$RDS = \beta \times RD^* \tag{4.5}$$

$$RDR = RD^* \times \tau \times \alpha \tag{4.6}$$

由式（4.5）、式（4.6）可知：在企业 R&D 经费投入和所得税率保持不变的情况下，企业获得的政府 R&D 补贴取决于政府 R&D 补贴率，获得的 R&D 税费返还取决于税费返还率。

3. 企业 R&D 经费投入函数的设定

假设企业 R&D 投资强度是企业 R&D 经费投入所占企业最大税后利润的比例，即：

$$RD = \lambda \pi_{\max} = \lambda(1 - \tau)\left[Y(RD^*, K^*, L^*) - rK^* - \omega L^*\right] -$$
$$\lambda RD^*(1 - \beta)\left[1 - \tau(1 + \alpha)\right] \tag{4.7}$$

式（4.7）以 R&D 投资强度作为突破口，借鉴 Fedderke 和 Teubes（2011）给出的利润函数，构造了企业 R&D 经费投入的函数形式，为后面对 R&D 经费投入关于政府补贴率、税费返还率的一阶偏导函数的求解提供理论依据。

4. 企业技术创新产出函数的设定

现有研究表明，企业技术创新产出的函数形式存在多种类型，如柯

布 - 道格拉斯生产函数形式（Cuervo - Cazurra and Annique，2010）、线性函数形式（朱平芳、徐伟民，2003）和泊松函数形式（Crépon and Duguet，1997）等。但无论是哪种形式，大多将企业技术创新产出看作 R&D 经费投入、R&D 人员投入等变量的函数。鉴于此，本书给出企业技术创新产出与 R&D 经费投入、R&D 人员投入之间的复合函数关系式：

$$P = F(RD, L^{RD}) \tag{4.8}$$

其中，P 为企业技术创新产出，如专利申请数量、新产品销售收入比例等；L^{RD} 为企业 R&D 人员投入。另外，依据朱平芳和徐伟民（2003）、Crépon 和 Duguet（1997）等研究结果：R&D 经费投入对企业技术创新产出具有积极的促进作用，故可假设企业技术创新产出函数是一个凹函数，即 $F_i > 0; F_{ij} = 0, \forall\ i \neq j, i, j = RD, L^{RD}$。

产业不同，企业技术创新产出函数形式可能不同，因此，不同于以往关于企业技术创新产出的具体函数形式，本书中式（4.8）仅给出了企业技术创新产出关于 R&D 经费投入和 R&D 人员投入的复合函数形式，并没有直接给出企业技术创新产出的具体函数形式。

4.1.2　政府激励政策对企业 R&D 经费投入的影响

1. 税费返还的变化对企业 R&D 经费投入的影响

当税费返还率变化时，企业 R&D 经费投入的变化情况如下：

$$\frac{\partial RD}{\partial \alpha} = \lambda\ (1 - \tau)\ \left(Y_{RD}\frac{\partial RD^*}{\partial \alpha} + Y_K\frac{\partial K^*}{\partial \alpha} + Y_L\frac{\partial L^*}{\partial \alpha} - r \cdot \frac{\partial K^*}{\partial \alpha} - w \cdot \frac{\partial L^*}{\partial \alpha} \right) -$$

$$\lambda\ (1 - \beta)\ [1 - \tau\ (1 + \alpha)]\ \frac{\partial RD^*}{\partial \alpha} + \lambda \tau\ (1 - \beta)\ RD^* \tag{4.9}$$

将式（4.4）代入式（4.9）得：

$$\frac{\partial RD}{\partial \alpha} = \lambda \tau\ (1 - \beta)\ RD^* \tag{4.10}$$

其中，$\lambda \geq 0$、$RD^* \geq 0$、$0 < \tau < 1$、$\beta > 0$。当税后利润最大时投入的 R&D 经费等于 0（$RD^* = 0$）或 R&D 经费投入等于 0（则有研发投资强度 $\lambda = 0$）或政府补贴率 β 等于 1（$\beta = 100\%$）时，则有企业 R&D 经费投入关于变量税费返还率 α 的一阶偏导数为 0（$\partial RD/\partial \alpha = 0$），此时，企业

R&D 经费投入达到极值。当税后利润最大时投入的 R&D 经费不为 0（$RD^* \neq 0$）且 R&D 经费投入也不为 0（研发投资强度 $\lambda \neq 0$）时：若政府补贴率 β 小于 1（$\beta < 100\%$），则有 $\partial RD / \partial \alpha > 0$，表明政府税费返还率 α 增加将促进企业的 R&D 经费投入；若政府补贴率 β 大于 1（$\beta > 100\%$），则有 $\partial RD / \partial \alpha < 0$，表明政府税费返还率 α 增加将抑制企业的 R&D 经费投入。

事实上，对于实施 R&D 活动的企业来讲，研发投资强度 λ 必定大于 0。通常情况下，政府出台的政府补贴率 $\beta \leqslant 100\%$，如果政府补贴率大于 1（即 $\beta > 100\%$），根据假设 $RDS = \beta \times RD$，这意味着企业进行 R&D 经费投入时将得到政府的 1:1 甚至更多的配套 R&D 费用。这种补贴方式很可能使得企业对 R&D 补贴形成依赖，减少 R&D 经费投入，进而达不到预期激励效果。综上，在现实经济社会环境下，增加税费返还率 α 将促进企业 R&D 经费投入的增加。根据式（4.6），在既定的企业 R&D 经费投入和企业所得税率 τ 条件下，企业税费返还率 α 的增加会引致企业收到的 R&D 税费返还同等增加。故在既定的企业所得税率条件下，增加税费返还将促进企业 R&D 经费投入的增加。基于此，本书提出假设 1。

假设 1：在企业所得税率一定的情况下，税费返还对企业 R&D 经费投入具有积极的促进作用。

2. 政府补贴的变化对企业 R&D 经费投入的影响

当政府补贴率 β 变化时，企业 R&D 经费投入的变化情况如下：

$$\frac{\partial RD}{\partial \beta} = \lambda(1-\tau)\left(Y_{RD}\frac{\partial RD^*}{\partial \beta} + Y_K\frac{\partial K^*}{\partial \beta} + Y_L\frac{\partial L^*}{\partial \beta} - r \cdot \frac{\partial K^*}{\partial \beta} - \omega \cdot \frac{\partial L^*}{\partial \beta}\right) -$$

$$\lambda(1-\beta)[1-\tau(1+\alpha)]\frac{\partial RD^*}{\partial \beta} + \lambda[1-\tau(1+\alpha)]RD^* \tag{4.11}$$

将式（4.4）代入式（4.11）得：

$$\frac{\partial RD}{\partial \beta} = \lambda[1-\tau(1+\alpha)]RD^* \tag{4.12}$$

其中，$\lambda \geqslant 0$、$RD^* \geqslant 0$、$0 < \tau < 1$、$\alpha > 0$。当税后利润最大时投入的 R&D 经费等于 0（$RD^* = 0$）或 R&D 经费投入等于 0（则有研发投资强度 $\lambda = 0$）或 $\alpha = 1/\tau - 1$ 时，则有企业 R&D 经费投入关于变量政府补贴率 β

的一阶偏导数为 0（$\partial RD/\partial \beta = 0$），此时，企业 R&D 经费投入达到极值。当税后利润最大时投入的 R&D 经费不为 0（$RD^* \neq 0$）且 R&D 经费投入也不为 0（则有研发投资强度 $\lambda \neq 0$）时：若有 $\alpha < 1/\tau - 1$，则有 $\partial RD/\partial \beta > 0$，表明政府补贴率 β 的增加将促进企业 R&D 经费投入的增加；若有 $\alpha > 1/\tau - 1$，则有 $\partial RD/\partial \beta < 0$，表明政府补贴率 β 的增加将抑制企业 R&D 经费投入。

我国自 2008 年 1 月 1 日以来使用的所得税率 τ 如下：内、外资企业所得税标准税率为 25%，符合条件的小型微利企业的优惠税率为 20%，国家需要重点扶持的高新技术企业的优惠税率为 15%。若按照最高所得税率 25% 计算，即 $\tau = 25\%$，则有 $1/\tau - 1 = 1/（25\%）- 1 = 3$；企业缴纳的各种税费（如收到的增值税、消费税、营业税、所得税、教育费附加等）不可能被全部返还甚至倒贴，因此，税费返还率 $\alpha < 100\%$。综上，在现实经济社会环境中一般情况为 $\alpha < 1/\tau - 1$，故有政府补贴率 β 的增加将促进企业 R&D 经费投入的增加。依据式（4.5），在既定条件下，政府补贴率 β 的增加会引致企业 R&D 补贴同等增加，因此，增加政府补贴将促进企业 R&D 经费投入的增加。基于此，本书提出假设 2。

假设 2：在企业所得税率一定的情况下，政府补贴对企业 R&D 经费投入具有积极的促进作用。

4.1.3 政府激励政策对企业技术创新产出的影响

1. 税费返还的变化对企业技术创新产出的影响

当税费返还率 α 变化时，结合式（4.4）企业技术创新产出的变化情况如下：

$$\frac{\partial P}{\partial \alpha} = F_{RD} \cdot \frac{\partial RD}{\partial \alpha} = F_{RD} \cdot \lambda \tau (1 - \beta) RD^* \qquad (4.13)$$

其中，$F_{RD} > 0$、$RD^* \geqslant 0$、$\lambda \geqslant 0$、$0 < \tau < 1$、$\beta > 0$。类似于 4.1.2 节的分析，首先，当税后利润最大时投入的 R&D 经费等于 0（$RD^* = 0$）或研发投资强度等于 0（$\lambda = 0$）或政府补贴率等于 100%（$\beta = 100\%$）时，则有 $\partial P/\partial \alpha = 0$，此时，企业技术创新产出达到极值。当 $RD^* \neq 0$ 且研发投资强度 $\lambda \neq 0$ 时：若政府补贴率 $\beta < 100\%$，则有 $\partial P/\partial \alpha > 0$，表明政府税费返还率 α 的增加将促进企业技术创新产出；若政府补贴率 $\beta >$

100%，则有 $\partial P/\partial\alpha < 0$，表明政府税费返还率 α 的增加将抑制企业的技术创新产出。

根据 4.1.2 节的分析，一般情况下，政府出台的补贴率 $\beta \leqslant 100\%$。因此，在现实经济社会环境下，增加税费返还率 α 将促进企业技术创新产出的增加。依据式（4.6），在既定的企业 R&D 经费投入和企业所得税率 τ 条件下，企业税费返还率 α 的增加会引致企业收到的 R&D 税费返还同等增加，因此，增加税费返还将促进企业技术创新产出的增加。基于此，本书提出假设 3。

假设 3：在企业所得税率一定的情况下，税费返还对企业技术创新产出具有积极的促进作用。

2. 政府补贴的变化对企业技术创新产出的影响

当政府补贴率 β 变化时，结合式（4.7），企业技术创新产出的变化情况如下：

$$\frac{\partial P}{\partial\beta} = F_{RD} \cdot \frac{\partial RD}{\partial\beta} = F_{RD} \cdot \lambda [1 - \tau(1 + \alpha)] RD^* \qquad (4.14)$$

其中，$F_{RD} > 0$、$RD^* \geqslant 0$、$\lambda \geqslant 0$、$0 < \tau < 1$、$\alpha > 0$。类似于 4.1.2 节的分析，当税后利润最大时投入的 R&D 经费等于 0（$RD^* = 0$）或研发投资强度等于 0（$\lambda = 0$）或 $\alpha = 1/\tau - 1$ 时，则有 $\partial P/\partial\beta = 0$，此时，企业技术创新产出达到极值。当税后利润最大时投入的 R&D 经费不等于 0（$RD^* \neq 0$）且研发投资强度也不等于 0（$\lambda \neq 0$）时：若有 $\alpha < 1/\tau - 1$，则有 $\partial P/\partial\beta > 0$，表明政府补贴率 β 的增加将促进企业技术创新产出的增加；若有 $\alpha > 1/\tau - 1$，则有 $\partial P/\partial\beta < 0$，表明政府补贴率 β 的增加将抑制企业技术创新产出。

根据 4.1.2 节的分析，在现实经济社会环境中有 $\alpha < 1/\tau - 1$，因此，政府补贴率的增加将促进企业技术创新产出的增加。依据式（4.5），在既定条件下，政府补贴率的增加会引致企业 R&D 补贴同等增加，因此，增加政府补贴将促进企业技术创新产出的增加。基于此，本书提出假设 4。

假设 4：在企业所得税率一定的情况下，政府补贴对企业技术创新产出具有积极的促进作用。

4.2　研究设计

4.2.1　研究变量

1. 因变量

本章旨在探讨政府激励政策对企业技术创新的影响，因此，因变量为企业技术创新。目前，关于采用什么指标来衡量企业技术创新的问题，许多学者给出了不同的观点。根据国际研究主流的观点：企业技术创新的度量应该是一个多维度的测量指标（Guan et al.，2006），因此，依据第 2 章 2.1.1 节中关于企业技术创新概念的界定，确定了企业技术创新由企业技术创新投入和企业技术创新产出两个维度构成。

采用企业 R&D 经费投入作为度量企业技术创新投入的指标。企业R&D 经费投入作为企业技术创新活动实现的"血液"，是企业技术创新转化为现实竞争力的物质基础。较高水平的研发经费投入是提高企业自主创新能力的重要保障。在我国大多数企业更加注重短期效益，并且 R&D 费用大多用于支付研发人员的工资，因此，很少像固定资产投资那样形成存量，当年的 R&D 费用几乎不会给下一年的 R&D 留下"遗产"。故可直接使用企业 R&D 经费投入作为企业技术创新投入的测量指标（王静、张西征，2012）。

采用企业专利申请数量作为度量企业技术创新产出的指标。有些学者认为并非所有的专利都可以进行商业化，所以 Guan 和 Chen（2010，2012）在进行国家或区域层面的技术创新研究时，将专利作为联结 R&D经费投入和技术创新市场表现的中间变量，在某种程度上具有其合理性。然而，对于微观企业层面而言，不同于研究机构、高等教育机构申请的专利，企业申请的专利大都是针对企业面临的某些具体技术问题或市场需求而研发获得的，即企业申请的专利绝大部分是用于商业化的，所以企业年专利申请数量的变化情况能在很大程度上反映该企业技术创新的变化情况（Furman et al.，2002）。故本书认为，尽管企业专利申请数量并非企业技术创新产出的唯一的、最完美的测量指标，但它是可获得的、最有效的测量指标之一。

2. 自变量

本章研究的自变量是指政府的激励政策。从世界各个国家的实践来看，政府用来激励企业技术创新的政策主要包括政府补贴和税收减免，故本章采用了政府补贴和税收减免作为政府激励政策的度量指标。其中，政府补贴政策是指用于专款专用的技术改造专项资金以及用于研发活动的研发经费等；根据数据的可得性问题，本章考察了税收减免政策的一个最主要政策——税费返还政策，它是指因鼓励企业技术创新而返还给企业的包括增值税、消费税、营业税、关税和所得税等。本章使用的政府补贴政策和税费返还政策的测量指标分别对应于战略性新兴产业企业年度报告中的会计科目"政府补贴"（或"补贴收入"）和"收到的税费返还"。

3. 控制变量

由于影响企业技术创新的因素有很多，如企业人力资源配置情况、企业利润、企业规模、企业年龄和产业分类等因素（Annique，2011；Cuervo‐Cazurra and Annique，2010），为了剔除这些因素的影响，在模型设定中也必须考虑这些因素。企业的人力资源配置情况是指企业大专及以上学历人员数量占企业从业人员的比例；对于企业规模的测量指标采用了学者们常用做法，即企业资产总额的自然对数；充足的现金流量是企业进行 R&D 活动的重要保障，故采用了净利润率（企业净利润占主营业务收入的比例）作为衡量企业的利润指标；企业年龄是指从企业注册时间开始到统计年度截止之间的时间跨度。

综上，本章使用的研究变量、测量指标及其数据来源如表 4.1 所示。

表 4.1　变量的界定、测量指标及其数据来源

类型	变量名称	符号	测量指标	数据来源
因变量	企业技术创新产出	*PATE*	专利申请数量（含发明、实用新型和外观设计三种类型）（项）	国家知识产权局，http://www.sipo.gov.cn/zljs/
	企业技术创新投入	*RD*	企业 R&D 费用支出（百万元）	
自变量	政府补贴政策	*GG*	企业获得政府补助（万元）	284 个战略性新兴产业企业的 2001～2011 年年度报告中手工查找及整理
	税收减免政策	*TC*	企业收到的税费返还（万元）	
控制变量	人力资源配置	*STAF*	大专及以上学历人员比例（%）	
	企业利润	*NET*	企业净利润率（%）	
	企业规模	*SCAL*	企业资产总计的自然对数	
	企业年龄	*AGE*	企业注册的年限（年）	巨潮咨询及官方网站

4.2.2 样本的描述性统计

采用随机抽样的方式，对我国战略性新兴产业上市企业进行抽样，从抽取的样本量在产业分布和地区分布情况来看，本书选用的研究样本具有一定的代表性。

1. 样本的精炼

为了保障数据的可靠性和科学性，在分析前根据以下原则对第 2 章 2.5.1 节研究对象进行了剔除。①剔除重要指标为缺失或错误的样本。重要指标数据为空或填写错误，如数据缺失、不能为负的指标却出现负数等，这些样本的数据真实可靠性值得怀疑，故予以剔除。②剔除重要指标不合乎常理情况的样本。在研究样本的变量中，重要指标数据不合乎常理的情况，如数据不能大于 1 的指标却大于 1 等情况，予以剔除。③剔除亏损严重的样本。企业利润是实现技术创新的物质基础和前提条件，因此，剔除那些具有连续亏损 3 年经历的公司。严格按照上述要求剔除样本后，所剩下的样本企业共 284 家，获得数据为 2001～2011 年的面板数据，总的观测数量为 1966 个。

2. 样本企业在七大战略性新兴产业中的分布情况

本章使用的 284 家样本企业在七大战略性新兴产业中的分布情况如图 4.2 所示：高端装备制造业企业数量最多为 75 家，占总体样本的 26.41%；新一代信息技术产业企业为 73 家，占总体样本的 25.70%；新材料产业企业为 33 家，占总体样本的 11.62%；节能环保产业企业为 32 家，占总体样本的 11.27%；生物产业企业和新能源产业企业数量均为 30 家，占总体样本的 10.56%；新能源汽车产业企业数量最少为 11 家，占总体样本 3.87%。

3. 样本企业在我国 28 个省份的分布情况

被采用的样本企业分布在除了青海省、甘肃省和西藏自治区外的 28 个省份内，具体如表 4.2 所示。不难发现我国战略性新兴产业企业在各省级区域的分布不均，位于东部发达省份的企业数量明显多于中部、西部省份。其中位于北京市、广东省、浙江省、山东省、江苏省和上海市的企业总数达到 175 家，占总体样本的比例超过 60%；然而位于宁夏回族自治区、广西壮族自治区、海南省等地区的战略性新兴产业企业数量最少。

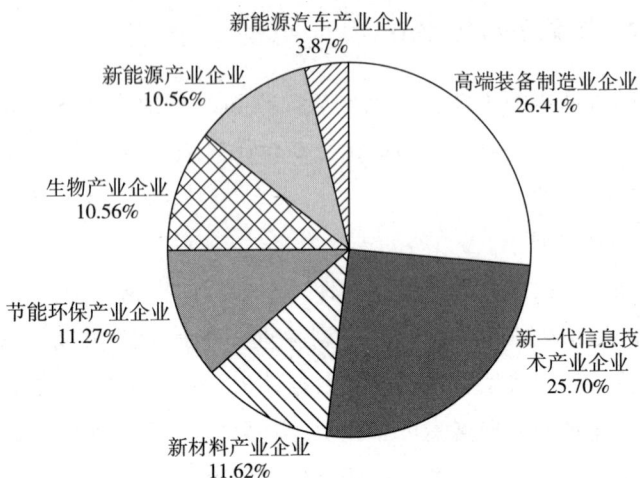

图 4.2　七大战略性新兴产业企业在样本企业中所占的比例

表 4.2　样本企业在 28 个省份的分布情况

地区	企业数量（家）	所占比例（%）	地区	企业数量（家）	所占比例（%）
北京市	39	13.73	天津市	6	2.11
广东省	35	12.32	贵州省	5	1.76
浙江省	29	10.21	江西省	5	1.76
山东省	28	9.86	云南省	5	1.76
江苏省	24	8.45	河北省	4	1.41
上海市	20	7.04	黑龙江省	3	1.06
湖北省	13	4.58	吉林省	3	1.06
安徽省	9	3.17	新疆维吾尔自治区	3	1.06
福建省	8	2.82	重庆市	3	1.06
湖南省	8	2.82	内蒙古自治区	2	0.70
辽宁省	7	2.46	山西省	2	0.70
陕西省	7	2.46	广西壮族自治区	1	0.35
四川省	7	2.46	海南省	1	0.35
河南省	6	2.11	宁夏回族自治区	1	0.35

　　从子样本来看（见表 4.3），75 家高端装备制造业企业样本位于我国 21 个省级区域范围内，而 73 家新一代信息技术产业企业样本则位于我国 16 个省级区域范围内。由此可见，与高端装备制造业企业样本的分布相比，新一代信息技术产业企业样本分布相对集中。高端装备制造业企

业数量最多的前五位为山东省、江苏省、北京市、广东省和上海市，新一代信息技术产业企业数量最多的前四位为北京市、广东省、浙江省和山东省。

表 4.3　子样本企业的地区分布情况

地区	高端装备制造业企业（家）	所占比例（%）	地区	新一代信息技术产业企业（家）	所占比例（%）
山东省	9	12.00	北京市	14	19.18
江苏省	8	10.67	广东省	14	19.18
北京市	7	9.33	浙江省	10	13.70
广东省	6	8.00	山东省	7	9.59
上海市	6	8.00	福建省	5	6.85
陕西省	5	6.67	上海市	5	6.85
安徽省	4	5.33	湖北省	4	5.48
浙江省	4	5.33	江苏省	3	4.11
黑龙江省	3	4.00	四川省	3	4.11
湖南省	3	4.00	贵州省	2	2.74
贵州省	2	2.67	安徽省	1	1.37
河南省	2	2.67	海南省	1	1.37
湖北省	2	2.67	湖南省	1	1.37
江西省	2	2.67	江西省	1	1.37
辽宁省	2	2.67	辽宁省	1	1.37
内蒙古自治区	2	2.67	云南省	1	1.37
山西省	2	2.67	合计	73	100
四川省	2	2.67			
云南省	2	2.67			
吉林省	1	1.33			
大津市	1	1.33			
合计	75	100			

4.3　实证分析及结果

对于面板数据来说，为了避免出现伪回归现象，在建模之前首先需要检验数据的稳定性。因此，本节首先对样本数据进行单位根检验，然后给出相应的实证分析结果和模型选择的稳定性检验。

4.3.1　变量的稳定性检验

采用面板数据的单位根检验方法，运用软件 Eviews 8.0 对研究变量进行检验，结果如表 4.4 所示。

表 4.4　面板数据单位根检验

检验方法	原始序列检验结果						
	PATE	*RD*	*GG*	*TC*	*STAF*	*NET*	*SCAL*
LLC 检验	－ 3. 467	－ 324. 134	－ 31. 521	－ 59. 102	－ 80. 371	－ 170. 988	－ 72. 523
IPS 检验	—	－ 6. 308	－ 13. 433	－ 9. 101	－ 11. 371	－ 17. 439	－ 3. 983
Fisher－ADF 检验	443. 242	719. 408	868. 125	436. 762	588. 106	688. 542	413. 282
Fisher－PP 检验	445. 604	1214. 650	1108. 37	461. 124	687. 806	803. 577	616. 513
检验模式	No	I	I	I	I	I	I

注：上述统计量值均在 5% 的置信水平下统计显著；其中"I"表示检验模式只含截距项，"No"表示检验模式既不含截距项也不含时间趋势项。

其中变量 *PATE* 采用了既不含截距项也不含时间趋势项的检验模式，其他变量则采用了只含截距项的检验模式。在原始序列检验中，所有序列经过各种方法的经验后，统计量值都通过了 5% 的置信水平检验，这充分表明零阶序列是平稳的。因此，下一步可直接进行回归分析。

4.3.2　激励政策对企业 R&D 经费投入影响的实证分析

在关于政府激励政策对企业技术创新影响的实证研究中，尽管函数形式不同，但大都将企业技术创新看作政府激励政策如 R&D 补贴、税收减免等变量的函数。例如，唐清泉等（2008）、Yang 等（2012）分别将企业技术创新看作政府激励政策的线性函数和对数函数。线性函数模型是第二次世界大战以来被大家普遍接受的创新函数模型（Samara et al. , 2012），而关于非线性形式的创新函数模型研究相对较少。鉴于现有研究成果，不妨设定企业 R&D 经费投入是关于政府补贴、税收减免、专利申请数量等因素的函数，与此同时，为了避免内生性问题，分别引入了政府补贴、税费返还和专利申请数量的滞后项。具体函数形式如下：

$$RD_{it} = (C_0 + C_i) + \sum_j \alpha_j GG_{it-j} + \sum_k \alpha_k X_{itk} + \varepsilon_i \tag{4.15}$$

$$RD_{it} = (C_0' + C_i') + \alpha_1' GG_{it} + \alpha_2' GG_{it}^2 + \sum_k \alpha_k' X_{itk} + \varepsilon_i' \tag{4.16}$$

$$RD_{it} = (C_0'' + C_i'') + \sum_j \alpha_j'' TC_{it-j} + \sum_k \alpha_k'' X_{itk} + \varepsilon_i'' \tag{4.17}$$

$$RD_{it} = (C_0''' + C_i''') + \alpha_1''' TC_{it} + \alpha_2''' TC_{it}^2 + \sum_k \alpha_k''' X_{itk} + \varepsilon_i''' \tag{4.18}$$

$$RD_{it} = (C_0'''' + C_i'''') + \alpha_0'''' GG_{it} + \alpha_1'''' TC_{it} + \alpha_2'''' GG_{it} \times TC_{it} + \sum_k \alpha_k'''' X_{itk} + \varepsilon_i'''' \tag{4.19}$$

式（4.15）至式（4.19）中，i（$i=1$，2，…，284）是指第 i 家战略性新兴产业企业；$j=0$，1，2；$k=3$，4，…，8；α、α'、α''、α'''、α'''' 分别为对应的回归系数；RD_{it} 代表第 i 家企业第 t 年的 R&D 经费投入；TC_{it-j} 和 GG_{it-j} 分别表示第 i 家企业在第 $t-j$ 年收到的税费返还和政府补贴（或补贴收入）；X_{itk} 为第 i 家企业第 t 年的第 k 个控制变量，分别指专利申请数量（PATE）、企业人力资源配置情况（STAF）、企业净利润率（NET）、企业规模（SCAL）、企业年龄（AGE）等；C_0、C_0'、C_0''、C_0'''、C_0'''' 分别为均值截距项；C_i、C_i'、C_i''、C_i'''、C_i'''' 分别为个体固定效应（详见附录 B）；ε_i、ε_i'、ε_i''、ε_i'''、ε_i'''' 分别为对应的随机误差项。

分析的基本步骤：首先，建立一般线性个体固定效应的回归模型，在此基础上逐步引入各个自变量，剔除存在多重共线性的变量，找出最优模型；然后，建立非线性个体固定效应的回归模型，用来验证政府激励政策对企业 R&D 经费投入是否存在非线性的影响；最后，引入交叉项，找出政府补贴、税收减免对企业技术创新投入的替代或互补性作用。

1. 政府补贴对企业 R&D 经费投入影响的实证分析

（1）总体样本的检验结果。根据式（4.15）和式（4.16）所构建模型 I 的检验结果如表 4.5 所示。

表 4.5　政府补贴对企业 R&D 经费投入的影响

变量名称	因变量：企业 R&D 经费投入							
	模型 I（A）		模型 I（B）		模型 I（C）		模型 I（D）	
	系数值	T 统计量	系数值	T 统计量	系数值	T 统计量	系数值	T 统计量
GG	0.791**	3.344	0.586*	2.332	0.882**	3.132	-2.978**	-4.261
GG_{t-1}	—		0.829*	2.464	-1.111**	-2.878	—	

变量名称	因变量：企业 R&D 经费投入							
	模型 I（A）		模型 I（B）		模型 I（C）		模型 I（D）	
	系数值	T 统计量	系数值	T 统计量	系数值	T 统计量	系数值	T 统计量
GG_{t-2}	—	—	—	—	5.683**	13.674	—	—
GG^2	—	—	—	—	—	—	0.003**	3.354
$PATE$	0.063	0.512	0.008	0.067	-0.072	-0.546	0.607**	3.902
$PATE_{t-1}$	0.921**	7.840	0.954**	8.048	0.897**	7.435	0.188	1.271
$STAF$	3.427**	3.415	3.353**	3.303	2.560*	2.232	1.597	1.249
NET	-0.017	-0.011	0.083	0.054	0.302	0.173	0.075**	5.195
$SCAL$	40.966	1.325	34.571	1.102	10.183	0.295	83.288*	2.055
AGE	-2.761	-0.441	-3.670	-0.582	-6.704	-0.923	6.994	0.872
常数项	-212.647**	-2.763	-184.642*	-2.353	-68.203	-0.712	-342.09**	-3.348
调整后的 R^2	0.507		0.508		0.572		0.620	
D. W. 值	2.325		2.337		2.293		1.945	
观测量（样本量）	1692（284）		1679（284）		1402（235）		1693（284）	

注：**、* 和 + 分别表示显著性水平为 1%、5% 和 10%。

首先，当期的政府补贴（GG）对企业 R&D 经费投入（RD）具有积极的促进作用。在模型 I（A）、模型 I（B）和模型 I（C）中，GG 的系数分别约为 0.79、0.59 和 0.88，并且分别在 1%、5% 和 1% 的水平下统计显著，表明当期的政府补贴对企业 R&D 经费投入具有统计上显著的正向影响。其次，在模型 I（A）的基础上加入滞后 1 期变量 GG_{t-1} 后如模型 I（B）所示，结果显示调整后的拟合优度（R^2）并没有显著增加，GG_{t-1} 的系数约为 0.83，且在 5% 的水平下统计显著；然而，加入滞后 2 期变量 GG_{t-2} 后如模型 I（C）所示，调整后的拟合优度 R^2 有了显著增加，GG 和 GG_{t-2} 的系数为正，且都在 1% 的水平下统计显著，而 GG_{t-1} 的系数在 1% 的水平下统计显著为负数。这在某种程度上表明：当前的政府补贴政策有效地促进了战略性新兴产业企业 R&D 经费投入，但从长期来看，政府补贴政策对企业 R&D 经费投入的积极作用并没有表现出稳定性。原因可能是目前我国战略性新兴产业企业处于发展的初期阶段，在没有政府补贴情况下企业也会进行 R&D 经费投入的项目相对较少，并且在某些行业内存在资金严重不足的现象，即使政府增加 R&D 补贴或投资，也不能满足企业 R&D 活动的需求。因此，线性回归分析表明政府补贴政策目前不会对企业的 R&D 经费投入产生"挤出效应"。

为了进一步验证政府补贴对企业 R&D 经费投入是否存在非线性的影响，根据式（4.16）建立了非线性模型 I（D），如表 4.5 所示。结果表明，模型 I（D）调整后的拟合优度 R^2（等于 0.620）大于模型 I（A）的拟合优度 R^2（等于 0.507），并且无论是政府补贴的一次项系数还是二次项系数均在 1% 的水平下统计显著，一次项系数为负、二次项系数为正。政府补贴的转折点为 48928.4 万元（按照小数点后 6 位数进行精确计算获得）。这表明我国战略性新兴产业企业 R&D 经费投入随着政府补贴的增加而减少，然而，当政府补贴增加到某一固定值后反而随着政府补贴的增加而增加。因此，非线性回归分析表明，政府补贴对企业 R&D 经费投入存在统计上显著的非线性影响。

（2）子样本的检验结果。结合数据的可得性，分别以新一代信息技术产业和高端装备制造业企业进行检验，结果如表 4.6 所示。

表 4.6　政府补贴对不同产业企业 R&D 经费投入的影响

变量名称	因变量：企业 R&D 经费投入							
	新一代信息技术产业				高端装备制造业			
	模型 I（E）	模型 I（F）	模型 I（G）	模型 I（H）	模型 I（I）	模型 I（J）	模型 I（K）	模型 I（L）
GG	0.605 *	1.476 *	1.718 *	- 0.110	0.537**	0.510**	0.671**	0.625**
GG_{t-1}	—	3.529 *	- 0.285			0.668**	0.031 +	
GG_{t-2}	—	—	0.856**		—	—	0.530**	
GG^2	—	—	—	0.001**	—	—	—	- 0.0001
$PATE$	- 0.004	- 0.314	- 0.250	0.016	0.933**	0.934**	0.711**	0.943**
$PATE_{t-1}$	0.955**	1.212**	0.856**	0.927**	0.540 *	0.531 *	0.890**	0.540 *
$STAF$	17.140**	16.353**	13.754 *	17.036**	- 0.159	- 0.264	- 0.537 +	- 0.156
NET	5.533	5.251	1.164	5.730	- 0.556	- 0.393	- 0.672	- 0.561
$SCAL$	123.793	110.740	40.911	130.111	21.687 *	13.405	17.039 +	20.170 +
AGE	- 15.193	- 17.889	- 37.879	- 13.799	0.033	- 0.541	- 0.525	- 0.026
常数项	- 1324.054**	- 1217.261	- 675.934	- 1347.87**	- 38.479	- 11.648	- 15.221	- 34.405
调整后的 R^2	0.542	0.550	0.694	0.541	0.836	0.843	0.879	0.836
观测量（样本量）	367（73）	365（73）	294（57）	367（73）	584（75）	581（75）	506（73）	584（75）

注：** 、* 和 + 分别表示显著性水平为 1%、5% 和 10%。

　　研究发现：在模型 I（E）、模型 I（F）和模型 I（G）中，GG 的系数分别约为 0.61、1.48 和 1.72，且都在 5% 的水平下统计显著；在模型 I（I）、模型 I（J）和模型 I（K）中的系数分别约为 0.54、0.51 和 0.67，且都在 1% 的水平下统计显著。这表明：无论是新一代信息技术产业还是高端装备制造业，政府补贴（GG）对企业 R&D 经费投入都具有积极的促进作用，这与表 4.5 中总体样本的检验结果一致。另外，还发现新一代信息技术产业 GG 的系数明显大于高端装备制造业 GG 的系数。

　　表 4.6 还显示：在模型 I（E）和模型 I（I）的基础上加入滞后 1 期变量 GG_{t-1}，结果显示调整后的拟合优度 R^2 有比较显著的增加，并且 GG_{t-1} 的系数分别在 5% 和 1% 的水平下统计显著。然后，继续添加滞后 2 期变量 GG_{t-2}，调整后的拟合优度 R^2 都有了显著的增加。在模型 I（G）中，GG 和 GG_{t-2} 的系数都为正且分别在 5% 和 1% 的水平下统计显著，但 GG_{t-1} 系数为负且统计并不显著，表明研究结论与总体样本的研究结论大体一致：政府补贴政策有效地促进了新一代信息技术产业企业 R&D 经费投入；然而从长期来看，政府补贴对新一代信息技术产业企业 R&D 经费投入的作用并不稳定。在模型 I（K）中 GG、GG_{t-1} 和 GG_{t-2} 的系数均为正，且分别在 1%、10% 和 1% 的水平下统计显著，表明研究结论与总体样本的研究结论基本一致：当期政府补贴对高端装备制造业企业 R&D 经费投入具有积极作用；与总体样本研究结论不同的是，政府补贴积极地促进高端装备制造业企业 R&D 经费投入的作用具有长期性。

　　为了验证政府补贴对不同产业企业 R&D 经费投入是否存在非线性影响，根据式（4.16）建立了非线性模型 I（H）和模型 I（L），如表 4.6 所示。结果表明：在模型 I（H）中，尽管政府补贴的一次项系数统计不显著，但二次项系数在 1% 的水平下统计显著且系数为正，政府补贴的转折点为 6881.835 万元（按照小数点后 6 位数进行精确计算获得），与模型 I（D）的结果一致：都呈现"U"形关系。这表明我国新一代信息技术产业企业 R&D 经费投入随着政府补贴的增加而减少，然而，当政府补贴增加到某一固定值后反而随着政府补贴的增加而增加。在模型 I（L）中，政府补贴的一次项系数在 1% 的水平下统计显著，而二次项系数统计并不显著，表明现阶段高端装备制造业企业的 R&D 经费投入与政府补贴间存在简单的正向线性关系，这与总体样本的检验结果不一致。

综上所述，子样本的线性回归分析表明：无论是哪种类型的产业，政府补贴对企业 R&D 经费投入都具有显著的正向影响，但是不同产业类型的促进作用大小不同。与高端装备制造业相比，政府补贴对新一代信息技术产业企业 R&D 经费投入的促进作用更明显。子样本的非线性回归分析表明，政府补贴对新一代信息技术产业企业的 R&D 经费投入存在非线性影响，但它对高端装备制造业企业 R&D 经费投入的非线性影响并不显著。

2. 税费返还对企业 R&D 经费投入影响的实证分析

（1）总体样本的检验结果。将税费返还（TC）作为自变量分别进行检验，根据式（4.17）所构建模型Ⅱ的检验结果如表 4.7 所示。

表 4.7　税费返还对企业 R&D 经费投入的影响

变量名称	因变量：企业 R&D 经费投入							
	模型Ⅱ（A）		模型Ⅱ（B）		模型Ⅱ（C）		模型Ⅱ（D）	
	系数值	T 统计量	系数值	T 统计量	系数值	T 统计量	系数值	T 统计量
TC	0.455**	6.75	0.396**	5.554	0.446**	5.400	-0.385**	-2.646
TC_{t-1}	—		0.372**	4.349	0.315**	3.189	—	
TC_{t-2}	—		—		0.243*	2.466	—	
TC^2	—		—		—		0.0002**	6.554
$PATE$	0.084	0.691	0.087	0.717	0.114	0.847	0.872**	5.137
$PATE_{t-1}$	0.565**	4.282	0.358*	2.556	0.183	1.147	-0.459*	-2.258
$STAF$	3.440**	3.474	3.242**	3.266	3.343**	2.819	3.108**	3.182
NET	-0.086	-0.057	-0.032	-0.021	0.504	0.276	-0.022	-0.015
$SCAL$	5.410	0.175	3.989	0.128	-9.644	-0.265	42.150	1.364
AGE	2.846	0.456	1.617	0.259	2.476	0.323	1.868	0.304
常数项	-185.017*	-2.476	-157.661*	-2.102	-141.842	-1.466	-239.821**	-3.236
调整后的 R^2	0.519		0.526		0.531		0.533	
D. W. 值	2.321		2.309		2.292		2.324	
观测量（样本量）	1692（284）		1679（284）		1402（235）		1692（284）	

注：**、* 和 + 分别表示显著性水平为 1%、5% 和 10%。

首先，当期税费返还（TC）对企业 R&D 经费投入具有积极的促进作用。在模型Ⅱ（A）、模型Ⅱ（B）和模型Ⅱ（C）中，TC 的系数分别约为 0.46、0.40 和 0.45，并且都在 1% 的水平下统计显著。这表明当期税费返还对企业 R&D 经费投入具有显著的正向影响。其次，在模型Ⅱ（A）的基础上加入滞后 1 期变量 TC_{t-1} 后，结果显示调整后的拟合优度 R^2 有较显著的增加，其系数在 1% 的水平下统计显著；继续添加滞后 2 期变量 TC_{t-2} 后，如模型Ⅱ（C）所示，调整后的拟合优度 R^2 有显著的增加，TC_{t-1} 和 TC_{t-2} 的系数约为 0.32 和 0.24 且分别在 1% 和 5% 的水平下统计显著。这表明税费返还政策对战略性新兴产业企业 R&D 经费投入能够产生长期的促进作用。总之，线性回归分析的结果显示：当前的税费返还政策有效地促进了企业 R&D 经费投入，并且具有较长期的积极影响。

关于税费返还对企业 R&D 经费投入是否存在非线性影响的检验，根据式（4.18）建立非线性模型Ⅱ（D），如表 4.7 所示。结果表明，模型Ⅱ（D）调整后的拟合优度 R^2 大于模型Ⅱ（A）的拟合优度 R^2，并且无论是税费返还的一次项系数还是二次项系数均在 1% 的水平下统计显著，一次项系数为负、二次项系数为正；税费返还的转折点为 79631.198 万元（按照小数点后 6 位数进行精确计算获得），表明我国战略性新兴产业企业 R&D 经费投入随着税费返还的增加而减少，然而，当税费返还增加到某一固定值后反而随着税费返还的增加而增加。总之，非线性回归分析的结果表明：税费返还政策对战略性新兴产业企业 R&D 经费投入存在非线性影响，即二者之间在统计上呈显著的"U"形关系。

（2）子样本检验的结果。新一代信息技术产业和高端装备制造业产业的检验结果如表 4.8 所示。

不难发现：在模型Ⅱ（E）至模型Ⅱ（G）、模型Ⅱ（I）至模型Ⅱ（K）中，TC 的系数均为正，且都在 1% 的水平下统计显著。这表明无论是新一代信息技术产业还是高端装备制造业，当期的税费返还（TC）对企业 R&D 经费投入都具有积极的促进作用，并且新一代信息技术产业企业内税费返还的影响系数明显大于高端装备制造业企业内税费返还系数。这与表 4.7 中的检验结果一致。

表 4.8　税费返还对不同产业企业 R&D 经费投入的影响

变量名称	因变量：企业 R&D 经费投入							
	新一代信息技术产业				高端装备制造业			
	模型 II (E)	模型 II (F)	模型 II (G)	模型 II (H)	模型 II (I)	模型 II (J)	模型 II (K)	模型 II (L)
TC	2.737**	2.096**	2.673**	2.903**	0.119**	0.108**	0.123**	0.058**
TC_{t-1}	—	1.371**	0.215	—	—	0.089**	0.059**	—
TC_{t-2}	—	—	2.920**	—	—	—	0.062**	—
TC^2	—	—	—	-0.00003	—	—	—	0.00002
$PATE$	0.458*	0.376+	0.862**	0.390	1.078**	1.212**	0.995**	1.087**
$PATE_{t-1}$	-1.719**	-2.041**	-3.802**	-1.692**	0.846**	0.580*	1.133**	0.865**
$STAF$	12.622**	12.193**	18.960**	12.625**	-0.054	-0.151	-0.558+	-0.074
NET	3.865	3.757	4.039	3.789	-0.474	-0.409	-0.319	-0.421
$SCAL$	79.440	62.504	89.267	77.979	6.184	4.826	1.028	9.189
AGE	-9.989	-9.858	-19.875	-10.256	1.541	1.199	1.564	1.290
常数项	-917.079*	-825.319*	-1186.098*	-911.24	-21.446	-11.295	-1.732	-24.530
调整的 R^2	0.628	0.642	0.700	0.627	0.838	0.844	0.885	0.838
观测量（样本量）	367 (73)	365 (73)	294 (57)	367 (73)	585 (75)	583 (75)	509 (73)	585 (75)

注：**、*和 + 分别表示显著性水平为 1%、5% 和 10%。

在模型 II(E) 和模型 II(I) 的基础上分别添加滞后 1 期变量 TC_{t-1} 后（见表 4.8），结果显示调整后的拟合优度 R^2 有较显著的增加，并且 TC_{t-1} 的系数都在 1% 的水平下统计显著；继续添加滞后 2 期变量 TC_{t-2} 后，调整后的拟合优度 R^2 也均有显著的增加，如模型 II(G)、模型 II(K) 所示。在模型 II(G) 中，尽管 TC_{t-1} 的系数统计不显著，但 TC 和 TC_{t-2} 的系数分别约为 2.67 和 2.92，且都在 1% 的水平下统计显著；在模型 II(K) 中 TC、TC_{t-1} 和 TC_{t-2} 的系数均为正，且都在 1% 的水平下统计显著。这表明从长期来看，税费返还对新一代信息技术产业和高端装备制造业的企业 R&D 经费投入具有积极的促进作用。总而言之，子样本的线性回归分析表明：无论是哪种类型的产业，税费返还对企业 R&D 经费投入都具有显著的正向影响。这一结论与总体样本的研究结论一致。从表 4.8 还不难看出，不同类型的产业其促进作用大小不同：与高端装备制造业相比，税费返还对新一代信息技术产业企业 R&D 经费投入的促进作用较大。

为了进一步验证税费返还对不同产业企业的 R&D 经费投入是否存在非线性影响，根据式（4.18）建立非线性模型Ⅱ（H）和模型Ⅱ（L），如表 4.8 所示。结果表明：模型Ⅱ（H）和模型Ⅱ（L）的拟合优度 R^2 与模型Ⅱ（E）和模型Ⅱ（I）的拟合优度 R^2 相比没有显著的变化，并且税费返还的一次项系数都在 1% 的水平下统计显著且为正，而二次项系数统计都不显著。这表明现阶段，税费返还对新一代信息技术产业和高端装备制造业的企业 R&D 经费投入的正向线性影响统计上显著，而非线性影响统计上不显著。总之，子样本的非线性回归分析结论与总体样本的实证分析结果不同表明：对两个子样本而言，税费返还对企业 R&D 经费投入并不存在非线性影响。

3. 激励政策的耦合作用对 R&D 经费投入影响的实证分析

为了进一步探讨政府补贴政策和税费返还政策对企业 R&D 经费投入是存在替代性作用还是存在互补性作用，本节引入了二者的交叉项。根据式（4.19）所构建模型Ⅲ的检验结果如表 4.9 所示。

在模型Ⅲ（A）中，GG 和 TC 的系数分别约为 0.49 和 0.42，分别在 5% 和 1% 的水平下统计显著，表明政府补贴和税费返还都能积极地促进企业的 R&D 经费投入，这与前文模型Ⅰ和模型Ⅱ的结果一致；政府补贴对企业 R&D 经费投入的作用系数大于税费返还的作用系数，表明目前我国政府补贴对于激励战略性新兴产业企业 R&D 经费投入的作用相对较大。表 4.9 显示，在模型Ⅲ（A）的基础上加入变量 GG 和 TC 的交叉项 $GG \times TC$ 后，结果显示尽管调整后的拟合优度 R^2 有较显著的增加，$GG \times TC$ 的系数为 0.001 且在 1% 的水平下统计显著，但是，GG 的系数为负，TC 的系数为正，且在统计上都不显著。总之，总体样本的检验结果表明：当前我国政府补贴和税费返还对战略性新兴产业企业的 R&D 经费投入具有较弱的互补性作用。结合模型Ⅰ和模型Ⅱ的结论，本书认为使用税费返还政策和政府补贴政策都有助于企业的 R&D 经费投入。事实上，尽管政府激励政策在失灵的 R&D 市场中并不是"灵丹妙药"，也不是唯一的政策措施（Klette et al.，2000），但研究表明政府激励政策对我国战略性新兴产业企业 R&D 活动确实存在显著的影响。

表 4.9　政府激励政策对企业 R&D 经费投入的耦合作用

变量名称	因变量：企业 R&D 经费投入			
	模型Ⅲ（A）		模型Ⅲ（B）	
	系数值	T 统计量	系数值	T 统计量
GG	0.492*	2.060	-0.205	-0.798
TC	0.424**	5.910	0.017	0.181
$GG \times TC$	—		0.001**	6.654
$PATE$	0.113	0.922	0.741**	4.842
$PATE_{t-1}$	0.545**	4.125	-0.223	-1.281
$STAF$	3.422**	3.452	3.271**	3.350
NET	-0.091	-0.060	-0.141	-0.094
$SCAL$	-8.467	-0.268	27.276	0.865
AGE	2.759	0.442	2.236	0.364
常数项	-4149.698+	-1.954	-220.043**	-2.888
调整后的 R^2	0.520		0.534	
D.W. 值	2.329		2.328	
观测量（样本量）	1691（284）		1691（284）	

注：**、* 和 + 分别表示显著性水平为 1%、5% 和 10%。

　　子样本的检验结果如表 4.10 所示。在模型Ⅲ（C）和模型Ⅲ（E）的基础上分别加上 GG 和 TC 的交叉项 $GG \times TC$ 后［如模型Ⅲ（D）和模型Ⅲ（F）所示］，调整后的拟合优度 R^2 都有了较为显著的增加。在表 4.10 的模型Ⅲ（D）中，$GG \times TC$ 的作用系数为 0.002，且在 1% 的水平下统计显著，表明政府补贴和税费返还对新一代信息技术产业企业 R&D 经费投入具有互补性的作用，这与表 4.9 中的研究结论一致。然而，GG 和 TC 的系数分别约为 -3.64 和 1.65 且都在 1% 的水平下统计显著，这表明在两种政策同时执行过程中，政府补贴对新一代信息技术产业企业的 R&D 经费投入表现出了"挤出效应"，因此，采用税费返还政策更有利于促进新一代信息技术产业企业的 R&D 经费投入。在模型Ⅲ（F）中，$GG \times TC$ 的作用系数约为 -0.001，且在 1% 的水平下统计显著，表明政府补贴和税费返还对高端装备制造业企业的 R&D 经费投入具有替代性的作用，这与表 4.9 中的结论冲突。GG 和 TC 的系数分别约为 1.02 和 0.25 且都在 1% 的水平下统计显著，这表明在两种政策同时执行过程中，尽管政府补贴和税费返还政策对高端装备制造业企业的 R&D 经费投入都表现出了"挤入效应",但政府补贴的作用系数远大于税费返还的作用系数,因此,使用政府补贴能够更有效地促进高端装备制造业企业的 R&D 经费投入。总之,子样本的检验结果显示:政府补贴和税费返还对新一代信息技术产业企业 R&D 经费投入具有互补性的作用,而对高端装备制造业企业的 R&D 经费投入则具有替代性的作用。

表 4.10　政府激励政策对不同产业企业 R&D 经费投入的耦合作用

变量名称	因变量: 企业 R&D 经费投入			
	新一代信息技术产业		高端装备制造业	
	模型Ⅲ (C)	模型Ⅲ (D)	模型Ⅲ (E)	模型Ⅲ (F)
GG	1.227 *	− 3.641**	0.376**	1.021**
TC	2.822**	1.645**	0.090**	0.249**
$GG \times TC$	—	0.002**	—	− 0.001**
$PATE$	0.374 +	0.977**	0.969**	0.675**
$PATE_{t-1}$	− 1.675**	− 1.903**	0.679**	0.429 +
$STAF$	12.167**	11.529 *	− 0.067	− 0.073
NET	4.287	5.734	− 0.540	− 0.653
$SCAL$	102.427	148.509	3.119	− 9.288
AGE	− 5.169	4.451	1.669	2.307
常数项	− 992.460 *	− 1159.988**	− 15.160	7.252
调整的 R^2	0.629	0.639	0.843	0.864
观测量 (样本量)	367 (73)	367 (73)	584 (75)	584 (75)

注:**、*和+分别表示显著性水平为1%、5%和10%。

4. 模型的检验

本节主要运用了个体固定效应模型来检验政府激励政策对企业 R&D 经费投入的影响情况。为了检验个体固定效应模型是否合理,本节运用 Hausman 检验、F 检验和 LR 检验方法对上述个体固定效应模型进行了检验。首先,运用 Hausman 检验方法对模型Ⅰ、模型Ⅱ和模型Ⅲ进行检验,检验结果如表 4.11 所示。Hausman 检验方法的原假设 (H_0) 是建立随机效应模型。通过 Hausman 检验结果可知三个模型都在 5% 的水平信度条件下,拒绝建立随机效应模型的原假设,故采用固定效应模型是最优的。

然后，运用 F 检验和 LR 检验方法进行检验的结果如表 4.11 所示。检验结果显示三个模型都在 5% 的水平信度条件下拒绝建立混合横截面模型的原假设。综上，模型Ⅰ、模型Ⅱ和模型Ⅲ建立个体固定效应模型是合理的。同理，采用上述检验方法对新一代信息技术产业和高端装备制造业子样本构建的模型Ⅰ（E）至模型Ⅰ（L）、模型Ⅱ（E）至模型Ⅱ（L）、模型Ⅲ（C）和模型Ⅲ（D）也一一进行了验证，结果显示建立个体固定效应模型都是合理的。

表 4.11　模型Ⅰ至模型Ⅲ的 Hausman、F 和 LR 检验结果

检验方法		模型Ⅰ				模型Ⅱ				模型Ⅲ	
		(A)	(B)	(C)	(D)	(A)	(B)	(C)	(D)	(A)	(B)
Hausman 检验	χ^2 值	209.178	168.649	235.349	689.377	254.851	274.792	249.771	296.807	242.779	293.323
	拒绝 H_0 的概率	0.000	0.000	0.000	0.000	0.000	0.000	0.000	0.000	0.000	0.000
F 检验	F 统计量	1.182	1.201	1.523	2.710	1.558	1.652	1.767	1.712	1.314	1.500
LR 检验	LR 统计量	362.210	321.906	376.215	739.185	462.926	487.739	428.106	502.900	398.667	448.433

另外，本节主要是从整体上把握政府激励政策对企业技术 R&D 经费投入的影响，因此，正文中并未详细分析个体样本的固定效应，具体详见附录 B。

4.3.3　激励政策对企业技术创新产出影响的实证分析

政府激励政策对企业技术创新产出影响的分析步骤与 4.3.2 节基本一致。将企业技术创新产出看作关于政府补贴、税收减免、R&D 经费投入等变量的函数。与此同时，为了避免内生性问题，分别引入了政府补贴、税费返还和 R&D 经费投入的滞后项。具体函数形式如下：

$$PATE_{it} = (I_0 + I_i) + \sum_j \beta_j GG_{it-j} + \sum_k \beta_k Z_{itk} + \mu_i \qquad (4.20)$$

$$PATE_{it} = (I_0^{'} + I_i^{'}) + \beta_1^{'} GG_{it} + \beta_2^{'} GG_{it}^2 + \sum_k \beta_k^{'} Z_{itk} + \mu_i^{'} \qquad (4.21)$$

$$PATE_{it} = (I_0^{''} + I_i^{''}) + \sum_j \beta_j^{''} TC_{it-j} + \sum_k \beta_k^{''} Z_{itk} + \mu_i^{''} \qquad (4.22)$$

$$PATE_{it} = (I_0^{'''} + I_i^{'''}) + \beta_1^{'''} TC_{it} + \beta_2^{'''} TC_{it}^2 + \sum_k \beta_k^{'''} Z_{itk} + \mu_i^{'''} \qquad (4.23)$$

$$PATE_{it} = (I_0^{''''} + I_i^{''''}) + \beta_0^{''''} GG_{it} + \beta_1^{''''} TC_{it} + \beta_2^{''''} GG_{it} \times TC_{it} + \sum_k \beta_k^{''''} Z_{itk} + \mu_i^{''''} \qquad (4.24)$$

式（4.20）至式（4.24）中，i（$i = 1, 2, \cdots, 284$）指第 i 个战略性新兴产业企业；$j = 0, 1, 2$；$k = 3, 4, 5, \cdots, 8$；β、β'、β''、β'''、β'''' 分别是对应的回归系数；$PATE_{it}$ 代表第 i 家企业第 t 年的专利申请数量；TC_{it-j} 和 GG_{it-j} 含义同前文；Z_{itk} 为第 i 家企业第 t 年的第 k 个控制变量，分别指企业研发经费投入（RD）、企业人力资源配置情况（$STAF$）、企业净利润率（NET）、企业规模（$SCAL$）、企业年龄（AGE）等；I_0、I_0'、I_0''、I_0'''、I_0'''' 分别为均值截距项；I_i、I_i'、I_i''、I_i'''、I_i'''' 分别为个体固定效应（详见附录 C）；μ_i、μ_i'、μ_i''、μ_i'''、μ_i'''' 分别是对应的随机误差项。

1. 政府补贴对企业技术创新产出影响的实证分析

（1）总体样本的检验结果。以企业技术创新产出为因变量，将政府补贴及其不同滞后期项作为自变量分别进行检验，根据式（4.20）和式（4.21）所构建模型Ⅳ的检验结果如表 4.12 所示。

表 4.12　政府补贴对企业技术创新产出的影响

变量名称	因变量：企业技术创新产出							
	模型Ⅳ（A）		模型Ⅳ（B）		模型Ⅳ（C）		模型Ⅳ（D）	
	系数值	T 统计量	系数值	T 统计量	系数值	T 统计量	系数值	T 统计量
GG	-0.292**	-3.767	-0.335**	-4.130	-0.423**	-4.749	0.377*	2.300
GG_{t-1}	—	—	0.026+	1.869	-0.082	-0.658	—	—
GG_{t-2}	—	—	—	—	0.629**	4.318	—	—
GG^2	—	—	—	—	—	—	-0.0004+	-1.736
RD	0.177**	21.784	0.175**	21.310	0.149**	16.552	0.155**	12.584
RD_{t-1}	0.276**	26.138	0.273**	25.383	0.266**	24.122	0.134**	9.346
$STAF$	-0.347	-1.057	-0.387	-1.167	-0.221	-0.599	0.034**	17.325
NET	0.292	0.578	0.305	0.600	0.369	0.658	0.407	0.894
$SCAL$	11.226	1.113	9.923	0.971	16.200	1.461	-20.592*	-2.145
AGE	1.028	0.504	0.814	0.396	-0.021	-0.700	-1.089	-0.592
常数项	-25.542	-1.016	-18.607	-0.728	-31.332	-1.016	40.338+	1.722
调整的 R^2	0.792		0.792		0.827		0.823	
D. W. 值	0.966		0.966		1.161		1.183	
观测量（样本量）	1692（284）		1681（284）		1402（235）		1672（282）	

注：**、* 和 + 分别表示显著性水平为 1%、5% 和 10%。

通过观察表4.12不难发现以下内容。首先,当期的政府补贴(GG)对企业技术创新产出($PATE$)具有显著的抑制作用。在模型Ⅳ(A)、模型Ⅳ(B)和模型Ⅳ(C)中,GG的系数分别约为 -0.29、-0.34 和 -0.42,并且都在1%的水平下统计显著。这表明当期的政府补贴对企业技术创新产出具有显著的负向影响。其次,在模型Ⅳ(A)的基础上加入滞后1期变量GG_{t-1}后,结果显示调整后的拟合优度 R^2 并没有显著的增加,但 GG_{t-1} 的系数约为0.03,且在10%的水平下统计显著;继续添加滞后2期变量GG_{t-2}后,调整后的拟合优度 R^2 有了显著的增加,如模型Ⅳ(C)所示,GG 和 GG_{t-1} 的系数为负,而 GG_{t-2} 的系数为正且在1%的水平下统计显著。这表明从长期来看,政府补贴对企业技术创新产出表现出了不同的影响趋势。之所以 GG 对企业技术创新产出产生了负向作用,可能是因为目前我国战略性新兴产业企业中很少有自身的 R&D 部门,大多是从外部引进或改造相应的核心技术,因此,政府更多的是对企业的技术引进和改造的专项资金补贴,而对于企业自主研发活动的直接补贴相对较少,从而不利于企业技术创新产出。总之,线性回归分析结果显示:当前政府补贴政策不利于我国战略性新兴产业企业技术创新产出。

为了进一步验证政府补贴对企业技术创新产出是否存在非线性影响,根据式(4.21)建立了非线性模型Ⅳ(D),如表4.12所示。结果表明,政府补贴的一次项系数为正、二次项系数为负,且分别在5%和10%的水平下统计显著;政府补贴的转折点为51328.202万元(按照小数点后6位数精确计算获得)。这表明战略性新兴产业企业技术创新产出首先随着政府补贴的增加而增加,然后,当政府补贴增加到某一固定值后反而随着政府补贴的增加而减少。总之,非线性回归分析结果表明:政府补贴对企业技术创新产出存在较弱的非线性影响,即政府补贴与企业技术创新产出之间较弱地呈现倒"U"形关系。

(2)子样本的检验结果。从表4.13不难发现:在模型Ⅳ(E)至模型Ⅳ(G)中,政府补贴(GG)的系数均为负数,且都在1%的水平下统计显著。这表明 GG 对新一代信息技术产业企业的技术创新产出具有显著的抑制作用。在模型Ⅳ(E)的基础上加入滞后1期变量GG_{t-1}后,调整后的拟合优度 R^2 有较显著的增加,并且 GG_{t-1} 的系数在5%的水平下统计显著。继续添加滞后2期变量GG_{t-2}后,调整后的拟合优度 R^2 有了显著的增加［如模型 Ⅳ（G）所示］，GG 和 GG_{t-1} 的系数为负，而 GG_{t-2} 的系数为正且在 1% 的水平下统计显著。这表明政府补贴对新一代信息技术产业企业的技术创新产出具有统计上显著的抑制作用，这与模型 Ⅳ（C）的检验结果一致。然而，从高端装备制造业企业的检验结果，即模型 Ⅳ（I）中发现 GG 的系数约为 0.13，且在 1% 的水平下统计显著，这表明政府补贴对高端装备制造业企业的技术创新产出都具有显著的促进作用。在模型 Ⅳ（I）的基础上加入滞后 1 期变量 GG_{t-1} 后，调整后的拟合优度 R^2 没有显著的变化，GG_{t-1} 的系数为负且在统计上不显著。在模型 Ⅳ（K）中，继续添加滞后 2 期变量 GG_{t-2} 发现，调整后的拟合优度 R^2 有了较为显著的增加，GG 的系数约为 0.15 且在 1% 的水平下统计显著，但 GG_{t-1} 和 GG_{t-2} 的系数分别约为 -0.08 和 -0.05，且统计不显著，这表明政府补贴对高端装备制造业企业技术创新产出具有统计上显著的促进作用，但从长期来看，这一作用在统计上并不显著。这一结论与模型 Ⅳ（C）的检验结论存在差异性。主要原因可能是，政府补贴的方向与高端装备制造业企业的技术创新需求相一致，因此，能够促使该产业企业 R&D 经费投入相对增多（见表 4.6 的检验结果），从而促进了企业技术创新产出。总之，子样本的线性回归分析表明，政府补贴对所属不同产业的企业技术创新产出的影响存在显著的差异。

表 4.13　政府补贴对不同产业企业技术创新产出的影响

变量名称	因变量：企业技术创新产出							
	新一代信息技术产业				高端装备制造业			
	模型 Ⅳ（E）	模型 Ⅳ（F）	模型 Ⅳ（G）	模型 Ⅳ（H）	模型 Ⅳ（I）	模型 Ⅳ（J）	模型 Ⅳ（K）	模型 Ⅳ（L）
GG	-2.259^{**}	-2.564^{**}	-2.831^{**}	2.940^{**}	0.128^{**}	0.127^{**}	0.149^{**}	-0.049
GG_{t-1}	—	0.841^{*}	-0.151	—	—	-0.049	-0.083	—
GG_{t-2}	—	—	1.462^{**}	—	—	—	-0.050	—
GG^2	—	—	—	-0.008^{**}	—	—	—	0.0002^{**}
RD	0.275^{**}	0.267^{**}	0.215^{**}	0.327^{**}	0.148^{**}	0.150^{**}	0.162^{**}	0.144^{**}
RD_{t-1}	0.462^{**}	0.451^{**}	0.460^{**}	0.575^{**}	-0.063^{**}	-0.061^{**}	-0.041^{*}	-0.057^{**}
$STAF$	-0.026	-0.277	-0.103	1.051	-0.076	-0.073	0.076	-0.083
NET	1.224	1.021	0.956	-0.833	0.263	0.253	0.344	0.272

续表

变量名称	因变量：企业技术创新产出							
	新一代信息技术产业				高端装备制造业			
	模型 Ⅳ（E）	模型 Ⅳ（F）	模型 Ⅳ（G）	模型 Ⅳ（H）	模型 Ⅳ（I）	模型 Ⅳ（J）	模型 Ⅳ（K）	模型 Ⅳ（L）
SCAL	55.221	−55.537	49.911	−30.779	8.555**	9.148**	8.645*	11.461**
AGE	8.945	7.608	8.248	−6.596	0.964	1.006	0.628	1.049
常数项	−222.855*	−197.882	−176.134	84.581	−29.530**	−31.303**	−30.641**	−37.009**
调整的 R^2	0.867	0.869	0.902	0.896	0.678	0.678	0.713	0.683
观测数量（样本量）	371 (73)	366 (73)	294 (57)	371 (73)	584 (75)	582 (75)	506 (73)	584 (75)

注：**、*和+分别表示显著性水平为 1%、5% 和 10%。

为了进一步验证政府补贴对不同产业企业的技术创新产出是否存在非线性影响，根据式（4.21）建立了非线性模型Ⅳ（H）和模型Ⅳ（L），如表 4.13 所示。结果表明：在模型Ⅳ（H）中，政府补贴的一次项系数为正、二次项系数为负且都在 1% 的水平下统计显著，政府补贴的转折点为 17472.658 万元（根据小数点后 6 位数精确计算获得），表明我国新一代信息技术产业企业的技术创新产出首先随着政府补贴的增加而增加，当政府补贴增加到某一固定值后，反而随着政府补贴的增加而减少。这一结论与模型Ⅳ（D）的结论一致，即政府补贴与企业技术创新产出之间呈现倒"U"形关系。然而，在模型Ⅳ（L）中，尽管政府补贴的一次项系数统计不显著，但二次项系数为正且在 1% 的水平下统计显著，政府补贴的转折点为 11271.789 万元（根据小数点后 6 位数精确计算获得），这表明我国高端装备制造业企业的技术创新产出首先随着政府补贴的增加而减少，然后，当政府补贴增加到某一固定值后，反而随着政府补贴的增加而增加。这一结论与模型Ⅳ（D）的结论不一致，政府补贴与高端装备制造业企业技术创新产出之间呈"U"形关系。总之，子样本的非线性回归分析表明：政府补贴对所属不同产业的企业技术创新产出存在非线性的影响。

2. 税费返还对企业技术创新产出影响的实证分析

（1）总体样本的检验结果。以企业技术创新产出作为因变量，将税费返还（*TC*）及其滞后期的 *TC* 作为自变量分别进行检验，根据式

（4.22）构建模型 V 的检验结果如表 4.14 所示。不难发现以下内容。首先，当期的税费返还（TC）对企业技术创新产出具有积极的促进作用。在模型 V（A）、模型 V（B）和模型 V（C）中，TC 的系数分别约为 0.22、0.16 和 0.13，并且都在 1% 的水平下统计显著，表明税费返还对当前的企业技术创新产出具有显著的正向影响。其次，在模型 V（A）的基础上加入滞后 1 期变量 TC_{t-1} 后，结果显示调整后的拟合优度 R^2 有较显著的增加，TC_{t-1} 的系数约为 0.24，且在 1% 的水平下统计显著；继续添加滞后 2 期变量 TC_{t-2}［如模型 V（C）所示］，调整后的拟合优度 R^2 有显著的增加，TC、TC_{t-1} 和 TC_{t-2} 的系数分别约为 0.13、0.18 和 0.08 且都在 1% 的水平下统计显著，这表明税费返还政策对企业技术创新产出能够产生长期的促进作用。总而言之，线性回归分析的结果显示：税费返还政策有效地促进了战略性新兴产业企业的技术创新产出。

表 4.14　税费返还对企业技术创新产出的影响

变量名称	因变量：企业技术创新产出							
	模型 V（A）		模型 V（B）		模型 V（C）		模型 V（D）	
	系数值	T 统计量	系数值	T 统计量	系数值	T 统计量	系数值	T 统计量
TC	0.223**	10.941	0.162**	7.738	0.132**	5.705	0.598**	16.570
TC_{t-1}	—	—	0.235**	9.226	0.183**	6.393	—	—
TC_{t-2}	—	—	—	—	0.080**	2.822	—	—
TC^2	—	—	—	—	—	—	-0.0001**	-12.317
RD	0.121**	13.320	0.091**	9.676	0.082**	8.003	0.158**	17.343
RD_{t-1}	0.201**	17.061	0.158**	12.657	0.148**	10.872	0.260**	21.362
$STAF$	-0.130	-0.412	-0.131	-0.425	-0.038	-0.110	-1.63	-0.541
NET	0.165	0.339	0.243	0.510	0.501	0.930	0.112	0.242
$SCAL$	-24.275*	-2.500	-21.405*	-2.244	-15.753	-1.484	-48.908**	-5.181
AGE	3.523+	1.780	2.530	1.305	1.465	0.648	4.407*	2.341
常数项	27.553	31.161	732.383	1.397	29.251	1.034	74.588**	3.219
调整的 R^2	0.807		0.818		0.841		0.826	
D. W. 值	1.105		1.061		1.078		1.111	
观测量（样本量）	1692（284）		1681（284）		1402（235）		1692（284）	

注：**、* 和 + 分别表示显著性水平为 1%、5% 和 10%。

　　为了进一步验证税费返还政策对企业技术创新产出是否存在非线性影响，根据式（4.23）建立非线性模型，如表 4.14 中模型 V（D）所示。结果表明，税费返还的一次项系数为正、二次项系数为负且都在 1% 的水平下统计显著，政府补贴的转折点为 30.372 亿元（按照小数点后 6 位数精确计算获得）。这表明我国战略性新兴产业企业技术创新产出首先随着税费返还的增加而增加，然而，当税费返还增加到某一固定值后，企业的技术创新产出反而随着税费返还的增加而减少。总之，非线性回归分析的结果表明：税费返还政策与企业技术创新产出之间具有统计上显著的非线性关系，二者呈现倒 "U" 形关系。

　　（2）子样本的检验结果。从表 4.15 的检验结果中不难发现：在模型 V（E）至模型 V（G）中，TC 的系数均为正数且都在 5% 的水平下统计显著，表明税费返还对新一代信息技术产业企业的技术创新产出具有积极的促进作用；在模型 V（E）的基础上加入滞后 1 期变量 TC_{t-1} 后，结果显示调整后的拟合优度 R^2 有较显著的增加，TC_{t-1} 的系数为正且在 1% 的水平下统计显著；继续添加滞后 2 期变量 TC_{t-2} 后，调整后的拟合优度 R^2 有显著的增加［如模型 V（G）所示］；TC 和 TC_{t-1} 的系数为正且统计上显著，而 TC_{t-2} 的系数为正但统计不显著。这表明当期和滞后 1 期的税费返还对新一代信息技术产业企业的技术创新产出产生了积极的影响，这与模型 V（C）检验结果基本一致。

表 4.15　税费返还对不同产业企业技术创新产出的影响

变量名称	因变量：企业技术创新产出							
	新一代信息技术产业				高端装备制造业			
	模型 V（E）	模型 V（F）	模型 V（G）	模型 V（H）	模型 V（I）	模型 V（J）	模型 V（K）	模型 V（L）
TC	0.315 *	0.171 *	0.033 *	1.766**	− 0.022**	− 0.021**	− 0.029**	0.031 +
TC_{t-1}	—	0.723**	0.653**	—	—	− 0.009	− 0.015 *	—
TC_{t-2}	—	—	0.124	—	—	—	− 0.009	—
TC^2	—	—	—	− 0.0003**	—	—	—	− 0.0001**
RD	0.140**	0.000	0.035	0.291**	0.176**	0.174**	0.209**	0.173**
RD_{t-1}	0.251**	0.052	0.111	0.484**	− 0.050**	− 0.042 *	− 0.018	− 0.047**
$STAF$	0.712	0.705	2.017	0.352	− 0.106	− 0.103	0.086	− 0.085

变量名称	因变量：企业技术创新产出							
	新一代信息技术产业				高端装备制造业			
	模型 V（E）	模型 V（F）	模型 V（G）	模型 V（H）	模型 V（I）	模型 V（J）	模型 V（K）	模型 V（L）
NET	0.205	0.097	0.161	-0.661	0.316	0.309	0.372$^+$	0.272
SCAL	21.781	21.762	16.286	-38.462*	16.650**	16.773**	16.435**	13.776**
AGE	1.275	1.611	0.596	-5.221*	0.234	0.260	-0.331	0.418
常数项	-98.397	-85.627	-133.614	109.024*	-40.358**	-41.002**	-39.445**	-36.855**
调整的 R^2	0.848	0.859	0.871	0.980	0.674	0.674	0.720	0.679
观测量(样本量)	371（73）	366（73）	294（57）	371（73）	585（75）	584（75）	509（73）	585（75）

注：** 、* 和 + 分别表示显著性水平为 1%、5% 和 10%。

　　然而，在模型 V（I）至模型 V（K）中，TC 的系数均为负数，且都在 1% 的水平下统计显著，表明税费返还对高端装备制造业企业的技术创新产出具有显著的抑制作用；在模型 V（I）的基础上加入滞后 1 期变量 TC_{t-1} 后，结果显示调整后的拟合优度 R^2 没有显著的变化，TC_{t-1} 的系数为负且统计不显著；模型 V（K）中，尽管调整后的拟合优度 R^2 有了显著的增加，TC 和 TC_{t-1} 的系数为负且分别在 1% 和 5% 的水平下统计显著，但 TC_{t-2} 的系数为负且统计不显著，表明税费返还对高端装备制造业企业的技术创新产出具有抑制作用，这与模型 V（C）的检验结果并不一致。主要原因可能是，高端装备制造业企业本身具有进行自主创新的意愿，政府补贴的增加更是加快了企业技术创新产出的速度。因此，对于高端装备制造业企业来讲，政府是否出台税费返还政策对其进行技术创新并没有实质性的影响。总之，子样本的线性回归分析表明：税费返还对所属不同战略性新兴产业的企业技术创新产出的影响存在显著的差异。

　　根据式（4.23）建立了非线性模型 V（H）和模型 V（L），如表 4.15 所示。结果表明：在模型 V（H）和模型 V（L）中，税费返还的一次项系数均为正、二次项系数均为负，且都在统计上显著，税费返还的转折点分别为 26.275 亿元和 8.994 亿元（按照小数点后 6 位数精确计算获得）。这表明现阶段，我国新一代信息技术产业和高端装备制造业企业的技术创新产出首先随着税费返还的增加而增加，然而，当税费返还增加到某一固定值后，企业技术创新产出反而随着税费返还的增加而减少。这一研究结论与模型 V（D）的研究结论一致，即税费返还与企业技术创新产出之间呈现倒"U"形关系。总之，子样本的非线性回归分析表明：目前我国税费返还政策无论是对新一代信息技术产业还是对高端装备制造业企业的技术创新产出都存在显著的非线性影响。

3. 政策的耦合作用对企业技术创新产出影响的实证分析

为了进一步探讨政府补贴（GG）与税费返还政策（TC）对企业技术创新产出是具有替代性作用还是具有互补性作用，本节引入了二者的交叉项。根据式（4.24）构建模型Ⅵ的检验结果如表 4.16 所示。在模型Ⅵ（A）中，GG 和 TC 的影响系数分别约为 – 0.43 和 0.24，且都在 1% 的水平下统计显著，表明政府补贴不利于战略性新兴产业企业的技术创新产出，但税费返还促进了企业技术创新产出，这与模型Ⅳ和模型 V 的实证结果一致。在模型Ⅵ（A）的基础上引入变量 GG 和 TC 的交叉项（GG × TC）后，结果显示调整后的拟合优度 R^2 有较显著的增加，GG 的系数约为 – 0.08，但在统计上并不显著，TC 的系数约为 0.45 且在 1% 的水平下统计显著，GG × TC 的系数约为 – 0.001，且在 1% 的水平下统计显著。这表明政府补贴、税费返还对企业技术创新产出具有替代性的影响。总体样本的检验结果表明：政府补贴和税费返还对我国战略性新兴产业企业的技术创新产出具有显著的替代性作用。结合模型Ⅳ和模型 V 的结论，本书认为使用税费返还政策更有助于战略性新兴产业的企业技术创新产出。与直接的政府补贴政策相比较而言，使用税收减免政策对战略性新兴产业企业技术创新产出的激励作用较有效。

表 4.16 政府激励政策对企业技术创新产出的耦合作用

变量名称	因变量：企业技术创新产出			
	模型Ⅵ（A）		模型Ⅵ（B）	
	系数值	T 统计量	系数值	T 统计量
GG	– 0.433**	– 5.785	– 0.081	– 1.126
TC	0.241**	11.843	0.451**	17.4897
GG × TC	—	—	– 0.001**	– 12.907

变量名称	因变量：企业技术创新产出			
	模型 Ⅵ（A）		模型 Ⅵ（B）	
	系数值	T 统计量	系数值	T 统计量
RD	0.125**	13.873	0.159**	17.865
RD_{t-1}	0.207**	17.691	0.255**	21.872
$STAF$	−0.119	−0.380	−0.204	−0.688
NET	0.177	0.366	0.177	0.388
$SCAL$	−11.739	−1.193	−36.825**	−3.873
AGE	3.453 +	1.762	4.003 *	2.160
常数项	−2.745	−0.114	52.351 *	2.262
Adjusted R^2	0.812		0.831	
D.W. 值	1.106		1.204	
观测量（样本量）	1691（284）		1691（284）	

注：**、* 和 + 分别表示显著性水平为 1%、5% 和 10%。

　　子样本的检验情况如表 4.17 所示。不难发现：在模型 Ⅵ（C）和模型 Ⅵ（D）中，GG 和 TC 的系数分别约为 −2.28、−1.80 和 0.34、0.69，且分别在 1%、1% 和 5%、1% 的水平下统计显著，表明政府补贴对新一代信息技术产业企业技术创新产出具有抑制作用，而税费返还则对其具有促进作用。在表 4.17 中模型 Ⅵ（C）的基础上添加交叉项 $GG \times TC$ 后，结果显示调整后的拟合优度 R^2 有显著的增加，并且 $GG \times TC$ 的系数约为 −0.002 且在 1% 的水平下统计显著，表明政府补贴和税费返还对新一代信息技术产业企业技术创新产出具有替代性作用；在模型 Ⅵ（D）中 GG 和 TC 的系数分别约为 −1.80 和 0.69 且均在 1% 的水平下统计显著，表明税费返还政策更有利于促进新一代信息技术产业企业技术创新产出，这与模型 Ⅵ（A）和模型 Ⅵ（B）检验结果一致。

　　然而，在表 4.17 模型 Ⅵ（E）和模型 Ⅵ（F）中，GG 的系数分别约为 0.17、0.28 且都在 1% 的水平下统计显著，而 TC 的系数分别约为 −0.03（在 1% 的水平下统计显著）、−0.001（在统计上不显著），表明对于高端装备制造业而言，政府补贴对企业技术创新产出具有积极的促进作用，而税费返还则对其具有较弱的抑制作用。在模型 Ⅵ（E）的基础上添加交叉项 $GG \times TC$ 后，结果显示调整后的拟合优度 R^2 有显著的增加，并且 $GG \times TC$ 的系数约为 -0.0001 且在 1% 的水平下统计显著，表明政府补贴和税费返还对高端装备制造业企业技术创新产出具有替代性作用，这与模型 Ⅵ（A）和模型 Ⅵ（B）的检验结论一致；然而，在模型 Ⅵ（F）中，GG 和 TC 的系数分别约为 0.28（在 1% 的水平下统计显著）、-0.001（在统计上不显著），表明使用政府补贴政策更有利于促进高端装备制造业企业的技术创新产出。依据表 4.15 检验结果显示，税费返还对高端装备制造业企业技术创新产出具有统计上显著的负向作用。因此，政府补贴政策对高端装备制造业企业技术创新产出的作用更加有效。总之，子样本的检验结果显示：政府补贴和税费返还对所属不同产业的企业技术创新产出都具有替代性的作用，但相同政策对不同产业的激励作用不同，该结论与上述模型 Ⅵ（A）和模型 Ⅵ（B）的检验结论基本一致。

表 4.17　政府激励政策对不同产业企业技术创新产出的耦合作用

变量名称	因变量：企业技术创新产出			
	新一代信息技术产业		高端装备制造业	
	模型 Ⅵ（C）	模型 Ⅵ（D）	模型 Ⅵ（E）	模型 Ⅵ（F）
GG	-2.276^{**}	-1.797^{**}	0.171^{**}	0.279^{**}
TC	0.335^{*}	0.685^{**}	-0.032^{**}	-0.001
$GG \times TC$	—	-0.002^{**}	—	-0.0001^{**}
RD	0.168^{**}	0.430^{**}	0.161^{**}	0.128^{**}
RD_{t-1}	0.309^{**}	0.649^{**}	-0.072^{**}	-0.062^{*}
$STAF$	-0.054	0.463^{**}	-0.092	-0.090
NET	1.092	-0.960	0.255	0.227
$SCAL$	57.869	-61.676^{**}	14.155^{**}	11.625^{**}
AGE	9.470	-9.008^{**}	0.320	0.404
常数项	-224.497^{+}	195.806^{**}	-35.536^{**}	-30.512^{**}
调整的 R^2	0.870	0.966	0.696	0.707
观测量（样本量）	371（73）	371（73）	584（75）	584（75）

注：$**$、$*$ 和 $+$ 分别表示显著性水平为 1%、5% 和 10%。

4. 模型的检验

本小节主要运用了个体固定效应模型来验证政府激励政策对企业技

术创新产出的影响。与 4.3.2 节类似，运用 Hausman 检验、F 检验和 LR 检验方法检验了个体固定效应模型是否合理。首先，运用 Hausman 检验确定模型的影响形式。运用 Hausman 检验方法对模型Ⅳ、模型Ⅴ和模型Ⅵ——进行了检验，检验结果如表 4.18 所示。通过 Hausman 检验的结果可知上述三个模型均在 5% 的水平信度条件下，拒绝建立随机效应模型的原假设（H_0），故采用固定效应模型是科学合理的。然后，运用 F 检验和 LR 检验方法的检验结果显示，上述三个模型均在 5% 的水平信度条件下拒绝建立混合横截面模型的原假设，因此，本节建立个体固定效应模型是科学合理的。

表 4.18　模型Ⅳ至模型Ⅵ的 Hausman、F 和 LR 检验结果

检验方法		模型Ⅳ				模型Ⅴ				模型Ⅵ	
		（A）	（B）	（C）	（D）	（A）	（B）	（C）	（D）	（A）	（B）
Hausman 检验	χ^2 值	19.309	55.769	26.201	389.535	97.562	100.757	1089.003	1215.423	143.248	308.376
	拒绝 H_0 的概率	0.007	0.000	0.002	0.000	0.000	0.000	0.000	0.000	0.000	0.000
F 检验	F 统计量	7.364	7.331	9.493	9.261	5.667	5.890	7.280	6.810	5.735	6.858
LR 检验	LR 统计量	1541.86	1536.03	1501.51	1770.36	1291.09	132.39	1268.37	1464.74	1302.27	1472.08

同理，采用上述检验方法对新一代信息技术产业和高端装备制造业子样本的模型Ⅳ（E）至模型Ⅳ（L）、模型Ⅴ（E）至模型Ⅴ（L）、模型Ⅵ（C）和模型Ⅵ（D）也一一进行了验证，结果显示建立个体固定效应模型都是合适的。

另外，本小节主要是从整体上把握政府激励政策对企业技术创新产出的影响，因此，正文中并未详细给出个体样本的固定效应，具体见附录 C。

4.4　本章小结及展望

4.4.1　本章小结

本章主要目的在于探讨政府激励政策对企业技术创新的影响机制问

题，着重分析了政府激励政策（包括税费返还和政府补贴政策）对企业
技术创新的非线性影响。首先，通过数理模型推导，提出了政府激励政
策对企业技术创新投入和产出影响的研究假设；然后，采用面板数据的
非线性回归分析和线性回归分析方法对我国战略性新兴产业 284 家上市
企业进行了实证分析和检验。本章获得的主要结论如下。

1. 理论假设与线性回归分析的实证结果

总体样本的检验结果显示：除了上述研究假设 4 不成立外，其他三
个理论假设均成立（见表 4.19）。表 4.19 的分析结论表明，政府补贴对
企业 R&D 经费投入具有显著的正向作用，而对企业技术创新产出则具有
显著的负向作用；税费返还对企业的 R&D 经费投入和企业技术创新产出
都具有显著的正向作用。这表明与政府补贴相比，税费返还政策对战略
性新兴产业企业技术创新的促进作用更加显著。假设 4 不成立的主要原
因可能是，现阶段我国战略性新兴产业企业中很少有自身的 R&D 部门，
大多是从外部引进、消化、吸收或改造技术，很少形成自身的核心技术
和竞争力。因此，政府更多的是对企业的技术引进和改造的专项资金补
贴，而对于企业自主研发活动的补贴相对较少，从而不利于企业技术创
新产出。

表 4.19　实证分析结论

假设名称	二者关系	原假设	实证结果	假设是否成立
假设 1	$TC \rightarrow RD$	+	+	成立
假设 2	$GG \rightarrow RD$	+	+	成立
假设 3	$TC \rightarrow PATE$	+	+	成立
假设 4	$GG \rightarrow PATE$	+	−	不成立

新一代信息技术产业和高端装备制造业两个子样本的检验结果显示
（见表 4.20）：政府激励政策对企业 R&D 经费投入和技术创新产出的影
响程度存在差异。新一代信息技术产业企业样本的检验结果与总体样本
的检验结果一致：政府补贴政策和税费返还政策分别对企业 R&D 经费投
入的影响、税费返还政策对企业技术创新产出的影响都是积极正向的，
然而政府补贴政策对企业技术创新产出具有负向影响。高端装备制造业

企业样本的检验结果显示：与总体样本检验结果一致的部分在于政府激励政策对企业 R&D 经费投入的影响具有统计上显著的正向影响；与总体样本检验结果不一致的部分在于政府补贴政策对企业技术创新产出的影响是积极正向的，但税费返还政策对企业技术创新产出则具有负向影响。原因是高端装备制造业企业的 R&D 活动具有规模大、速度慢等特点，企业更多地采用直接购买、技术转让等方式来进行技术改进和开发。因此，用于高端装备制造业企业自主研发创新的 R&D 经费投入较少，它们更多地依赖于政府的直接补贴而非间接的税费返还。

表 4.20　子样本的实证分析结论

假设名称	二者关系	原假设	新一代信息技术产业		高端装备制造业	
			实证结果	假设是否成立	实证结果	假设是否成立
假设1	$TC \rightarrow RD$	+	+	成立	+	成立
假设2	$GG \rightarrow RD$	+	+	成立	+	成立
假设3	$TC \rightarrow PATE$	+	+	成立	−	不成立
假设4	$GG \rightarrow PATE$	+	−	不成立	+	成立

2. 非线性回归分析的实证结果

总体样本的检验结果显示，政府激励政策对企业的 R&D 经费投入和技术创新产出确实存在非线性的影响，如表 4.21 所示。无论是政府补贴政策还是税费返还政策对我国战略性新兴产业企业 R&D 经费投入、技术创新产出的影响分别存在一个正向区间，即 [7.963，30.372]（单位：亿元）、[4.893，5.133]（单位：亿元）。当税费返还维持在 7.963 亿 ~ 30.372 亿元、政府补贴在 4.893 亿 ~ 5.133 亿元时，二者对企业 R&D 经费投入和企业技术创新产出的影响都是积极正向的。因此，政府补贴和税费返还确实对企业 R&D 经费投入和技术创新产出都具有正向的促进作用。然而，无论是政府补贴还是税费返还并不是越多越有利于企业 R&D 经费投入和企业技术创新产出的提高，而是存在一个合理的范围，若政府补贴或税费返还在这个范围内，则它们将对企业 R&D 经费投入和技术创新产出产生显著的促进作用。

表 4.21 政府激励政策对企业技术创新的非线性影响趋势

自变量名称	小于临界值时	转折点（临界值）	大于临界值时
对企业 R&D 经费投入的影响趋势			
税费返还	负向	7.963（亿元）	正向
政府补贴	负向	4.893（亿元）	正向
对企业技术创新产出的影响趋势			
税费返还	正向	30.372（亿元）	负向
政府补贴	正向	5.133（亿元）	负向

新一代信息技术产业和高端装备制造业两个子样本的检验结果如表
4.22 所示。政府补贴对新一代信息技术产业企业技术创新存在非线性影
响，即政府补贴对新一代信息技术产业企业技术创新的影响存在一个合
理的正向区间，即当政府补贴维持在 0.688 亿 ~ 1.747 亿元时，无论是对
新一代信息技术产业企业 R&D 经费投入的影响还是对企业技术创新产出
的影响都是积极正向的。然而，税费返还对新一代信息技术产业企业技
术创新产出存在非线性影响，而对其 R&D 经费投入的非线性影响统计并
不显著。政府补贴和税费返还对高端装备制造业的企业技术创新产出都
存在显著的非线性影响，但二者对企业 R&D 经费投入的非线性影响统计
并不显著。

表 4.22 政府激励政策对不同产业企业技术创新的非线性影响趋势

自变量名称	新一代信息技术产业样本			高端装备制造业样本		
	小于临界值	转折点（临界值）	大于临界值	小于临界值	转折点（临界值）	大于临界值
对企业 R&D 经费投入的影响趋势						
政府补贴	负向	0.688（亿元）	正向	显著的正向线性关系		
税费返还	显著的正向线性关系			显著的正向线性关系		
对企业技术创新产出的影响趋势						
政府补贴	正向	1.747（亿元）	负向	负向	1.127（亿元）	正向
税费返还	正向	26.275（亿元）	负向	正向	8.994（亿元）	负向

4.4.2 本章研究局限性及展望

本章以我国 284 家战略性新兴产业上市企业面板数据为研究对象，

重点探讨了政府激励政策对企业技术创新的影响，由于面板数据的不易获取性和数理推导模型的选择问题，仍然存在以下几个方面的不足。

一是，在我国，政府激励政策不仅包括本章研究的政府补贴和税费返还政策，还包括诸如各地走访调研、产业规划布局、洽谈合作或协调、与企业联合搭建公用服务平台、联合创办共享型孵化器、联合主办各类高端产业国际会议或博览会等激励措施，并且这些激励措施确实有效地促进了企业技术创新水平。然而，这些政府的激励政策、措施很难搜集到相应的面板数据。因此，后续研究可以采用截面数据的方法对这些政府激励政策、措施与企业技术创新关系进行研究和探讨。

二是，在本章选取的样本中，高端装备制造业和新一代信息技术产业的上市企业占据了大多数，因此，本章在进行整体样本验证的基础上，对这两个子样本进行了验证。那么，这些研究结论是否适用于其他战略性新兴产业，包括节能环保产业、生物产业、新能源产业、新材料产业和新能源汽车产业等，为此，后续研究应从样本选取方面做到覆盖面更广泛，满足选取的样本企业在七大战略性新兴产业企业中均匀分布，使得研究结论在适应性方面更强。

三是，本章对政府补贴政策、税费返还政策如何对企业技术创新投入和产出产生影响的问题进行了理论推导。由于数理推导模型的约束，在理论推导中，仅给出了政府激励政策对企业技术创新投入和产出的线性影响机制，并未给出二者之间的非线性影响机制，仅在实证研究部分验证了二者间的非线性关系。因此，在后续的研究中，需要在理论推导方面更加专注于政府激励政策、税费返还政策对企业技术创新投入和产出之间的非线性影响机制问题。

本章参考文献

[1] 白仲林. 面板数据的计量经济分析 [M]. 南开大学出版社, 2008.
[2] 李苗苗, 肖洪钧, 傅吉新. 财政政策、企业 R&D 投入与技术创新能力——基于战略性新兴产业上市公司的实证研究 [J]. 管理评论, 2014, 26 (8): 135 ~ 144.
[3] 佘坚. 战略性新兴产业上市公司现状及特点分析 [R]. 深圳证券交

易所综合研究所，2011.

[4] 唐清泉，卢珊珊，李懿东．企业成为创新主体与 R&D 补贴的政府角
色定位 [J]．中国软科学，2008，(6)：88~98.

[5] 王静，张西征．高科技产品进口溢出、创新能力和生产效率 [J]．
数量经济技术经济研究，2012，(9)：22~39.

[6] 吴秀波．税收激励对 R&D 投资的影响 [J]．研究与发展管理，
2003，15 (1)：36~41.

[7] 吴延兵．R&D 存量、知识函数与生产效率 [J]．经济学（季刊），
2006，5 (4)：1129~1156.

[8] 谢光亚．论国家创新系统及其政策工具的选择 [J]．湖南大学学
报，2002，5：52~55.

[9] 曾国祥．税收政策与企业科技创新 [J]．财贸经济，2001，(3)：
34~39.

[10] 张桂玲，左浩泓．对我国现行科技税收激励政策的归纳分析 [J]．
中国科技论坛，2005，(3)：37~39.

[11] 郑绪涛，柳剑平．R&D 活动的溢出效应、吸收能力与补贴政策
[J]．中国软科学，2011，(11)：52~63.

[12] 朱平芳，徐伟民．政府的科技激励政策对大中型工业企业 R&D 投
入及其专利产出的影响 [J]．经济研究，2003，(6)：45~53.

[13] Annique Un C. The advantage of foreignness in innovation [J]. *Strategic Management Journal*, 2011, 32 (11): 1232 – 1242.

[14] Berger P. Explicit and implicit effects of the R&D tax credit [J]. *Journal of Accounting Research*, 1993, 31 (2): 131 – 171.

[15] Crépon B. , Duguet E. Estimating the innovation function from patent numbers: GMM on count panel data [J]. *Journal of Applied Econometrics*, 1997, 12 (3): 243 – 263.

[16] Cuervo – Cazurra A. , Annique Un C. Why some firms never invest in formal R&D [J]. *Strategic Management Journal*, 2010, 31 (7): 759 – 779.

[17] Czarnitzki D. , Hanel P. , Rosa J. Evaluating the impact of R&D tax credits on innovation: A microeconometric study on Canadian firms [J]. *Research Policy*, 2011, 40 (2): 217 – 229.

[18] Czarnitzki D. , Licht G. Additionality of public R&D grants in a transition economy: The case of Eastern Germany [J] . *Economics of Transition*, 2006, 14 (1): 101 – 131.

[19] Fedderke J. W. , Teubes B. G. Fiscal incentives for research and development [J] . *Applied Economics*, 2011, 43 (14): 1787 – 1800.

[20] Furman J. L. , Porter M. E. , Stern S. The determinants of national innovative capacity [J] . *Research Policy*, 2002, 31 (6): 899 – 933.

[21] Griffith R. , Huergo E. , Mairesse J. , et al. Innovation and productivity across four European countries [J] . *Oxford Review of Economic Policy*, 2006, 22 (4): 483 – 498.

[22] Guan J. C. , Chen K. H. Measuring the innovation production process: A cross – region empirical study of China' s high – tech innovations [J]. *Technovation*, 2010, 30 (5): 348 – 358.

[23] Guan J. C. , Chen K. H. Modeling the relative efficiency of national innovation systems [J] . *Research Policy*, 2012, 41 (1): 102 – 115.

[24] Guan J. C. , Yam R. C. M. , Mok C. M. , et al. A study of the relationship between competitiveness and technological innovation capability based on DEA models [J] . *European Journal of Operational Research*, 2006, 170 (3): 971 – 986.

[25] Hall B. , Reenen J. V. How effective are fiscal incentives for R&D? A new review of the evidence [J] . *Research Policy*, 2002, 29 (4): 449 – 469.

[26] Hussinger K. R&D and subsidies at the firm level: An application of parametric and semiparametric two – step selection models [J] . *Journal of Applied Econometrics*, 2008, 23 (6): 729 – 747.

[27] Klette T. , Møen J. , Griliches Z. Do subsidies to commercial R&D reduce market failures? Microeconomic evaluation studies [J] . *Research Policy*, 2000, 29 (4): 473 – 497.

[28] Samara E. , Georgiadis P. , Bakouros I. The impact of innovation policies on the performance of national innovation systems: A system dynamics analysis [J] . *Technovation*, 2012, 32 (11): 624 – 638.

[29] Wu Y. State R&D tax credits and high – technology establishments [J]. *Economic Development Quarterly*, 2008, 22 (2): 136 – 148.

[30] Yang C. H., Huang C. H., Hou T. C. T. Tax incentives and R&D activity: Firm – level evidence from Taiwan [J]. *Research Policy*, 2012: 41 (9): 1578 – 1588.

第5章 区域环境要素对企业
技术创新的影响

许多关于高技术企业技术创新的研究表明：企业位于大都市圈具有重要性。大多学者认为创新型企业趋向于集中在大都市圈内，原因是大量的高端人才、企业、金融服务机构、大学及研究机构、服务和其他设施也都集聚在这里（Simmie，2004），能够促使企业与其他机构（如大学、研究机构、金融机构等）持续保持联系，加快企业获取新知识、新资源以及消化、吸收新技术的速度，进而促进企业技术创新。然而，目前关于区域环境要素中的对外开放程度、金融发展水平、科教事业发展水平和经济发展水平等与企业技术创新之间关系的研究大都是单独、分散化的，且采用了诸如格兰杰因果关系（Granger Causality）检验方法而展开的，很少将其纳入同一研究框架内来探讨它们之间的同期因果关系的问题。为此，本章将引入有向无环图（DAG）来探讨对外开放程度、金融发展水平、科教事业发展水平和经济发展水平等区域环境要素分别与企业技术创新之间的同期因果关系。因此，本章研究结论丰富和深化了企业根植性理论、创新经济学理论，并且为提升企业技术创新水平提供了重要的实证依据。

本章需要说明的部分如下。①在本书的研究中，区域是指我国省级行政规划范围，本章研究对象所在区域涉及除青海省、甘肃省和西藏自治区之外的我国 28 个省、自治区和直辖市。②区域环境要素包含对外开放程度、金融发展水平、科教事业发展水平和经济发展水平等企业外部区域环境要素。③由于我国各地区的战略性新兴产业并未形成鲜明的产业集群，故在研究中并未考虑产业集群等环境要素。④关于企业技术创新的维度划分与第 4 章类似，将企业技术创新划分为企业技术创新投入和产出两个维度。与之不同的是：依据第 3 章研究结果，企业 R&D 经费投入和 R&D 投资波动性对企业技术创新产出具有统计上显著的影响，因此，本章对企业技术创新投入维度增加了企业 R&D 投资波动性指标，即企业技术创新投入维度包括 R&D 经费投入和 R&D 投资波动性。⑤在研究方法上，现有研究主要采用了全要素生产率、格兰杰因果关系等方法，但这两种方法很难对同期因果关系进行探讨，为克服这一缺陷，我们引入了有向无环图（DAG）分析方法对区域环境要素与企业技术创新之间进行了同期因果关系分析，研究方法得当、合理。本章研究框架如图5.1 所示。

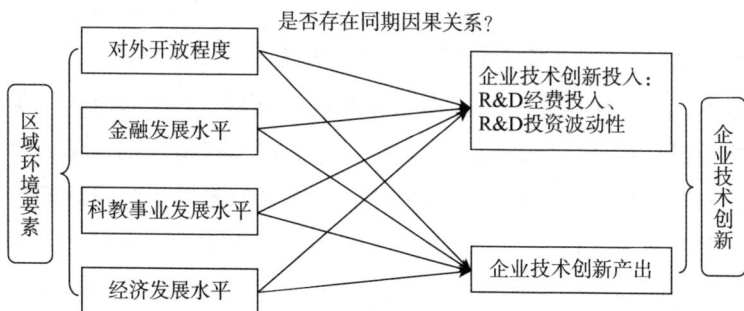

图 5.1　本章研究框架

本章的结构安排如下。首先，通过对国内外相关理论研究梳理，提出区域环境要素包括对外开放程度、金融发展水平、科教事业发展水平和经济发展水平分别与企业技术创新之间的研究假设。然后，以第 2 章2.5 节选用战略性新兴产业企业为研究对象，针对性地选择相应研究变量，在采用面板数据向量自回归（PVAR）分析获得的残差相关系数矩阵的基础上，引入新的研究方法——有向无环图（DAG）分析方法对上述因果关系假设进行同期因果关系检验。最后，给出本章实证研究所获取的主要结论。

5.1　研究假设的提出

5.1.1　对外开放程度与企业技术创新的同期因果关系假设

目前，区域对外开放程度对企业技术创新的影响研究大都关注于FDI 与东道主国家（或企业）的生产率、经济增长之间影响关系的研究，然而，关于国际贸易对企业技术创新影响的研究则较少。现有的关于

FDI 对东道国企业技术创新影响的研究结论仍然存在分歧：有些学者的研究表明，FDI 的流入对本土企业的技术创新（生产率）具有正向影响；与之相反，还有一些学者的研究则表明，FDI 的流入对本土企业技术创新（生产率）具有负向影响。

（1）部分研究认为 FDI 的流入对东道国企业技术创新（生产率）产生正向影响。主要的原因是受到以下机制的驱动。① FDI 通常伴随着技术溢出、知识溢出、管理制度溢出、信息溢出和人力资本溢出（李晓钟、张小蒂，2008），本土企业可以通过对先进技术和知识的消化、吸收之后的集成创新和二次创新，促进本土企业技术创新。FDI 的流入增加了本土企业获得直接或间接知识转移的机会，能够更好地观测、学习和模仿先进技术。直接知识转移可能通过母公司向国外附属子公司之间跨组织的隐性资产转移（Hobday and Rush，2007），或者通过外国进入者与本地供应商之间的合作（Haskel et al.，2007）。间接的知识转移可以通过知识和技术溢出来完成（Almeida and Kogut，1999）。本土企业通过观测、学习并模仿外国进入者的先进技术，在与进入者的正式或非正式互动的过程中不断提高自身的消化、吸收和再创新能力。②加大本土企业竞争压力，进而刺激本土企业通过提高生产率或产品创新来维持自身竞争优势。传统产业组织经济学的研究表明，外国竞争者的进入刺激了东道主国家市场的竞争，增加了市场竞争压力，从而抑制本地企业获得垄断或寡头垄断的利润（Chung，2001）。因此，为了保持自身的竞争优势和市场占有率，本土企业通常试图通过提高生产率、产品创新、技术创新等手段形成积极的市场竞争机制，提高企业的资源配置效率和技术创新效率（Blomström and Kokko，1998）。③增加上游供应商的需求、获得规模经济、降低投入成本，从而提高生产率和技术创新效率（Rodríguez-Clare，1996）。潜在的基本原理是外国进入者的出现增加了对上游产品需求。因此，本土供应商不仅很容易获得规模经济利益，而且能够促使本土竞争者因降低投入成本而获得收益，在总体上大大提高了本土企业的生产效率。

（2）还有一部分学者的研究结论与上述结论相反，即 FDI 的流入对东道国企业的技术创新（生产率）产生负向影响。他们认为主要原因是受到以下机制的驱动。①本土企业与 FDI 溢出之间的"技术势能"过大，导致本土企业无法消化和吸收新技术，这种技术溢出甚至成为本土企业的冗余资源。东道国内、外资企业的技术、效率之间的差距过大（陈涛涛，2003；陶长琪、齐亚伟，2010），即使外资企业使用了最先进的技术、最新知识，内资企业也无法吸收、模仿，从而使得 FDI 对东道国企业技术创新产生了负向影响。②FDI 的流入通过竞争对本土企业生产率产生负向影响。尽管外国企业进入本地市场增加了竞争压力，促使本地企业提高生产率，然而东道国市场竞争的加剧也可能对本土企业产生负向影响。外国企业的进入增加了对市场份额的竞争，可能产生"市场窃取"（Market Stealing）的现象，禀赋较好的进入者夺取了本地竞争者的市场份额。③国外进入者不仅窃取了来自国内竞争者的市场份额、压低了产品价格，而且提高了本土企业的劳动力和资源成本（Spencer，2008）。例如，跨国公司通常比本土企业支付更高的工资，后者可能发现很难雇用到高端的研发人才，这迫使本土企业的平均成本增加、净利润相应减少，从而只剩下很少的资本投入新技术开发（Aitken and Harrison，1999）。这些机制表明 FDI 的流入给本土企业带来的是：利润的下降减少了对技术创新的投资、创业期望收益的削减、创新细分市场的缺乏、人力资本的价格上升、本土附属机构的并购等，从而不利于本土企业的技术创新。

总而言之，上述关于 FDI 流入对本土企业技术创新（全要素生产率或劳动生产率）影响的不同驱动机制表明：FDI 的流入对本土企业技术创新产出可能为正向影响，也可能为负向影响。另外，许多学者的研究也表明，国际贸易活动日益频繁和技术创新溢出之间具有较强的关联性（Salomon and Jin，2010）。国际贸易的日益频繁，加速了不同区域、空间范围内知识、信息等要素的流动，促进了知识溢出和技术溢出效应的产生，从而对企业技术创新也产生重要的影响。根据上述理论的综合分析，本书提出假设 1。

假设 1a：区域对外开放程度与企业技术创新产出之间存在显著的同期因果关系。

假设 1b：区域对外开放程度与企业技术创新投入之间存在显著的同期因果关系。

5.1.2　金融发展水平与企业技术创新的同期因果关系假设

由于金融发展与技术创新之间的影响关系具有重要的政策含义，长期以来许多国内外学者对此产生了浓厚的兴趣。事实上，关于金融发展与技术创新关系的研究，早在 1912 年著名创新经济学家熊彼特（Schumpeter）就已提出银行系统可以通过动员储蓄、评估投资项目、公司监管等途径，识别最可能成功实施研制新产品、新工艺的企业或企业家并为其提供大量的有偿资金，进而加快企业技术创新的速度。因此，企业的技术创新活动离不开金融机构的支持（O'Sullivan，2006）。

Chowdhury 和 Maung（2012）运用 1997~2006 年共 70 个发达国家和新兴经济体的数据资料进行分析，结果发现金融市场的发展缓解了 R&D 投资的信息不对称问题，进而显著地促进了 R&D 投资的有效性。Maskus 等（2012）通过对 1990~2003 年 18 个 OECD 国家内 22 个制造业产业的研究表明，国内金融市场发展的多种融资方式对产业 R&D 投资强度具有正向作用，但对于国际金融市场发展的测量指标中只有外商直接投资对 R&D 投资强度的正向作用在统计上显著。国内学者徐玉莲和王宏起（2011）运用 1994~2008 年中国的数据，检验了金融发展与技术创新的格兰杰因果关系，表明股票市价总值是发明专利授权数的格兰杰原因，但金融机构各项贷款总额、金融机构科技贷款额、企业债券发行额等都不是发明专利申请授权数的格兰杰原因。张志强（2012）运用了 1986~2010 年中国 29 个省份数据，研究了金融发展规模和效率对区域创新的影响，结果表明金融发展的规模和效率对 R&D 创新具有显著的影响，然而区域之间存在显著的差异，西部地区相对落后。肖仁桥等（2012）使用数据包络分析（DEA）模型，分析了 2005~2009 年中国 28 个省份高技术产业创新的整体效率，研究表明金融环境等对技术创新的整体效率具有较为显著的影响。柏玲等（2013）构建了动态面板数据计量模型，分析了 1998~2009 年中国 31 个省份的金融发展体系对技术创新的作用及其如何促进技术创新能力转化为经济增长的问题，实证结果表明，金融发展规模、金融发展效率和金融发展结构对技术创新能力都具有显著的促进作用。李苗苗等（2015）以中国省份面板数据为研究对象，运用面板数据的因果有向无环图分析研究表明，金融发展是引致技术创新的直接原因，即国内金融发展和 R&D 经费投入之间具有很强的正向关系，但以银行主导的金融发展结构不利于 R&D 投资。

上述金融发展与技术创新之间关系的研究表明，金融发展水平与技术进步（全要素生产率）、R&D 经费投入及其效率、专利（发明专利）申请或授权数量等具有很强的关联性。我们有理由相信，金融发展对企业技术创新也具有显著的促进作用。事实上，企业技术创新能力的提升需要良好的融资环境。一方面，具有良好绩效的企业往往需要有一定的资产负债能力，而发达的金融系统可以为其提供完善的金融服务，满足企业的贷款需求，从而能够保障企业具有充足的资本用于 R&D 活动；另一方面，发达的金融系统还可通过评估投资项目、公司监管等途径，识别最可能成功实施 R&D 活动的企业或企业家并为其提供大量的有偿资金，进而加快企业技术创新的转化速度。鉴于此，本书提出假设 2。

假设 2a：区域金融发展水平与企业技术创新产出之间存在显著的同期因果关系。

假设 2b：区域金融发展水平与企业技术创新投入之间存在显著的同期因果关系。

5.1.3　科教事业、经济发展水平与企业技术创新的同期因果关系假设

1. 区域科教事业发展水平的影响及研究假设

美国斯坦福大学校长曾指出：1995 年在硅谷高科技产业所创造的 850 亿美元的收入中，其中 62% 以上或多或少地以某种方式与斯坦福大学或者与斯坦福大学相关的人联系在一起。可见诸如大学等教育机构、科研机构在企业技术创新、区域发展过程中的重要性。一方面，教育机构和科研机构是新知识产生和传播的源头，也是高端人才的重要培育基地，因此，为企业技术创新提供了源源不断的知识资源和智力资源（王红梅、邱成利，2003）。另一方面，区域内科技、教育（简称科教）事业的发展水平直接影响企业从外部获取先进知识和技术的速度、质量和机会，进而影响企业技术创新。许多研究表明，富有大学、研究机构等的区域能够更好地整合大学与企业资源，并且企业与科研、教育机构之间的创新整合网络类型越来越重要，其中校企合作是企业将外部知识转移到内部并用于价值创造的重要途径。从全球范围来看，产学研技术联

盟已经成为知识经济时代发展的一个重要趋势（张家琛，2013），现有许多研究表明，以企业为主体的技术创新必须要有高校、科研机构、教育培训机构、中介机构的合作与支持（李成龙、刘智跃，2013），所以研究型大学被认为是影响企业技术创新日趋重要的区位因素（Adams，2002）。综上，区域内的科技和教育事业发展水平对根植于该区域内企业的技术创新具有积极的影响。鉴于此，本书提出假设3和假设4。

假设3a：区域高等教育水平与企业技术创新产出之间存在显著的同期因果关系。

假设3b：区域高等教育水平与企业技术创新投入之间存在显著的同期因果关系。

假设4a：区域科技发展水平与企业技术创新产出之间存在显著的同期因果关系。

假设4b：区域科技发展水平与企业技术创新投入之间存在显著的同期因果关系。

2. 经济发展水平的影响及研究假设

随着企业技术创新活动逐渐向发达地区的聚集，区域功能特点如何影响企业技术创新活动就成为学者们关注的问题。许多研究者认为经济发达地区，特别是大城市区域能够通过促进信息、知识和人才等快速流动，为企业提供必要的技术创新知识、信息。Henderson（1974）、Feldman和Audretsch（1999）、Karlsson和Johansson（2004）等国外学者研究表明，经济发达的大城市为企业提供了更多接近顾客、供应商、竞争者以及知识提供者所在的大学、研究机构和咨询公司的机会，从而加快了它们之间的技术知识交流与沟通，进而使企业更加迅速地运用和吸收创新资源。这意味着企业倾向于在发达地区聚集，这些企业可能因为很容易接触到其他企业实施的R&D活动而获益。孙玉涛和李苗苗（2013）运用负二项回归模型进行了实证分析表明：区域的经济发展水平越高、地理位置优势越明显，越有利于区域内战略性新兴产业企业技术创新能力的培育。因此，发达地区能够承担更多的创新机会，而位于发达地区内的企业被赋予了更高的技术创新期望。除此之外，经济发达地区内便利的交通运输系统、发达的信息通信网络、完善的水电等公共基础设施，以及发达区域内的技术溢出效应、规模经济效应和范围经济效应等都是影响企业技术创新重要的基础性创新资源和优越条件。基于此，本书提出假设5。

假设5a：区域经济发展水平与企业技术创新产出之间存在显著的同期因果关系。

假设5b：区域经济发展水平与企业技术创新投入之间存在显著的同期因果关系。

5.2　研究变量

5.2.1　企业技术创新的测量指标

依据第2章2.1.1节对企业技术创新的界定，企业技术创新的测量指标包含技术创新投入和产出，其中企业技术创新产出的测量指标沿用了第3章和第4章中使用的专利申请数量。依据第3章研究结果，企业 R&D 经费投入和 R&D 投资波动性对企业技术创新产出具有统计上显著的影响，因此，本章的企业技术创新投入的测量指标包含企业 R&D 经费投入和 R&D 投资波动性。事实上，保持企业技术创新活动的稳定性是企业顺利完成技术创新目标的重要保障。诸如专利等技术创新产出往往具有一定的时间滞后性，如果在创新过程中企业 R&D 活动特别是 R&D 投资波动性过大，那么，很可能导致创新活动中断、创新速度降低，甚至导致创新活动终止。技术创新水平较高的发达国家和世界知名企业的相对 R&D 投资大都保持在一个稳定的范围内。例如，2007～2012年，美国、日本、韩国、德国等国家对 R&D 投资的年增长率分别保持在2.9%、2.3%、9.3%、5.2%左右，并且一些全球知名 IT 企业的 R&D 投资也保持在相对稳定的状态（见图5.2）。因此，选用 R&D 经费投入和 R&D 投资波动性作为企业技术创新投入的测量指标具有一定的合理性。

企业 R&D 投资波动性的计算方法与第3章中的测算方法一致（见第3章3.1.1节），都是在 Mudambi 和 Swift（2011）的测算方法基础上展开的，其具体计算步骤如下。首先，对 R&D 经费投入（RD）进行关于时间的线性趋势回归分析：

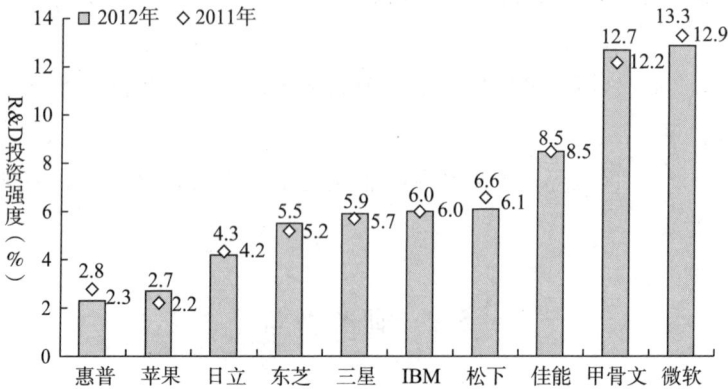

图 5.2 全球知名 IT 企业的 R&D 投资情况

资料来源：2012 年厂商财报，2011 年企业年报。

$$RD_{it} = \alpha_i + \beta_i t + \varepsilon_i \tag{5.1}$$

其中，i 为第 i 家公司；$t = 1$，2，…，11 分别对应 2001 年，2002 年，…，2010 年，2011 年；ε_i 为标准残差项。然后，按照方程式（5.2）计算 R&D 投资波动性：

$$RDV_{it} = S_{it}/\overline{RD}_i \times 100\% \tag{5.2}$$

其中，RDV_{it}、S_{it} 分别为第 t 年第 i 家公司 R&D 投资波动性、标准残差（等于第 t 年第 i 家公司 RD 的实际值减去 RD 的时间趋势值）；$\overline{RD}_i$ 是第 i 家公司 R&D 经费投入的平均值。

5.2.2 区域对外开放程度的测量指标

本章从外商投资质量水平和对外依存度两个角度来衡量区域对外开放程度。由于我国区域内的外商直接投资存在显著的差异，若直接使用外商直接投资额作为分析变量，则不能充分地体现区域 FDI 水平，故本章采用外商投资质量水平作为替代变量，其分别由平均每户外商投资企业的年底投资额（*AFDI*）和外商投资企业年末外方注册资本比例（*FRC*）来衡量；对外依存度则采用通常的衡量方法，即采用进出口总额占地区生产总值的比例（*IER*）来衡量。

5.2.3　区域金融发展水平的测量指标

在我国，区域金融发展水平的差异性主要体现在金融发展规模和金融发展效率两方面。因此，本书使用金融发展规模（FS）和金融发展效率（FE）作为衡量区域金融发展水平的测量指标，其中金融发展规模是指地区金融机构存贷款余额占地区生产总值的比例，金融发展效率则是指金融机构贷款余额与金融机构存款余额的比值。

5.2.4　区域科教事业、经济发展水平的测量指标

区域科教事业、经济发展水平主要从地区科技财政支持力度、高等教育水平和经济增长角度来衡量。其中地区的科技财政支持力度（FSTR）主要是指地方科技财政拨款占总财政支出的比重，之所以选用此指标，是因为我国政府的科技财政支出从某种程度上决定了该区域科技、教育事业的发展水平；高等教育水平（UNIV）则直接采用了普通高等学校数量来衡量；区域的经济增长（GDPG）选用了地区生产总值的环比增长率作为其度量指标。

本章具体采用的研究变量、变量符号、测量指标及其数据来源如表5.1所示。

表 5.1　测量指标及其数据来源

一级指标	变量名称	符号	测量指标	数据来源
企业技术创新	技术创新产出	PATE	年专利申请数量（项）	284 个战略性新兴产业企业 2001 ~ 2011 年年度报告
	R&D 经费投入	RD	R&D 经费投入（百万元）	
	R&D 投资波动性	RDV	R&D 活动随时间变化而波动的情况	
区域对外开放程度	外商企业投资情况	AFDI	外商投资企业年末投资总额/外商投资企业年底登记户数（百万美元/户）	中国经济统计数据库
	外商投资企业的外方注册资本比例	FRC	外商投资企业年末外方注册资本/外商投资企业年末注册资本（%）	
	对外依存度	IER	进出口总额/GDP（%）	
区域金融发展水平	金融发展规模	FS	（金融机构存贷款余额/GDP）×100%	《中国统计年鉴》
	金融发展效率	FE	（金融机构贷款余额/存款余额）×100%	《中国金融统计年鉴》

一级指标	变量名称	符号	测量指标	数据来源
区域科教事业、经济发展水平	科技财政支持力度	*FSTR*	地方科技财政拨款占总财政支出的比重（%）	中国经济统计数据库
	高等教育水平	*UNIV*	普通高等学校数（所）	
	经济增长	*GDPG*	GDP 环比增长率（%）	

此处的区域是指我国 28 个省级行政区域规划范围。研究对象同第 4 章相同，都采用了 2001～2011 年我国战略性新兴产业 284 家上市企业面板数据进行分析，这些上市企业在各省级行政区域的分布详见第 4 章 4.2.2 节。

5.3　实证分析及结果

5.3.1　研究变量的稳定性检验

为了避免出现伪科学的现象，本章采用面板数据的单位根检验方法对研究变量进行平稳性检验。运用软件 Eviews 8.0 进行操作，结果如表 5.2 所示。其中变量 *PATE* 和 *RD* 的检验结果见表 4.4，变量 *RDV*、*AFDI*、*FRC*、*IER*、*FS*、*FE*、*FSTR*、*UNIV* 和 *GDPG* 在只含有截距项的模型中，各个检验方法的统计量值均在 5% 的置信区间内拒绝原假设，即上述变量都是平稳性序列。

表 5.2　面板数据单位根检验

检验方法	*RDV*	*AFDI*	*FRC*	*IER*	*FS*	*FE*	*FSTR*	*UNIV*	*GDPG*
LLC 检验	-29.105	-5.056	-30.163	-119.516	-352.392	-2112.120	-65.462	-215.500	-41.878
IPS 检验	-16.575	-4.050	-11.900	-18.686	-27.855	-183.729	-15.074	-38.018	-8.441
Fisher - ADF 检验	885.536	460.410	739.263	537.522	532.499	608.978	715.372	606.034	505.389
Fisher - PP 检验	1015.58	464.404)	1179.03	635.473	537.593	774.885	986.797	899.463	720.676

注：上述统计值均在 5% 的置信水平下统计显著。

5.3.2　PVAR 分析结果

本章以面板数据向量自回归模型中的"残差相关系数矩阵"为出发点，引入有向无环图分析方法来研究变量之间的同期因果关系。因此，首先需要通过建立企业技术创新和区域环境要素之间的面板数据向量自回归分析模型，来获取变量与变量之间的残差相关系数矩阵。

1. 企业技术创新与对外开放程度之间的 VAR 残差相关系数矩阵

通过采用面板数据向量自回归（PVAR）分析方法，运用软件 STATA 10.0 对变量企业技术创新（包括 *PATE*、*RD*、*RDV*）与对外开放程度（包括 *AFDI*、*FRC* 和 *IER*）之间建立结构向量自回归分析模型，获得残差相关系数矩阵，如表 5.3 所示。

表 5.3　企业技术创新与对外开放程度之间的 VAR 残差相关系数矩阵

变量	*RDV*	*RD*	*PATE*	*AFDI*	*FRC*	*IER*
RDV	1.000					
RD	0.979	1.000				
PATE	0.977	0.998	1.000			
AFDI	− 0.885	− 0.914	− 0.913	1.000		
FRC	0.926	0.950	0.950	− 0.876	1.000	
IER	− 0.821	− 0.824	− 0.823	0.740	− 0.761	1.000

2. 企业技术创新与金融发展水平之间的 VAR 残差相关系数矩阵

采用统计软件 STATA 10.0 对变量企业技术创新（包括 *PATE*、*RD*、*RDV*）与金融发展水平（包括 *FS* 和 *FE*）之间建立结构向量自回归分析模型，获得残差相关系数矩阵，如表 5.4 所示。

表 5.4　企业技术创新与金融发展水平之间的 VAR 残差相关系数矩阵

变量	*RDV*	*RD*	*PATE*	*FS*	*FE*
RDV	1.000				
RD	0.890	1.000			
PATE	0.879	0.991	1.000		
FS	0.150	0.169	0.168	1.000	
FE	0.119	0.138	0.137	0.997	1.000

3. 企业技术创新与科教事业、经济发展水平之间的 VAR 残差相关系数矩阵

采用统计软件 STATA 10.0 对变量企业技术创新（包括 *PATE*、*RD*、

RDV）与科教事业、经济发展水平（包括 *FSTR*、*UNIV* 和 *GDPG*）之间建立结构向量自回归分析模型，获得残差相关系数矩阵，如表 5.5 所示。

表 5.5　企业技术创新与科教事业、经济发展水平之间的 VAR 残差相关系数矩阵

变量	*RDV*	*RD*	*PATE*	*FSTR*	*UNIV*	*GDPG*
RDV	1.000					
RD	0.703	1.000				
PATE	0.696	0.996	1.000			
FSTR	0.097	0.491	0.491	1.000		
UNIV	0.531	0.920	0.917	0.588	1.000	
GDPG	0.541	0.928	0.925	0.602	0.913	1.000

5.3.3　DAG 分析结果

以上述变量与变量间残差相关系数矩阵为基础，采用第 2 章 2.5.2 节介绍的有向无环图（DAG）分析方法，对企业技术创新和区域环境要素之间的同期因果关系进行实证检验。基本步骤如下：首先，画出企业技术创新和区域环境要素之间的无向完全图，表示变量间可能存在的同期因果关系；然后，利用软件 TETRAD Ⅳ 中的 PC 算法，对上述残差相关系数矩阵进行分析，计算出各变量之间同期因果关系的依赖性和指向性，并通过采用参数估计方法对其估算出变量间的正向或负向关系。

1. 企业技术创新与对外开放程度之间的 DAG 分析

一是，画出企业技术创新和对外开放程度之间的无向完全图（见图 5.3），呈现企业技术创新和区域对外开放程度之间可能存在的同期因果关系。

二是，通过采用软件 TETRAD Ⅳ 对企业技术创新与对外开放程度之间的 VAR 残差相关系数矩阵进行 DAG 分析，获得它们之间的有向无环图，如图 5.4 所示，可以清晰地发现以下几个方面。

（1）引致企业技术创新产出（*PATE*）的直接原因除了 R&D 经费投入（*RD*）和 R&D 投资波动性（*RDV*）外，还有外商投资企业的外方注册资本比例（*FRC*），由此得到企业技术创新产出的回归模型：

$$PATE = 0.993 \times RD + (-0.009) \times RDV + 0.015 \times FRC \qquad (5.3)$$

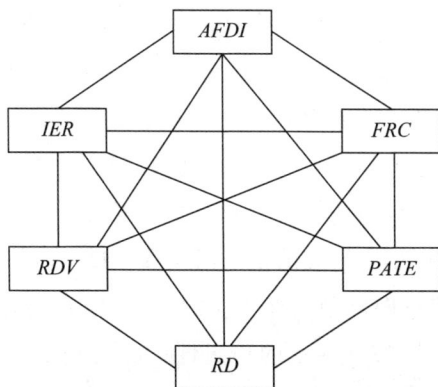

图 5.3　企业技术创新与对外开放程度之间的无向完全图

（2）引致企业 R&D 经费投入（RD）的直接原因有区域内外商企业投资情况（AFDI）和外商投资企业的外方注册资本比例（FRC），由此得到企业技术创新投入的回归模型：

$$RD = (-0.352) \times AFDI + 0.641 \times FRC \tag{5.4}$$

（3）引致企业 R&D 投资波动性（RDV）的直接原因除了 R&D 经费投入（RD）外，还有区域内外商企业投资情况（AFDI）和对外依存度（IER），由此得到 R&D 投资波动性的回归模型：

$$RDV = 0.993 \times RD + 0.054 \times AFDI + (-0.043) \times IER \tag{5.5}$$

上述统计系数中除了 RDV 对 PATE 的影响系数在 10% 的水平下统计显著外，其他项系数都在 1% 的水平下统计显著。

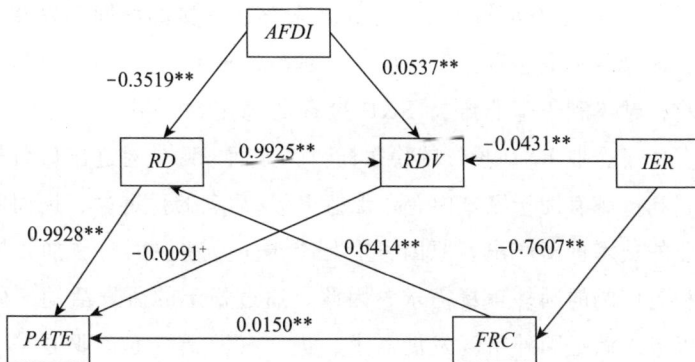

图 5.4　企业技术创新与对外开放程度之间的有向无环图

注：** 和 + 分别表示在 1% 和 10% 的水平下统计显著。

由此可以看出：首先，*RDV*、*RD* 与 *PATE* 之间分别存在同期因果关系。其中 *RD* 是 *PATE* 的直接正向原因，即 R&D 经费投入越多，越有利于企业的技术创新产出；而 *RDV* 是 *PATE* 的直接负向原因，即企业 R&D 投资波动性越大，越不利于企业的技术创新产出。主要是因为企业 R&D 投资波动性过大时，企业的研发活动可能被迫中断甚至停止，从而不利于企业的技术创新产出。研究结论与第 3 章一致。另外，*RD* 的变化是引致 *RDV* 变化的直接正向原因，即当企业 R&D 经费投入有规律性的增加时将有利于企业保持 R&D 活动的稳定性；反之，当企业 R&D 经费投入无规律性的增加时将不利于企业保持 R&D 活动的稳定性，这与 R&D 投资波动性的构造算法一致。

其次，区域内外商投资企业的外方注册资本比例（*FRC*）是引致 *RD* 和 *PATE* 变化的直接正向原因，二者之间存在同期因果关系。研究结果表明，区域内外商投资企业的外方注册资本占企业总注册资本比例越高，越有助于本土企业增加 R&D 投资和技术创新产出。这一研究结论与李苗苗等（2016）的研究结论一致。原因可能是，一方面，区域内外商投资企业的外方注册资本比例越高，那么，外商投资企业在东道国内的知识、技术溢出效应可能就越大，从而促使本土企业拥有"搭便车"的机会，有助于企业的技术创新研发活动；另一方面，本土企业（特别是本土供应商企业）可以通过与外国投资者在东道国内注册的附属机构进行合作、外包等形式，不断提高自身的模仿创新和自主创新能力。

最后，*AFDI* 与 *RD*、*RDV*，*IER* 与 *RDV* 之间分别存在直接的同期因果关系，而 *AFDI*、*IER* 与 *PATE* 之间并未存在直接的同期因果关系。结果显示：区域内外商企业投资额的比例越高，越不利于企业 R&D 经费投入（*RD*），越不利于企业维持 R&D 投资的稳定性；区域对外依存度越高，越有助于企业 R&D 投资的稳定性。一方面，区域对进出口贸易的依赖程度越高，越有助于区域内企业保持 R&D 活动的稳定性，进而间接地促进企业的技术创新产出。原因可能是本土企业往往面对更加频繁的贸易活动和更广阔的国外市场需求，因此，通过稳定的研发活动来研制新产品或服务来满足国外市场发展需求，进而有助于本土企业的技术创新产出。另一方面，外商投资企业在东道主国家的投资对本土企业 R&D 经费投入产生了直接的"挤出效应"，并且加大了本土企业的 R&D 投资波

动性，进而不利于本土企业技术创新产出的提高。这一结论与 Cheung 和
Lin（2004）的研究结论一致，即流入中国的 FDI 不利于本土企业技术创
新产出；与此同时，García 等（2013）对西班牙制造业企业的研究也得
出了同样的结论。主要原因可能在于目前我国战略性新兴产业企业与跨
国公司之间存在的能力差距（包括技术差距、效率差距等）过大，不利
于本土企业消化、吸收和模仿那些伴随外国投资者带来的新知识、新技
术，很少采用加大 R&D 经费投入、自主进行研发的形式。因此，很多企
业采用"拿来主义"的购买方式提高生产率，加大了企业 R&D 投资波
动性，从而不利于提升自身的技术创新能力。

另外，区域内对外依存度（*IER*）与外商投资企业的外方注册资本
比例（*FRC*）之间存在直接的同期因果关系。这说明区域内对进出口贸
易的依赖程度越高，越不利于外国投资者对本地区进行注册资本、设立
附属机构。主要原因可能是外国投资商在中国投资是看重了其潜在的巨
大市场。因此，区域对进出口贸易的过度依赖，将不利于外国投资者在
中国注册资本、设立附属机构。

2. 企业技术创新与金融发展水平之间的 DAG 分析

一是，画出企业技术创新与区域金融发展水平之间的无向完全图
（见图 5.5），呈现企业技术创新和区域内金融发展规模、金融发展效率
之间可能存在的同期因果关系。

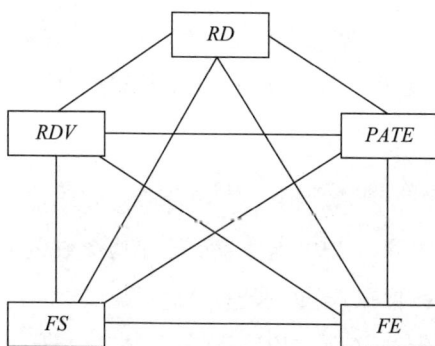

图 5.5　企业技术创新与金融发展水平之间的无向完全图

二是，通过采用软件 TETRAD Ⅳ对企业技术创新和区域金融发展之
间的 VAR 残差相关系数矩阵进行 DAG 分析，获得二者之间的有向无环
图，如图 5.6 所示。

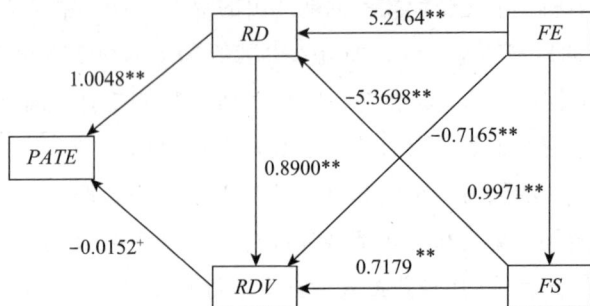

图 5.6 企业技术创新与金融发展水平之间的有向无环图

注：** 和 + 分别表示在 1% 和 10% 的水平下统计显著。

从图 5.6 显示的结果中可以清晰地发现以下几个方面。

（1）引致企业技术创新产出（PATE）的直接原因是企业 R&D 经费投入（RD）和 R&D 投资波动性（RDV），由此得到企业技术创新产出的回归模型：

$$PATE = 1.005 \times RD + (-0.015) \times RDV \tag{5.6}$$

（2）引致企业 R&D 经费投入（RD）的直接原因有区域内金融发展规模（FS）和金融发展效率（FE），由此得到 R&D 经费投入的回归模型：

$$RD = (-5.370) \times FS + 5.216 \times FE \tag{5.7}$$

（3）引致企业 R&D 投资波动性（RDV）的直接原因除了 RD 外，还有区域内金融发展规模（FS）和金融发展效率（FE），由此得到企业 R&D 投资波动性的回归模型：

$$RDV = 0.890 \times RD + 0.718 \times FS + (-0.717) \times FE \tag{5.8}$$

上述统计系数中除了 RDV 对 PATE 的影响系数在 10% 的水平下统计显著外，其他项系数均在 1% 的水平下统计显著。

不难发现：首先，PATE、RD、RDV 三者之间的关联性同图 5.4 显示的结果一致，即 R&D 经费投入越多、企业 R&D 活动越稳定（RDV 越小），则越有利于企业技术创新的产出；而企业无规律性地增加 R&D 经费投入则会加大企业 R&D 投资波动性。

其次，区域金融发展规模（FS）与企业技术创新产出之间不存在直接的同期因果关系，但它与企业 R&D 经费投入和 R&D 投资波动性则存在直接的同期因果关系。金融发展规模对企业 R&D 经费投入具有负向作用，而对企业 R&D 投资波动性则具有正向作用，这表明区域金融发展规模对本土企业 R&D 经费投入具有"挤出效应"，并且加大了企业 R&D 投资波动性，进而对企业技术创新产出存在间接的负向作用。原因可能是，一方面，目前我国大部分地区的金融发展是以银行为主导型的，然而，已经有研究表明以银行为主导型的金融发展不利于企业 R&D 经费投入（康志勇、张杰，2008）；另一方面，国内某些地区可能引进了一些金融投资的替代性方式，如过多的 FDI、侨汇等形式，并且尚未建立完善的金融风险投资保障体系，从而导致区域金融发展规模大但质量不高（Giuliano and Ruiz-Arranz，2009）。综上，区域以银行为主导型的金融发展规模并不利于本地企业 R&D 经费投入和 R&D 的活动稳定性，进而对企业技术创新产生消极影响。

最后，区域金融发展效率（FE）与企业技术创新产出之间同样也不存在直接的同期因果关系，但它与企业的 R&D 经费投入和 R&D 投资波动性则存在直接的同期因果关系。区域金融发展效率对企业 R&D 经费投入具有正向作用，而对企业 R&D 投资波动性则具有负向作用，表明区域金融发展效率对本土企业研发投资具有"挤入效应"，并且降低了企业 R&D 投资波动性，进而对企业技术创新产出产生间接的正向作用。原因可能是，较高的金融发展效率不仅缓解了本土企业 R&D 投资过程中的信息不对称问题（Maskus et al.，2012），并且那些为了提高金融发展效率而提供的不同融资形式也是鼓励企业进行 R&D 投资的关键要素（Chowdhury and Maung，2012）。因此，金融发展效率显著地增加了企业的 R&D 经费投入，保障了企业 R&D 投资的相对稳定性，进而促进了企业的技术创新产出。

另外，本研究还发现，在金融发展指标中，区域内金融发展规模（FS）和金融发展效率（FE）之间存在显著的同期因果关系，即金融发展效率是引致金融发展规模的直接正向原因。从某种程度上表明，现阶段我国省级行政区域的金融发展效率显著地促进了以银行为主导型的金融系统规模的扩张。

3. 企业技术创新与科教事业、经济发展水平之间的 DAG 分析

一是，画出企业技术创新与区域科教事业、经济发展水平之间的无向完全图（见图 5.7）。

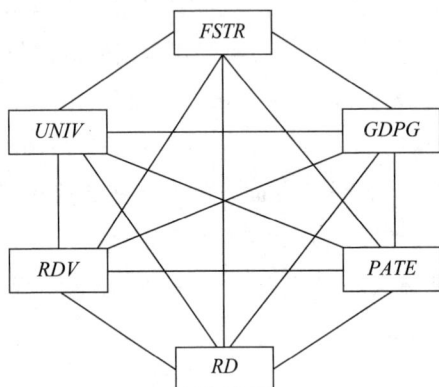

图 5.7　企业技术创新与科教事业、经济发展水平之间的无向完全图

无向完全图呈现企业技术创新与省级区域内科技财政支持力度（*FSTR*）、高等教育水平（*UNIV*）、经济增长（*GDPG*）之间可能存在的同期因果关系。

二是，通过采用软件 TETRAD Ⅳ 对变量 *PATE*、*RD*、*RDV*、*FSTR*、*UNIV*、*GDPG* 之间的 VAR 残差相关系数矩阵进行 DAG 分析，获得它们之间的有向无环图，如图 5.8 所示。

从图 5.8 显示的结果中可以清晰地发现以下几个方面。

（1）引致企业技术创新产出（*PATE*）的直接原因是企业 R&D 经费投入（*RD*）和 R&D 投资波动性（*RDV*），由此得到企业技术创新产出的回归模型：

$$PATE = 1.002 \times RD + (-0.008) \times RDV \qquad (5.9)$$

（2）引致企业 R&D 经费投入（*RD*）的直接原因有区域科技财政支持力度（*FSTR*）和高等教育水平（*UNIV*），由此得到 R&D 经费投入的回归模型：

$$RD = 0.076 \times FSTR + 0.920 \times UNIV \qquad (5.10)$$

（3）引致企业 R&D 投资波动性（*RDV*）的直接原因除了企业 R&D 经费投入（*RD*）外，还有区域科技财政支持力度（*FSTR*）和高等教育

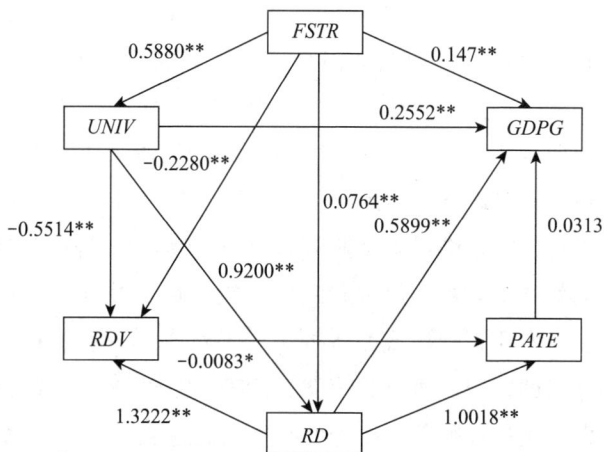

图 5.8　企业技术创新与科教事业、经济发展水平之间的有向无环图

注：** 和 * 分别表示在 1% 和 5% 的水平下统计显著。

水平（UNIV），由此得到企业 R&D 投资波动性的回归模型：

$$RDV = 1.322 \times RD + (-0.551) \times UNIV + (-0.228) \times FSTR \quad (5.11)$$

（4）引致省级区域经济增长（GDPG）的直接原因除了企业 R&D 经费投入（RD）外，还有企业技术创新产出（PATE）、区域科技财政支持力度（FSTR）和高等教育水平（UNIV），由此得到区域经济增长的回归模型：

$$GDPG = 0.590 \times RD + 0.031 \times PATE + 0.255 \times UNIV + 0.147 \times FSTR$$

$$(5.12)$$

上述统计系数中除了 PATE 对 GDPG 的影响系数统计不显著外，RDV 对 PATE 的影响系数在 5% 的水平下统计显著外，其余变量的影响系数都在 1% 的水平下统计显著。

从上述有向无环图分析的结果不难看出：首先，企业技术创新产出（PATE）、企业 R&D 经费投入（RD）和企业 R&D 投资波动性（RDV）三者之间的关联性同图 5.4 和图 5.6 显示的结果一致，即 R&D 经费投入（RD）越多、企业 R&D 活动越稳定（RDV 越小），则越有利于企业技术创新的产出（PATE），而企业无规律性地增加 R&D 经费投入（RD）则会加大企业 R&D 投资波动性（RDV）。

　　其次，省级区域科技财政支持力度（*FSTR*）与企业技术创新产出（*PATE*）之间不存在直接的同期因果关系，但它与企业 R&D 经费投入（*RD*）、企业 R&D 投资波动性（*RDV*）和高等教育水平（*UNIV*）等之间存在直接的同期因果关系。*FSTR* 对 *RD* 和 *RDV* 分别具有正向和负向作用，表明区域科技财政支持力度有效地促进了战略性新兴产业企业 R&D 经费投入的提高，并且降低了企业 R&D 投资波动性，进而间接地促进了企业的技术创新产出。主要原因是我国省级区域财政部门对科技的支持主要应用于新兴产业、领域或技术的投资，对本土企业的技术创新活动具有引领和导向的作用。研究还表明，*FSTR* 对 *UNIV* 存在统计上显著的正向作用，即区域科技财政支持力度有效地促进了高等教育机构的发展。原因是高等教育机构大都从事的是回报速度慢且收益较低的基础性研究，而这恰恰是我国省级区域财政部门对科技、教育发展支持的一个很重要的倾向。

　　再次，省级区域高等教育水平（*UNIV*）与企业技术创新产出（*PATE*）之间不存在直接的同期因果关系，但它与企业 R&D 经费投入（*RD*）和 R&D 投资波动性（*RDV*）具有直接的同期因果关系。*UNIV* 分别与 *RD* 和 *RDV* 之间具有正向和负向作用，表明省级区域高等教育水平（*UNIV*）对本土企业 R&D 经费投入（*RD*）具有积极的促进作用，并且降低了企业 R&D 投资波动性（*RDV*），进而间接地促进了企业技术创新产出（*PATE*）。主要原因可能是近年来，随着各地区开展的产学研创新联盟和协同创新活动，区域内企业与高等教育机构特别是与研究型大学的合作成效日益显现。

　　最后，一方面，*RD*、*FSTR*、*UNIV* 等对 *GDPG* 具有直接的同期因果关系，即引致区域经济增长（*GDPG*）的直接原因有企业 R&D 经费投入（*RD*）、区域科技财政支持力度（*FSTR*）和高等教育水平（*UNIV*）等，且都在 1% 的水平下统计显著；尽管 *PATE* 对 *GDPG* 也具有直接的同期因果关系，但在统计上并不显著。这表明本土企业的 R&D 经费投入越多、区域内的科技财政支持力度越大、高等教育机构特别是研究型大学越多，则越有利于该省级区域的经济增长。另一方面，*FSTR*、*UNIV* 对 *GDPG* 也具有间接的同期因果关系，即区域科技财政支持力度（*FSTR*）和高等教育水平（*UNIV*）也是引致区域经济增长（*GDPG*）的间接原因。其中区域科技财政支持力度是通过企业 R&D 经费投入和高等教育水平而间接地对区域经济增长起作用的；而区域内高等教育水平则是通过对企业 R&D 经费投入的作用来间接地影响区域经济增长的。然而，根据上述的统计结果本书还发现，区域的经济增长并没有对当地企业 R&D 活动产生影响，也没有对区域内高等教育水平和区域科技财政支持力度产生影响。事实上，这一结果比较符合现实情况，例如，我国陕西省相对于东部地区特别是东部沿海省份来说，经济发展水平相对落后，但陕西省高等教育水平和科技财政支持力度并不比东部各省份低。

5.4　本章小结及展望

5.4.1　本章小结

本章以我国战略性新兴产业 284 家上市公司为研究对象，引入新的研究方法——有向无环图（DAG）分析方法探讨了区域环境要素（包括我国省级区域内对外开放程度、金融发展水平、科教事业和经济发展水平）与企业技术创新之间的同期因果关系。首先，通过对国内外已有相关文献的梳理，本书分别提出了包括区域内对外开放程度、金融发展水平、科教事业和经济发展水平等与企业技术创新之间存在同期因果关系的研究假设。其次，为了更加全面地度量企业技术创新，本章借鉴已有相关研究成果，测算了 2001～2011 年企业 R&D 投资波动性（主要是用来衡量企业 R&D 活动随时间变化而波动的测量指标），目的是观测区域内对外开放程度、金融发展水平、科教事业和经济发展水平等区域环境要素是如何通过对企业活动特征（包括企业 R&D 经费投入和 R&D 投资波动性）的作用来间接地对企业技术创新产出产生影响的。最后，运用面板数据的 VAR 模型和有向无环图（DAG）分析方法对我国战略性新兴产业 284 家上市企业进行了实证检验，最终检验结果如表 5.6 所示。

本章获得的结论主要有以下几个方面（见表 5.6）。

（1）战略性新兴产业企业 R&D 经费投入对企业技术创新产出具有很强的正向作用，而企业 R&D 投资波动性对企业技术创新产出则具有较弱的负向作用。这与前面第 3 章的实证检验结果一致：企业的 R&D 经费投入越多、R&D 投资越稳定，则越有利于企业的技术创新产出。研究还表明：当企业无规律性地增加 R&D 经费投入时，将加大企业的 R&D 投资波动性。

表 5.6　实证检验结果

原假设序号	假设关系	原假设符号	实证结果	符号	假设是否成立
假设 1a	$AFDI - PATE$	同期因果关系	无直接关系	无	不成立
	$FRC - PATE$		$FRC \to PATE$	+	成立
	$IER - PATE$		无直接关系	无	不成立
假设 1b	$AFDI - RD$	同期因果关系	$AFDI \to RD$	−	成立
	$AFDI - RDV$		$AFDI \to RDV$	−	成立
	$FRC - RD$		$FRC \to RD$	+	成立
	$FRC - RDV$		无直接关系	无	不成立
	$IER - RD$		无直接关系	无	不成立
	$IER - RDV$		$IER \to RDV$	−	成立
假设 2a	$FS - PATE$	同期因果关系	无直接关系	无	不成立
	$FE - PATE$		无直接关系	无	不成立
假设 2b	$FS - RD$	同期因果关系	$FS \to RD$	+	成立
	$FS - RDV$		$FS \to RDV$	+	成立
	$FE - RD$		$FE \to RD$	+	成立
	$FS - RDV$		$FS \to RDV$	+	成立
假设 3a	$UNIV - PATE$	同期因果关系	无直接关系	无	不成立
假设 3b	$UNIV - RD$	同期因果关系	$UNIV \to RD$	+	成立
	$UNIV - RDV$		$UNIV \to RDV$	−	成立
假设 4a	$FSTR - PATE$	同期因果关系	无直接关系	无	不成立
假设 4b	$FSTR - RD$	同期因果关系	$FSTR \to RD$	+	成立
	$FSTR - RDV$		$FSTR \to RDV$	−	成立
假设 5a	$GDPG - PATE$	同期因果关系	$GDPG \leftarrow PATE$	+	不显著
假设 5b	$GDPG - RD$	同期因果关系	$GDPG \leftarrow RD$	+	成立
	$GDPG - RDV$		无直接关系	无	不成立

（2）区域对外开放程度与企业技术创新之间的关系较复杂。首先，区域内外商投资企业的外方注册资本比例（*FRC*）越高，对本土企业 R&D 经费投入和技术创新产出的直接促进作用就越强；其次，区域对进

出口贸易的依赖程度（*IER*）越高，越有助于本土企业保持 R&D 活动的稳定性，进而间接地促进企业技术创新产出；最后，外商企业投资情况（*AFDI*）对企业 R&D 经费投入存在直接的负向作用，故间接地抑制了企业技术创新产出。这与 Cheung 和 Lin（2004）的研究结论一致。另外，DAG 分析还表明区域对进出口贸易的依赖程度越高，越不利于外国投资者对本土注册资本、设立附属机构。

（3）区域金融发展效率（*FE*）和金融发展规模（*FS*）都是通过对企业 R&D 经费投入和 R&D 投资波动性的作用来间接地影响企业技术创新产出的。区域金融发展效率对企业 R&D 经费投入具有正向作用，但对企业 R&D 投资波动性则具有显著的负向作用，进而间接地促进了企业的技术创新产出。与之相反，区域金融发展规模对企业 R&D 经费投入具有负向作用，但对企业 R&D 投资波动性则具有显著的正向作用，进而间接地不利于企业的技术创新产出。

（4）区域科教事业发展水平对企业技术创新的影响较一致。区域科技财政支持力度（*FSTR*）和高等教育水平（*UNIV*）都是通过对企业 R&D 经费投入和 R&D 投资波动性的作用来间接地影响企业技术创新产出的。研究表明，区域科技财政支持力度、高等教育水平对企业 R&D 经费投入和 R&D 投资波动性都具有显著的正向和负向作用，即地方财政对科技的支持力度和高等教育水平有效地促进了本土企业的 R&D 投资，并降低了企业 R&D 活动的波动性，进而间接地促进了企业技术创新产出。

（5）上述 DAG 分析结果还显示：区域经济增长并没有对当地企业技术创新活动产生影响；然而，企业 R&D 经费投入、区域内科技财政支持力度和高等教育水平则是引致区域经济增长的直接原因。与此同时，区域内科技财政支持力度和高等教育水平也可以通过企业 R&D 经费投入来间接地促进区域的经济增长。由此表明，区域经济增长是企业技术创新的必要而非充分条件。

5.4.2 本章研究局限性及展望

本章主要从省级区域对外开放程度、金融发展水平、科教事业和经济发展水平等企业所根植的区域环境要素角度，引入了新的研究方法——DAG 分析方法，探讨了它们对我国战略性新兴产业上市企业技术创新的投入和产出的影响关系。然而，由于采用的面板数据的不易获取性和我国战略性新兴产业发展特点，本章的研究仍然存在以下几个方面的不足。

一是，本章采用了我国省级行政规划范围作为区域的界定。我国部分省级地区之间存在显著的差异，特别是东部沿海地区、东北老工业基地、中部地区和西部地区之间的差异性特征显著，并且在本章进行分析时并未加以区分，这可能会影响到研究结论。因此，在后续的研究中，应该注重探讨区域特征基本同质化的地区作为区域的界定范围，这样更有利于数据的选取和更有针对性、准确性。

二是，企业所根植的区域环境要素有很多，除了本章研究中涉及的区域对外开放程度、金融发展水平、科教事业和经济发展水平等要素之外，还有诸如产业集群特征、区域创新创业氛围、区域商业文化、产业类型多元化程度、产业竞争强度等因素。然而，这些区域环境要素对企业技术创新的投入和产出具有重要的影响。本章选取的样本为我国战略性新兴产业，但是除了北京中关村、深圳等地区的战略性新兴产业发展带有显著的产业聚集特征和浓厚的创新创业氛围之外，其他省级区域的战略性新兴产业集群特征并不明显，因此，在本章中并未进行探讨产业集群特征、区域创新创业氛围对企业技术创新的同期因果关系；由于区域商业文化的面板数据很难获取，在本章中也并未进行深入研究。总之，在后续的研究中，可深入中关村国家自主创新示范区、深圳市国家自主创新示范区等更小区域范围内的产业集群特征、区域创新创业氛围、区域商业文化、不同区域产业类型多元化程度、区域产业竞争强度等环境要素与企业技术创新之间的同期因果关系。

三是，本章采用 DAG 分析方法对区域环境要素与企业技术创新之间的同期因果关系进行了检验，并没有针对时滞性的问题进行分析。事实上，中观的区域环境要素对微观的企业技术创新影响存在跨层次和时滞性的问题。因此，在后续的研究中应该着重引入恰当的研究方法来探讨区域环境要素与企业技术创新之间的非同期因果关系。

本章参考文献

[1] 柏玲，姜磊，赵本福. 金融发展体系、技术创新产出能力及转化

［J］．产经评论，2013，（1）：15～25.

［2］陈涛涛．影响中国外商直接投资溢出效应的行业特征［J］．中国社会科学，2003，（4）：33～43.

［3］康志勇，张杰．中国金融结构对自主创新能力影响研究［J］．统计与决策，2008，（19）：130～133.

［4］李成龙，刘智跃．产学研耦合互动对创新绩效影响的实证研究［J］．科研管理，2013，34（3）：23～30.

［5］李苗苗，肖洪钧，李海波．区域开放程度与企业技术创新能力的关系研究［J］．运筹与管理，2016，25（6）：266～273.

［6］李苗苗，肖洪钧，赵爽．金融发展、技术创新与经济增长的关系研究［J］．中国管理科学，2015，23（1）：162～169.

［7］李晓钟，张小蒂．外商直接投资对我国技术创新能力影响及地区差异分析［J］．中国工业经济，2008，（9）：77～87.

［8］孙玉涛，李苗苗．企业技术创新能力培育的区域性因素［J］．科学学与科学技术管理，2013，34（8）：129～137.

［9］陶长琪，齐亚伟．FDI 溢出、吸收能力与东道国 IT 产业的发展［J］．管理科学，2010，23（4）：112～121.

［10］王红梅，邱成利．技术创新过程中多主体合作的重要性分析及启示［J］．中国软科学，2003，（3）：76～79.

［11］肖仁桥，钱丽，陈忠卫．中国高技术产业创新效率及其影响因素研究［J］．管理科学，2012，25（5）：85～98.

［12］徐玉莲，王宏起．我国金融发展对技术创新作用的实证分析［J］．统计与决策，2011，（21）：144～146.

［13］张家琛．产学研技术联盟伙伴利益分配风险补偿研究［J］．统计与决策，2013，（6）：168～170.

［14］张志强．金融发展、研发创新与区域技术深化［J］．经济评论，2012，（3）：82～92.

［15］Adams J. Comparative localization of academic and industrial spillovers ［J］. *Journal of Economic Geography*, 2002, 2（3）: 253–278.

［16］Aitken B. J. , Harrison A. E. Do domestic firms benefit from direct foreign investment? Evidence from Venezuela ［J］. *The American Econom-*

ic Review, 1999, 89 (3): 605 – 618.

[17] Almeida P. , Kogut B. Localization of knowledge and the mobility of engineers in regional networks [J] . *Management Science*, 1999, 45 (7): 905 – 917.

[18] Blomström M. , Kokko A. Multinational corporations and spillovers [J]. *Journal of Economic Surveys*, 1998, 12 (3): 247 – 277.

[19] Cheung K. Y. , Lin P. Spillover effects of FDI on innovation in China: Evidence from the provincial data [J] . *China Economic Review*, 2004, 15 (1): 25 – 44.

[20] Chowdhury R. H. , Maung M. Financial market development and the effectiveness of R&D investment: Evidence from developed and emerging countries [J] . *Research in International Business and Finance*, 2012, 26 (2): 258 – 272.

[21] Chung W. Identifying technology transfer in foreign direct investment: Influence of industry conditions and investing firm motives [J] . *Journal of International Business Studies*, 2001, 32 (2): 211 – 229.

[22] Feldman M. , Audretsch D. Innovation in cities: Science – based diversity, specialization and localized competition [J] . *European Economic Review*, 1999, 43 (2): 409 – 429.

[23] García F. , Jin B. , Salomon R. Does inward foreign direct investment improve the innovative performance of local firms? [J] . *Research Policy*, 2013, (42): 231 – 244.

[24] Giuliano P. , Ruiz – Arranz M. Remittances, financial development, and growth [J] . *Journal of Development Economics*, 2009, 90 (1): 144 – 152.

[25] Henderson J. V. The size and types of cities [J] . *The American Economic Review*, 1974, 64 (4): 640 – 656.

[26] Hobday M. , Rush H. Upgrading the technological capabilities of foreign transnational subsidiaries in developing countries: The case of electronics in Thailand [J] . *Research Policy*, 2007, 36 (9): 1335 – 1356.

[27] Haskel J. E. , Pereira S. C. , Slaughter M. J. Does inward foreign direct

investment boost the productivity of domestic firms? ［J］. *The Review of Economics and Statistics*, 2007, 89（3）: 482 - 496.

［28］Karlsson C., Johansson B. Towards a dynamic theory for the spatial knowledge economy ［R］. *CESIS Electronic Working Paper*, 2004.

［29］Maskus K. E., Neumann R., Seidel T. How national and international financial development affect industrial R&D ［J］. *European Economic Review*, 2012, 56（1）: 72 - 83.

［30］Mudambi R., Swift T. Proactive R&D management and firm growth: A punctuated equilibrium model ［J］. *Research Policy*, 2011, 40（3）: 429 - 440.

［31］O'Sullivan M. Finance and innovation ［J］. *Oxford Handbook of Innovation*, 2006, 4: 74 - 76.

［32］Rodríguez - Clare A. Multinationals, linkages, and economic development ［J］. *The American Economic Review*, 1996, 86（4）: 852 - 873.

［33］Salomon R. M., Jin B. Do leading or lagging firms learn more from exporting? ［J］. *Strategic Management Journal*, 2010, 31（10）: 1088 - 1113.

［34］Simmie J. Innovation and clustering in the globalised international economy ［J］. *Urban Studies*, 2004, 41（5）: 1095 - 1192.

［35］Spencer J. W. The impact of multinational enterprise strategy on indigenous enterprises ［J］. *Academy of Management Review*, 2008, 33（2）: 341 - 361.

第6章 供应链关系对企业
技术创新的影响

现有研究表明，供应商、客户（顾客）已经成为企业获取外部创新知识和补充、丰富内部知识库的重要来源（Ahuja，2000；Eisenhardt and Martin，2000）。企业植根于由它们的客户、供应商及其相互依赖活动构成的商业生态系统中（Kapoor and Lee，2013）。在这个商业生态系统中，客户或供应商通过提供顾客需求信息、创新性思维等促进企业新产品的开发和技术创新。然而，在创新过程中，目前只有少数公司能够有效地利用客户参与或供应商参与来进行创新（Alam，2002；Kristensson and Gustafsson，2004）。因此，企业与供应商、客户之间如何互动才能有效地提高企业技术创新水平成了学术界研究和管理实践的热点问题。

从现有国内外公开发表的主流文献来看，目前研究大都关注于客户参与、供应商参与对企业新产品开发或企业技术创新的影响。然而，在我国，企业往往是依赖于个体或组织网络来进行经营和创新的，于是基于信任和相互作用的供应链关系对企业的新产品开发和技术创新至关重要（Feng and Wang，2013）。因为只有当企业与供应商、客户之间具有一定的紧密关系，即拥有一定的信任度和情感的关系时，供应商或客户才会参与到企业的新产品开发和技术创新过程中去，进而影响企业技术创新。但是，目前关于供应链紧密关系对企业技术创新的影响研究很少见，并且缺乏中国社会背景条件下的战略性新兴产业企业微观层面的实证分析。基于此，本章将探讨企业与供应商、客户之间的紧密关系对我国战略性新兴产业企业技术创新的影响，以期为我国战略性新兴产业企业提升技术创新水平提供一定的启发性思路和依据。

本章结构安排如下。首先，为了更清晰地观测企业与供应商、客户之间关系的紧密程度——供应链关系，提出了供应商集中度、客户集中度和供应链集中度的概念。其次，通过研读国内外发表在主流学术期刊上的高被引文献，结合相关理论基础，提出企业技术创新与供应链关系之间的研究假设。再次，通过采用面板数据泊松回归分析和负二项回归分析方法，对 2001~2011 年我国 284 家战略性新兴产业企业的面板数据进行实证分析。最后，总结概括本章实证检验的结论。

6.1　理论假设的提出

首先仿照产业集中度的概念，提出供应商集中度、客户集中度和供应链集中度的概念，并用来衡量供应链关系（企业与供应商、客户间关系的紧密程度），其定义分别如下。

供应商集中度是指在供应链中，少数供应商在供应量等方面对企业年度采购量的支配程度，一般使用企业在这几家供应商的采购金额占企业年度采购总额的比例来度量。

客户集中度是指在供应链中，少数客户或零售商在销售量等方面对企业年度供应量的支配程度，一般使用这几家客户或零售商的销售额占企业年度销售总额的比例来度量。

供应链集中度则是指在供应链中，少数供应商和客户对企业的年度供应量和销售量的支配程度，一般使用供应商集中度和客户集中度的耦合作用来度量。

由上述定义，我们可以发现供应商集中度、客户集中度反映了企业在供应链关系中的地位和支配程度，供应商集中度越高或客户集中度越高，说明企业在供应链关系中的话语权越小、讨价还价的能力越低，因此，可能会失去支配地位。

下面将分别探讨供应商集中度、客户集中度和供应链集中度对企业技术创新（包含企业技术创新投入和产出）的影响。

6.1.1　供应商集中度对企业技术创新影响的假设

作为全程供应链产品创新的重要节点，供应商的地位不容忽视（熊世权等，2010）。

一方面，有研究表明供应商拥有丰富且全面的关于产品和工艺的专业知识（Tsai，2009），能够为企业提供开发、整合、更新工艺和产品的新思想和新思路，因此，能够加速企业的技术创新产出。供应商参与新产品、新技术的开发能够加速提供采购企业所需材料和拓宽供货渠道。Mishra 和 Shah（2009）的研究表明，供应商参与有助于企业识别一些潜在的问题，诸如早期阶段规格的矛盾性或不切实际的设计等问题，从而能够更好地合作沟通和信息共享、促进企业的技术创新产出。李随成和姜银浩（2009）通过向我国陕西、山东、江苏等 9 个省份 80 多家装备制造企业的问卷调查分析表明，供应商参与新产品的开发对关系互动和知识创造都具有统计上显著的积极作用，从而间接地提升了企业的自主创新能力。还有部分研究表明，在某些情况下，供应商和企业能够一起分享任何与业务有关的信息，并且用新的想法共同开拓新的市场（Sen et al.，2008）。基于此，本章认为企业与供应商的关系越紧密，越有利于企业进行更多的技术创新产出。

另一方面，企业与供应商之间的紧密关系能够降低企业进行搜索和创造新知识的成本（Zhang and Li，2010），而搜索和创造新知识的成本是企业 R&D 经费投入的重要内容，因此，降低了用来创造知识、开发技术的 R&D 投资需求。基于信任、情感而建立紧密的关系时，企业往往可以通过共享和转换供应商所拥有的关于产品和技术的专业知识来获得用于改善产品的新知识和新技术（Roy，2004），从而降低了企业为创造这种新知识和新技术而进行持续 R&D 经费投入的需求。与之相反，企业与供应商之间的关系疏远时，它不可能受益于（关于改进技术和过程的）知识的传播。换句话说，这样的企业可能不得不依赖于自身的连续 R&D 经费投入来创造新知识、新技术、新产品和服务及开拓新市场。Cuervo-Cazurra 和 Annique（2010）研究了企业的内、外部知识资源对 R&D 经费投入频次的影响关系，研究表明，作为企业外部创新知识和技术的重要来源，企业与供应商之间的紧密关系在很大程度上影响了 R&D 经费投入的频次，即企业与供应商之间的关系越疏远，越有可能进行连续性的 R&D 经费投入，相反，企业与供应商之间的关系越紧密，越有可能不进行或间断性地进行 R&D 经费投入。因此，本章认为供应商与企业之间的关系越紧密，越不利于企业进行连续性的 R&D 经费投入。

鉴于以上分析，本书提出假设 1。

假设 1a：供应商集中度越高，越有利于提升企业技术创新产出。

假设 1b：供应商集中度越高，越不利于企业进行连续性的技术创新投入。

6.1.2　客户集中度对企业技术创新影响的假设

客户拥有大量的关于顾客需求和偏好相关的信息、知识，因此，客户在企业技术创新过程中的作用越来越重要（Feng et al.，2010）。企业与客户之间的关系越紧密越能够为企业提供顾客需求和偏好的信息、更新产品的方式和确切位置。有研究表明企业维持与客户之间的紧密关系能够促使企业获得具体的顾客需求信息以及如何更好地满足这些需求的想法，从而使得企业更好地锁定技术和产品开发投资的目标，加速企业产品开发和技术创新（Feng et al.，2010）。Svendsen 等（2011）的研究表明在新产品开发过程中，顾客与企业之间的紧密关系能够通过加强沟通和改善反馈程序来促使企业以更有效的方式来开发新产品，并且还可以促使设计团队成员依据时常变化的顾客需求来不断地促进产品的开发和改善。与之相反，当企业与客户之间的关系疏远时，企业不可能顺利地通过沟通和反馈来获得那些未满足顾客需求的具体知识和信息，很难迅速锁定确切的创新目标，从而减缓了企业技术创新的产出速度。基于此，本章认为企业与客户之间的关系越紧密，越有利于企业增加技术创新产出。

有部分研究表明，企业与供应商之间的关系越紧密越有助于企业获得具体的客户需求信息，改善、开发新产品的思想以及更快地锁定研发投资目标，这样使得企业虽然拓宽了外部创新搜索范围，但降低了其创新搜索的成本（Zhang and Li，2010）。因此，允许企业在不进行持续性 R&D 经费投入的情况下也能够持续获得具体的顾客需求信息和关于新产品开发、改善的新思想。与之相反，缺乏与客户之间紧密关系的企业不得不加大创新搜索成本，通过持续性地加大企业 R&D 经费投入来形成一系列满足顾客需求的新知识和新思想。还有部分研究表明，由于 R&D 活动具有不确定性和高成本等特点，再加上一些新创企业内部往往缺乏开发新产品、新工艺所需的资源，于是它们试图让客户自己来设计和开发产品（Thomke and Von Hippel，2002），以降低内部的 R&D 经费投入。事实上，以往的一些研究表明，许多重要的、新奇的产品和工艺大多是通过客户（包括公司客户和个体终端客户），特别是"领先使用者"（Lead Users）来开发、改善形成的。对工业产品的研究表明，部分客户为了自己使用方便而开发或改善的产品在 19% ~ 36%（Morrison et al.，

2000）；对客户产品创新的研究则发现，有 10% ～ 38% 的样本是客户为自己使用而开发或改善产品的（Franke and Von Hippel，2003）。因此，企业通过让客户自己来设计、改善产品，降低了自身对 R&D 经费的投入和需求。综上所述，企业与客户之间的关系越紧密越能够促使企业更好地锁定 R&D 经费投入的目标来应对具体的客户需求，但与此同时也削减了对 R&D 经费投入的需求、减轻了进行技术创新的压力。

鉴于以上分析，本书提出假设 2。

假设 2a：客户集中度越高，越有利于提升企业技术创新产出。

假设 2b：客户集中度越高，越不利于企业进行连续性的技术创新投入。

6.1.3　供应链集中度对企业技术创新影响的假设

通过上述分析，我们可以主观地推断供应链集中度对企业技术创新产出和连续性 R&D 经费投入具有显著的作用。一方面，客户、供应商不仅掌握了大量的关于顾客需求和偏好的信息、知识，以及开发、整合新工艺和新产品的创新性思想（Cuervo - Cazurra and Annique，2010），而且可以拓宽企业的外部创新搜索范围、降低创新搜索成本（Feng and Wang，2013），从而有利于企业新产品的开发和技术创新。当一个企业与供应商、客户之间的关系都非常紧密时，企业不仅能够及时地从客户方获得客户需求、更新产品的方式和位置，而且能够从供应商那里获得开发、整合、更新工艺和产品的新思想、新思路，通过信息知识的转移、共享等方式精确地锁定企业技术创新目标、降低走弯路的成本，从而有助于企业技术创新产出的提升。另一方面，当一个企业与供应商、客户之间的关系都非常紧密时，促使企业减少了对顾客偏好和需求相关知识的创造和搜索的投资，然而，企业对新知识的创造和搜索方面的投资是企业 R&D 经费投入的关键部分，故降低了企业的 R&D 经费投入成本。基于此，本章认为当企业与供应商和客户之间同时具有紧密关系时，这种紧密关系对企业技术创新产出具有积极影响，但是对企业连续性的 R&D 经费投入则具有消极的影响。

鉴于以上分析，本书提出假设 3。

假设 3a：供应链集中度越高，越有利于提升企业技术创新产出。

假设 3b：供应链集中度越高，越不利于企业进行连续性的技术创新投入。

基于上述分析，本章提出的研究假设如图 6.1 所示。在供应链中，企业的供应商集中度、客户集中度和供应链集中度越高，越有利于提升企业的技术创新产出（如图 6.1 中的假设 1a、假设 2a 和假设 3a）。然而，企业的供应商集中度、客户集中度和供应链集中度越高，越不利于企业进行连续性的 R&D 经费投入（如图 6.1 中的假设 1b、假设 2b 和假设 3b）。

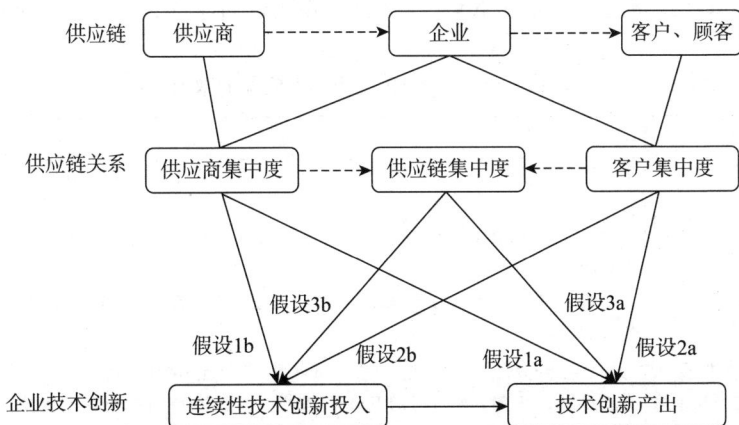

图 6.1　供应链关系对企业技术创新影响的研究假设

6.2　研究变量及研究方法

6.2.1　研究变量及其数据来源

本章的研究样本与第 4 章和第 5 章选用的样本相同（详见第 2 章的 2.5 节和第 4 章的 4.2 节）。结合数据的可得性问题，本章使用的研究变量如下。

1. 因变量

本章主要目的是探讨供应链关系对企业技术创新的影响，故因变量是企业技术创新。与第 4 章和第 5 章采用的变量类似，企业技术创新包含企业技术创新投入和产出两个变量。其中企业技术创新产出指标与第 4 章和第 5 章采用的指标一致，即采用企业专利申请数量作为企业技术创新产出的度量指标；而与其不同的是关于对企业技术创新投入的度量，与第 3 章、第 4 章和第 5 章不同，本章并没有单纯地使用企业 R&D 经费投入来度量企业技术创新投入，也没有使用企业 R&D 投资波动性来进行度量，而是构建

了一个用来衡量企业是否进行连续性 R&D 经费投入的指标——企业 R&D
经费投入频次。目的是更清楚地观测到企业与供应商、客户之间的关系对
企业连续性或间断性 R&D 经费投入的影响。借鉴已有研究，本书将 R&D
经费投入频次分为四种情形：开始进行 R&D 经费投入或从未进行过投资、
R&D 经费投入结束或刚开始投资没多久、间断性的 R&D 经费投入和连续
性的 R&D 经费投入。企业 R&D 经费投入频次的构建方法如表 6.1 所示。

表 6.1　企业 R&D 经费投入频次的取值

类型	界定	取值
开始进行 R&D 经费投入或从未进行过投资	①在所有年份（t, t=2001, 2002, …, 2011）中从未进行过 R&D 经费投入；②或 t 年前的 R&D 经费投入全为 0，而从第 t 年开始 R&D 经费投入大于 0 的情况；③或第 $t-1$ 年、第 $t-2$ 年 R&D 经费投入都为 0，而第 t 年 R&D 经费投入大于 0	0
R&D 经费投入结束或刚开始第 2 年进行投资	①t 年前 R&D 经费投入都大于 0，而自第 t 年开始 R&D 经费投入为 0；②或自第 $t-1$ 年开始进行的 R&D 经费投入，且第 t 年的 R&D 经费投入大于 0	1
间断性的 R&D 经费投入	①第 $t-1$ 年企业 R&D 经费投入大于 0，第 t 年 R&D 经费投入为 0，而在第 $t+1$ 年 R&D 经费投入大于 0；②或在第 $t-1$ 年或第 $t-2$ 年的 R&D 经费投入为 0，而在第 t 年的 R&D 经费投入大于 0	2
连续性的 R&D 经费投入	第 t 年之前连续 i（$1<i<12$，i 为正整数）年的 R&D 经费投入都大于 0，且第 t 年的 R&D 经费投入也大于 0	$i+1$

2. 自变量

自变量分别是供应商集中度、客户集中度和供应链集中度。根据前
文关于供应商集中度、客户集中度和供应链集中度的界定，借鉴 Cuervo-
Cazurra 和 Annique（2010）的研究，分别运用企业前五名供应商采购金
额占企业当年总采购金额的比值来表征供应商集中度；运用企业前五名
客户销售额占企业年度总销售额的比值来表征客户集中度；运用供应商
集中度和客户集中度的耦合作用项，即企业前五名供应商采购金额比例
和前五名客户销售额比例的乘积来表征供应链集中度。数据来源于
2001~2011 年 284 家样本企业的年度报告并经整理获得。

3. 控制变量

要想对上述的假设进行验证，必须排除诸如企业 R&D 经费投入、人

力资源配置、企业规模、企业年龄等影响因素的干扰。本书在借鉴已有研究的基础上（Feng and Wang，2013；肖洪钧等，2013），运用的控制变量包括企业 R&D 投资强度（RDI）、企业人力资源配置情况（STAF）、企业资产配置（ASSE）、企业绩效（EP）、企业年龄（AGE）等指标。除此之外，根据第 3 章、第 4 章和第 5 章的研究结论，企业的 R&D 经费投入、企业 R&D 活动特征、企业的税收减免政策以及区域内外商投资企业的外方注册资本比例等因素对企业技术创新的影响显著。为此，本章加入了企业 R&D 经费投入（RD）、企业 R&D 投资强度（RDI）、企业 R&D 投资波动性（RDV）、企业获得税收减免政策（TC）以及区域内外商投资企业的外方注册资本比例（FRC）等变量作为控制变量。

　　鉴于以上分析，并结合数据的可得性问题，本章采用的变量及其界定、数据来源如表 6.2 所示。

表 6.2　变量定义及其测量方法

类型	变量名称	符号	测量指标	数据来源
因变量	企业技术创新产出	PATE	年专利申请数量（项）	国家知识产权局官网
	R&D 经费投入频次	RDF	企业 R&D 经费投入频次（算法见表 6.1）	
自变量	供应商集中度	SUPP	前五名供应商采购金额占总采购额比例（%）	2001～2011 年 284 家战略性新兴产业企业年度报告手工翻找及整理获得
	客户集中度	CLIE	前五名客户销售额占总销售额的比例（%）	
	供应链集中度	CS	供应商集中度和客户集中度的耦合作用项	
控制变量	企业 R&D 经费投入	RD	企业 R&D 经费支出（百万元）	
	企业 R&D 投资强度	RDI	R&D 经费支出占主营业务收入比例（%）	
	企业 R&D 投资波动性	RDV	R&D 活动随时间变化而变化	
	企业人力资源配置	STAF	大专及以上学历人员所占比例（%）	
	企业绩效	EP	净利润占总资产的比例（%）	
	企业资产配置	ASSE	固定资产占总资产的比例（%）	
	税收减免政策	TC	企业收到的税费返还（万元）	
	企业年龄	AGE	企业注册年限（年）	企业官网或巨潮咨询网
	外商投资企业的外方注册资本比例	FRC	外商投资企业年末外方注册资本/外商投资企业年末注册资本（%）	中国经济统计数据库

6.2.2　研究方法

本章所使用的研究方法为面板数据计数模型。目前，关于计数统计模型主要有泊松回归模型、负二项回归模型和零膨胀回归模型。事实上，负二项回归模型与泊松回归模型类似，都是通过最大似然估计对计数变量均值的回归，但是泊松回归模型的应用条件为均值等于（略等于或相差不大）方差，而负二项回归模型的应用条件为方差远远大于均值；对于零膨胀回归模型的应用条件是计数数据含有大量的"0"（个数至少超过总数的1/2）（Siegel and Wessner，2012；Ramasamy et al.，2012）。

在本研究所使用的284家样本企业中，企业专利申请数量和企业R&D投资频次都是计数序列，因此，可以采用面板数据的计数回归分析方法。在选用的284家战略性新兴产业企业样本中，企业专利申请数量的方差远远大于均值（平均值约为42.101，标准差约为324.784），即数据存在过度离散性（Over-dispersion），并且"0"的观测个数为724个，约占总观测数量的36.83%，因此，满足负二项回归模型的应用条件，故以企业专利申请数量为因变量时，采用负二项回归模型进行分析（见第2章2.5.3节）。然而，企业R&D经费投入频次平均值约为4.333，标准差约为3.321，在较大观测量中可以看作方差与平均值相差无几，且"0"的观测个数为287个，约占总观测数量的14.56%，因此，基本满足泊松回归模型的应用条件，故以企业R&D经费投入频次作为因变量时，采用泊松回归模型进行分析（见第2章2.5.3节）。另外，本章还分别使用Cameron和Trivedi（1990）、Wooldridge（1996）等提出的方法验证了本章所使用的这两种计数方法的有效性。

6.3　实证分析及结果

6.3.1　研究变量的稳定性检验

为了保证数据的稳定性和可靠性、避免出现伪回归现象，需要对变量一一进行单位根检验。根据第4章、第5章对变量稳定性检验的结果（见表4.2和表5.2）可知 *PATE*、*RD*、*TC*、*STAF*、*RDV* 和 *FRC* 都是平稳性序列。其他变量稳定性检验的结果如表 6.3 所示。不难发现，变量 *RDF*、*SUPP*、*CLIE*、*CS*、*RDI*、*EP* 和 *ASSE* 在只含有截距项的检验模型中，LLC 检验、IPS 检验、Fisher – ADF 检验和 Fisher – PP 检验的统计值均在 5% 的置信区间内拒绝原假设，即上述变量都是平稳性序列。

表 6.3　各序列的单位根检验

检验方法	*RDF*	*SUPP*	*CLIE*	*CS*	*RDI*	*EP*	*ASSE*
LLC 检验	− 35. 407	− 66. 744	− 583. 513	− 39. 253	− 66. 929	− 15. 045	− 22. 156
IPS 检验	− 6. 988	− 15. 117	− 56. 749	− 13. 476	− 16. 962	− 7. 979	− 6. 026
Fisher – ADF 检验	603. 824	663. 804	733. 258	736. 549	797. 485	643. 277	509. 896
Fisher – PP 检验	1084. 44	753. 708	880. 815	949. 129	856. 139	738. 315	569. 695

注：上述统计值均在 5% 的置信水平下统计显著。

6.3.2　供应链关系对企业技术创新产出影响的实证分析

根据企业技术创新产出测量指标——企业专利申请数量过度离散的特点，本节将采用负二项回归分析方法进行实证检验。整个检验过程如下，首先建立基准模型，然后逐个引入自变量，经过多次迭代回归，最终的检验结果如表 6.4 所示。

表 6.4　供应链关系对企业技术创新产出影响的分析结果

变量名称	因变量：企业专利申请数量				
	模型 A – I	模型 A – II	模型 A – III	模型 A – IV	模型 A – V
SUPP	—	− 0. 00558** (− 2. 78)	—	− 0. 00410* (− 1. 99)	—
CLIE	—	—	− 0. 00750** (− 4. 26)	− 0. 00722** (− 3. 71)	—
CS	—	—	—	—	− 0. 00015** (− 4. 41)
RD	0. 00004+ (1. 66)	0. 00018** (2. 65)	0. 00015* (2. 19)	0. 00016* (2. 42)	0. 00015* (2. 25)
STAF	0. 00515** (3. 62)	0. 00528** (3. 43)	0. 00541** (3. 65)	0. 00514** (3. 22)	0. 00600** (4. 03)

续表

变量名称	因变量：企业专利申请数量				
	模型 A - I	模型 A - II	模型 A - III	模型 A - IV	模型 A - V
RDV	-0.04758*	-0.03702	-0.03451	-0.03605	-0.04227+
	(2.03)	(1.40)	(1.42)	(1.38)	(1.67)
AGE	0.01036**	0.00762*	0.00981**	0.00741*	0.01011**
	(3.47)	(2.37)	(3.26)	(2.229)	(3.26)
ASSE	-0.00464	-0.01127**	-0.00393*	-0.01002**	-0.00456*
	(0.68)	(-4.07)	(-2.01)	(-3.54)	(-2.21)
EP	0.01240**	0.01645**	0.01455**	0.01819**	0.01748**
	(2.84)	(3.02)	(3.37)	(3.35)	(3.44)
TC	0.00016**	-0.00002	0.00002	-0.00001	-0.00002
	(2.59)	(-0.24)	(0.26)	(-0.12)	(-0.21)
FRC	0.06113**	0.05930**	0.05997**	0.05886**	0.05949**
	(11.89)	(10.84)	(11.61)	(10.76)	(11.25)
常数项	-5.19413**	-4.67856**	-4.90508**	-4.49406**	-4.99080**
	(-13.06)	(-10.60)	(-12.18)	(-10.10)	(-12.17)
观测值数量	1933	1666	1897	1665	1771
分散参数为常数的似然比检验值	1545.14**	1161.36**	1348.43**	1172.54**	1210.73**

注：**、*和+分别表示显著性水平为1%、5%和10%；括号中数字为Z统计值。

1. 控制变量对企业技术创新产出的影响情况

从模型 A - I 的结果发现：企业研发经费投入（RD）、企业人力资源配置（STAF）、企业年龄（AGE）、企业绩效（EP）、收到的税费返还（TC）和外商投资企业的外方注册资本比例（FRC）变量对战略性新兴产业企业的技术创新产出（PATE）具有统计上显著的正向影响；但企业研发投资波动性（RDV）对企业技术创新产出则具有统计上显著的负向影响。模型 A - I 说明，一个企业研发经费投入越多、获得税费返还越多、区域内外国投资者对本土的注册资本比例越高，越有利于企业的技术创新产出，这与第4章和第5章的研究结论一致。研究还表明，企业的人力资源配置比例越高、建立时间越长、企业绩效越卓越，越有利于企业的技术创新产出。然而，企业的固定资产比例越高，越不利于企业的技术创新产出，主要原因是当企业的固定资产比例过高时，与之相比，以隐性资产为代表的流动性资产则相对较少（而研究表明诸如隐性资产等对企业技术创新具有显著的正向影响），从而不利于企业的技术创新产出。最后，企业 R&D 投资波动性越大，越不利于企业的技术创新产出，这与第 3 章和第 5 章的研究结论一致。

2. 供应商集中度对企业技术创新产出的影响情况

在模型 A - Ⅰ基础上加入变量供应商集中度（SUPP），结果发现 SUPP 对 PATE 的影响系数约为 - 0.006，且在 1% 的水平下统计显著（见模型 A - Ⅱ），说明供应商集中度对战略性新兴产业企业的技术创新产出具有统计显著的负向作用，故假设 1a 不成立。这表明企业的供应商集中度越高，越不利于企业的技术创新产出。主要原因如下。一方面，当企业的供应商集中度过高时，往往容易导致企业对某些供应商形成一种单向的依赖关系，而这种依赖关系致使企业减小了进行自主创新的压力，进而减少了对新产品、新技术的开发需求，从而不利于企业的技术创新产出。另一方面，尽管供应商集中度过高时企业能够从中获得供应商所拥有的知识及开发、整合、更新工艺和产品的新思想、新思路，但是，这些知识和思想需要企业较强的吸收能力和创新能力才能成功转化为自身创新所需的知识，进而能够促进企业的技术创新，然而，许多研究表明由于原创性技术的缺失，目前我国战略性新兴产业企业中技术水平处于国际一流和领先水平的占比不到 10%（佘坚，2011），技术创新能力和吸收能力普遍不高，需要进一步加强。因此，在本章的统计结果中，供应商集中度对战略性新兴产业企业技术创新产出具有显著的负向作用。

3. 客户集中度对企业技术创新产出的影响情况

在模型 A - Ⅲ中引入了变量客户集中度（CLIE），结果发现 CLIE 对 PATE 的影响系数约为 - 0.008，且在 1% 的水平下统计显著，说明客户集中度对战略性新兴产业企业的技术创新产出具有统计显著的负向作用，故假设 2a 不成立。本研究结论与肖洪钧等（2013）的研究结论一致，表明企业的客户集中度越高，越不利于企业的技术创新产出。主要原因是：尽管企业的客户集中度较高时有助于企业获得具体的顾客需求信息并快速锁定开发、整合新产品的目标，但由于企业面对的客户数量少，它们在进行产品创新和设计时考虑的范围太狭窄，很难满足其他潜在的客户需求，若企业的核心客户一旦流失，甚至成为竞争对手，将不利于企业的创新和发展。例如，首批创业板上市公司——宝德股份自上市三年以来首度报亏，许多业内人士（如湘财证券机械行业分析师仇华）认为宝德股份的终端客户数量少，并且最核心客户——宝石机械已成为宝德股份的竞争对手，这是造成亏损的关键原因，故企业客户集中度越高，越不利于企业的技术创新产出。

随后，在模型 A－Ⅳ中同时引入变量供应商集中度和客户集中度，结果发现：供应商集中度的影响系数约为 - 0.004，且在 5% 的水平下统计显著；客户集中度的影响系数约为 - 0.007，且在 1% 的水平下统计显著。检验结果与上述模型 A－Ⅱ和模型 A－Ⅲ的结论一致，因此，上述结论具有一定的稳健性。

4. 供应链集中度对企业技术创新产出的影响情况

模型 A－Ⅴ显示，供应链集中度（CS）对战略性新兴产业企业的技术创新产出的影响系数约为 - 0.0002，且在 1% 的水平下统计显著，表明战略性新兴产业企业的供应链集中度对企业技术创新产出具有负向作用，故假设 3a 不成立。结合模型 A－Ⅱ、模型 A－Ⅲ和模型 A－Ⅳ的检验结果，可知较高的供应商集中度或客户集中度对企业的技术创新产出都具有消极的作用，并且当二者的耦合作用项——供应链集中度很高时，也不利于企业的技术创新产出。由此可以看出，供应商集中度和客户集中度对战略性新兴产业企业技术创新产出的影响具有相互替代性的作用。有研究表明，尽管中国的企业与供应链企业之间关系较紧密，并且使企业能够及时地、频繁地共享与开发新产品、新工艺相关的信息、知识等资源，但是它们并没有充分利用这些资源（Feng and Wang，2013），甚至没有相应的匹配能力来消化、吸收这些资源，进而不能成功转化为创新所需的资源。所以，战略性新兴产业企业通过与供应商、客户之间的紧密关系来获得资源共享的形式，但没有促进企业的技术创新产出。

6.3.3　供应链关系对企业连续性创新投入影响的实证分析

企业连续性创新投入的测量指标——企业 R&D 经费投入频次的均值略等于其方差的特点，因此，本节采用泊松回归模型进行实证检验。整个检验过程与 6.3.2 节类似，结果如表 6.5 所示。

1. 控制变量对企业连续性创新投入的影响情况

从模型 B－Ⅰ的结果发现：企业研发投资强度（RDI）、企业年龄

（*AGE*）、企业资产配置（*ASSE*）和外商投资企业的外方注册资本比例（*FRC*）对战略性新兴产业企业的 R&D 经费投入频次具有统计显著的正向影响；企业人力资源配置（*STAF*）和企业收到的税费返还（*TC*）对企业 R&D 经费投入频次具有正向但在统计上不显著的影响。

表 6.5　供应链关系对企业连续性创新投入影响的分析结果

变量名称	因变量：企业 R&D 经费投入频次				
	模型 B‑Ⅰ	模型 B‑Ⅱ	模型 B‑Ⅲ	模型 B‑Ⅳ	模型 B‑Ⅴ
SUPP	—	-0.00298* (-2.62)	—	-0.00260* (-2.26)	—
CLIE	—	—	-0.00143 (-1.34)	-0.00346** (-2.70)	—
CS	—	—	—	—	-0.00005** (-3.26)
RDI	0.00277* (2.34)	0.01239** (3.72)	0.00274* (2.31)	0.01306** (3.94)	0.00655** (3.92)
STAF	0.00121 (1.15)	0.00159 (1.39)	0.00120 (1.13)	0.00159 (1.39)	0.00137 (1.24)
RDV	-0.03129** (-2.86)	-0.04798** (-3.58)	-0.03065** (-2.79)	-0.04933** (-3.67)	-0.04715** (-3.69)
AGE	0.15450** (23.95)	0.15008** (19.66)	0.15294** (23.26)	0.14781** (19.23)	0.14956** (21.43)
ASSE	0.00087+ (1.96)	0.00611** (3.79)	0.00089+ (1.96)	0.00641** (3.95)	0.00127* (2.40)
EP	-0.00451* (-2.12)	-0.00632* (-2.49)	-0.00426* (-1.98)	-0.00575* (-2.25)	-0.00479+ (-1.96)
TC	0.00002 (0.35)	0.00001 (0.28)	0.00001 (0.34)	0.00000 (0.21)	0.00001 (0.33)
FRC	0.03175** (7.40)	0.03852** (7.75)	0.03193** (7.36)	0.03816** (7.67)	0.03419** (7.43)
常数项	-3.08490** (-10.42)	-3.62127** (-10.43)	-3.033928** (-10.00)	-3.28280** (-9.94)	-3.21484** (-10.18)
观测值数量	1930	1666	1897	1665	1771
分散参数为常数的似然比检验值	2551.23**	1961.23**	2485.74**	1922.24**	2096.54**

注：**、*和+分别表示显著性水平为 1%、5% 和 10%；括号中数字为 Z 统计值。

企业研发投资波动性（*RDV*）和企业绩效（*EP*）对企业 R&D 经费投入频次的负向影响分别在 1% 和 5% 的水平下统计显著。这表明企业 R&D 投资波动性越大，企业绩效越优异，反而越不利于企业进行连续性 R&D 经费投入。企业在注册一定年限后，企业研发投资强度越高、企业资产配置越高、外商投资企业在东道国内的注册资本比例越高，越有利于企业进行连续性 R&D 经费投入；企业技术人员比例的高低、收到税费返还金额的多少对企业 R&D 经费投入频次的影响并不显著。

2. 供应商集中度对企业连续性创新投入的影响情况

在模型 B - Ⅱ 中引入了变量供应商集中度（*SUPP*），结果发现，*SUPP* 对 *RDF* 的影响系数约为 - 0.003，且在 5% 的水平下统计显著，说明供应商集中度对战略性新兴产业企业的 R&D 经费投入频次具有统计显著的负向作用，即企业的供应商集中度越高，越不利于企业进行连续性 R&D 经费投入，故假设 1b 成立。本章的研究结论与 Cuervo - Cazurra 和 Annique（2010）的研究结论一致，当企业与供应商之间缺乏紧密的联系时，更有可能选择连续性地进行 R&D 经费投入；而当企业与供应商之间存在紧密的关系时，则选择间断性地进行 R&D 经费投入，甚至不进行 R&D 投资。因为，当企业具有外部知识资源但不受内部知识资源的影响时，更有可能选择进行间断性而非连续性 R&D 经费投入；与之相反，当企业具有外部知识资源但缺乏内部的知识资源时更有可能选择不进行 R&D 经费投入。然而，企业与供应商的关系是企业外部知识资源的重要来源，当企业的供应商集中度和客户集中度过高时，企业很容易会通过溢出效应来拥有大量的外部知识，因此，在企业内部知识资源确定的情况下，企业将选择不进行连续性 R&D 经费投入。

3. 客户集中度对企业连续性创新投入的影响情况

在模型 B - Ⅲ 中引入了变量客户集中度（*CLIE*），结果发现 *CLIE* 对 *RDF* 的影响系数约为 - 0.001，但统计不显著，说明客户集中度对战略性新兴产业企业的 R&D 经费投入频次具有统计上不显著的负向作用，即企业与客户之间缺乏紧密的联系时，更有可能选择进行连续性 R&D 经费投入，但统计上并不显著。

随后，在模型 B - Ⅳ 中同时引入变量供应商集中度和客户集中度，结果发现：供应商集中度的影响系数约为 - 0.003，且在 5% 的水平下统计显著，与模型 B - Ⅱ 的结论一致。客户集中度的影响系数约为 -0.003，且在 1% 的水平下统计显著，这与假设 1b 相一致。事实上，与供应商集中度一样，客户集中度也是企业获得顾客需求、偏好等外部知识的重要来源。按照"当企业具有外部知识资源但不受内部知识资源的影响时，更有可能选择进行间断性而非连续性 R&D 经费投入"这一理论（Cuervo - Cazurra and Annique，2010），客户集中度越高，将越不利于企业进行连续性 R&D 经费投入。故本章研究结论支持研究假设 2b，并且与 Cuervo - Cazurra 和 Annique（2010）研究结论一致。

　　4. 供应链集中度对企业连续性创新投入的影响情况

　　模型 B - Ⅴ 显示，供应链集中度对战略性新兴产业企业 R&D 经费投入频次的影响系数约为 -0.0001，且在 1% 的水平下统计显著。这表明尽管其影响系数较小，但战略性新兴产业企业的供应链集中度对企业 R&D 经费投入频次具有负向作用，故假设 3b 成立。结合模型 B - Ⅱ、模型 B - Ⅲ 和模型 B - Ⅳ 的检验结果，可知较高的供应商集中度或客户集中度将不利于企业进行连续性 R&D 经费投入，并且当二者的耦合作用项——供应链集中度很高时，也不利于企业对 R&D 进行连续性投资。由此可以看出，供应商集中度和客户集中度对战略性新兴产业企业 R&D 经费投入频次的影响和它们对企业技术创新产出的影响一致，即都具有相互替代的作用。

6.4　本章小结及展望

6.4.1　本章小结

　　本章主要从供应链关系的角度，探讨了作为重要的外部知识来源——供应链关系对企业技术创新的影响。首先，仿照产业集中度的概念，提出了供应商集中度、客户集中度和供应链集中度三个概念。将这三个概念用来反映企业在供应链中的地位和支配能力。然后，在规范研究的基础上提出了 3 个研究假设。最后，分别以企业技术创新产出和 R&D 经费投入频次作为因变量，运用面板数据的负二项回归模型和泊松回归模型对本章选取的样本进行了分析验证，结果如表 6.6 所示。

表 6.6　实证分析结果与研究假设关系

假设名称	二者关系	原假设	实证结果	假设是否成立
假设 1a	$SUPP \rightarrow PATE$	+	−	不成立
假设 1b	$SUPP \rightarrow RDF$	−	−	成立
假设 2a	$CLIE \rightarrow PATE$	+	−	不成立
假设 2b	$CLIE \rightarrow RDF$	−	−	成立
假设 3a	$CS \rightarrow PATE$	+	−	不成立
假设 3b	$CS \rightarrow RDF$	−	−	成立

通过上述分析，本章获得的主要研究结论如下。

（1）无论是供应商集中度还是客户集中度对企业技术创新产出都具有显著的负向作用，这与研究假设 1a 和假设 2a 的推断相矛盾，但这一结论与肖洪钧等（2013）的研究结论一致。本书认为主要原因是：一方面，供应商集中度、客户集中度或供应链集中度过高时，尽管能够为企业提供具体的顾客需求信息、改善新产品或工艺的思想并快速锁定创新目标，但这些知识和思想需要企业较强的吸收能力和创新能力才能成功转化为自身创新所需的知识，进而才能够促进企业的技术创新，然而，许多研究表明我国战略性新兴产业企业的技术创新能力和吸收能力普遍不高（佘坚，2011），从而阻碍了它们对这些信息、知识等资源的利用，甚至成为企业的负担，从而不利于企业的技术创新产出；另一方面，企业的供应商集中度或客户集中度过高表明，企业在供应链关系中地位较低，企业对供应商或客户容易形成一种单向依赖关系。这种依赖关系不仅致使企业减小了进行自主创新的压力，进而减少了对新产品、新技术的开发需求，而且一旦核心供应商或用户流失，甚至成为竞争对手，将不利于企业的技术创新和发展。

（2）无论是供应商集中度还是客户集中度对企业 R&D 经费投入频次也都存在显著的负向影响，这与研究假设 1b 和假设 2b 的推断相一致，即企业供应商集中度或客户集中度过高时，不利于企业对 R&D 活动进行连续性投资，反之亦然。根据 Cuervo - Cazurra 和 Annique（2010）的研究结论：当企业拥有外部知识资源但不受内部知识资源的影响时，更有可能进行间断性而非连续性 R&D 经费投入。与之相反，当企业拥有外部知识资源但缺乏内部的知识资源时更有可能选择不进行 R&D 经费投入。供应商、客户作为企业获得外部知识资源的重要来源，当二者关系紧密时，企业很容易会通过溢出效应来拥有大量的外部知识资源，因此，在企业内部知识资源确定的情况下，将不利于企业进行连续性 R&D 经费投入。

（3）研究还表明，供应商集中度和客户集中度对战略性新兴产业企业技术创新的影响具有相互替代性的作用。供应商集中度和客户集中度的耦合作用项——供应链集中度既不利于企业的技术创新产出，也不利于企业对 R&D 活动进行连续性投资。这一结论支持上述研究假设 3b，并且拒绝假设 3a。

6.4.2 本章研究局限性及展望

本章在提出供应商集中度、客户集中度和供应链集中度概念的基础上，以我国战略性新兴产业上市公司面板数据为研究对象，重点探讨了它们对企业技术创新的连续性投入和企业技术创新产出的影响。由于面板数据的不易获取性，本章研究仍然存在以下几个方面的不足。

（1）本章采用了面板数据的计数回归模型分析了供应商集中度、客户集中度和供应链集中度分别对企业技术创新的连续性投资和企业技术创新产出的影响问题，研究方法相对得当，并且也达到了相应的研究目的。然而，这一方法的缺陷在于没法获取我国战略性新兴产业企业应拥有最佳的客户数量或供应商数量分别是多少。为此，在后续的研究中应该着重探讨企业拥有的最佳客户数量或供应商数量是多少的问题。

（2）本章采用面板数据的计数模型详细探讨了供应链关系对企业技术创新的影响，意味着供应链关系与企业持续性 R&D 投资或企业技术创新产出之间存在泊松分布或负二项分布。仿照前面第 4 章企业外部环境因素——政府激励政策对企业技术创新产生了统计上显著的非线性关系。那么，供应商集中度、客户集中度和供应链集中度分别与企业技术创新之间是否也存在"U"形或倒"U"形的关系呢？因此，在后续研究中应着重探讨供应链关系与企业技术创新之间的非线性关系问题。

（3）本章选用了战略性新兴产业上市公司作为研究对象来验证供应链关系对企业技术创新的影响，那么，研究结论是否适用于战略性新兴产业非上市公司或非战略性新兴产业企业。因此，在后续的研究中，可采用非战略性新兴产业企业或战略性新兴产业非上市公司作为研究样本，进一步探讨供应商集中度、客户集中度和供应链集中度对企业技术创新的影响。

本章参考文献

[1] 李随成，姜银浩. 供应商参与新产品开发对企业自主创新能力的影响研究 [J]. 南开管理评论，2009，12（6）：11~16.

[2] 佘坚. 战略性新兴产业上市公司现状及特点分析 [R]. 深圳证券交易所综合研究所，2011.

[3] 肖洪钧，李苗苗，于丽丽. 战略性新兴产业企业技术创新能力影响因素研究——基于供应链企业间紧密关系的视角 [J]. 大连理工大学学报（社会科学版），2013，34（2）：8~12.

[4] 熊世权，易树平，郭峻. 组织学习下供应商关系对产品创新绩效的影响——基于重庆地区汽车业的实证研究 [J]. 科学学研究，2010，28（12）：1901~1911.

[5] Ahuja G. Collaboration networks, structural holes, and innovation: A longitudinal study [J]. *Administrative Science Quarterly*, 2000, 45 (3): 425 - 455.

[6] Alam I. An exploratory investigation of user involvement in new service development [J]. *Journal of the Academy of Marketing Sciences*, 2002, 30 (3): 250 - 261.

[7] Cameron A. C., Trivedi P. K. Regression-based tests for overdispersion in the Poisson model [J]. *Journal of Econometrics*, 1990, 46 (3): 347 - 364.

[8] Cuervo - Cazurra A., Annique Un C. Why some firms never invest in formal R&D [J]. *Strategic Management Journal*, 2010, 31 (7): 759 - 779.

[9] Eisenhardt K. M., Martin J. K. Dynamic capabilities: What are they? [J]. *Strategic Management Journal*, 2000, 21 (10): 1105 - 1121.

[10] Feng T. W., Wang D. Supply chain involvement for better product de-

velopment performance ［J］. *Industrial Management & Data Systems*, 2013, 113 (2): 190 – 206.

［11］Feng T. , Sun L. , Zhang Y. The effects of customer and supplier involvement on competitive advantage: An empirical study in China ［J］. *Industrial Marketing Management*, 2010, 39 (8): 1384 – 1394.

［12］Franke N. , Von Hippel E. Satisfying heterogeneous user needs via innovation toolkits: The case of apache security software ［J］. *Research Policy*, 2003, 32 (7): 1199 – 1215.

［13］Kapoor R. , Lee J. M. Coordinating and competing in ecosystems: How organizational forms shape new technology investments ［J］. *Strategic Management Journal*, 2013, 34 (3): 274 – 296.

［14］Kristensson P. , Gustafsson A. , Archer T. Harnessing the creative potential among users ［J］. *Journal of Product Innovation Management*, 2004, 21 (1): 4 – 14.

［15］Mishra A. A. , Shah R. R. In union lies strength: Collaborative competence in new product development and its performance effects ［J］. *Journal of Operations Management*, 2009, 27 (4): 324 – 338.

［16］Morrison P. D. , Roberts J. H. , et al. Determinants of user innovation and innovation sharing in a local market ［J］. *Management Science*, 2000, 46 (12): 1513 – 1527.

［17］Ramasamy B. , Yeung M. , Laforet S. China's outward foreign direct investment: Location choice and firm ownership ［J］. *Journal of World Business*, 2012, 47 (1): 17 – 25.

［18］Roy S. Innovation generation in supply chain relationships: A conceptual model and research propositions ［J］. *Journal of the Academy of Marketing Science*, 2004, 32 (1): 61 – 79.

［19］Sen S. , Basligil H. , Sen C. G. , et al. A framework for defining both qualitative and quantitative supplier selection criteria considering the buyer – supplier integration strategies ［J］. *International Journal of Production Research*, 2008, 46 (7): 1825 – 1845.

［20］Siegel D. S. , Wessner C. Universities and the success of entrepreneurial ventures: Evidence from the small business innovation research program [J]. *The Journal of Technology Transfer*, 2012, 37 (4): 404 - 415.

[21] Svendsen M. F., Haugland S. A., Grønhaug K., et al. Marketing strategy and customer involvement in product development [J]. *European Journal of Marketing*, 2011, 45 (4): 513 - 530.

[22] Thomke S., Von Hippel E. Customers as innovators: A new way to create value [J]. *Harvard Business Review*, 2002, 80 (4): 74 - 81.

[23] Tsai K. H. Collaborative networks and product innovation performance: Toward a contingency perspective [J]. *Research Policy*, 2009, 38 (5): 765 - 778.

[24] Wooldridge J. M. Estimating systems of equations with different instruments for different equations [J]. *Journal of Econometrics*, 1996, 74 (2): 387 - 405.

[25] Zhang Y., Li H. Innovation search of new ventures in a technology cluster: The role of ties with service intermediaries [J]. *Strategic Management Journal*, 2010, 31 (1): 88 - 109.

第7章　研究结论、局限性及提升企业技术创新水平的对策建议

7.1　基本结论

本书重点探讨了企业 R&D 投资波动性、R&D 投资强度、政府激励政策、区域环境要素和供应链关系等企业内、外部驱动因素对企业技术创新的影响问题。以我国战略性新兴产业上市企业面板数据为研究对象，通过采用面板数据的典型回归分析和非线性回归分析法、有向无环图分析方法、面板数据计数回归分析法等不同的定量研究方法的分析，最终获得的主要结论如下。

（1）在测算了企业 R&D 投资波动性基础上，通过构建企业 R&D 投资波动性、企业 R&D 投资强度和企业技术创新产出之间的面板数据经典回归模型，揭示了企业 R&D 投资波动性、企业 R&D 投资强度和企业技术创新产出之间的关系。

首先，在选取的 176 家战略性新兴产业样本企业中，企业 R&D 投资波动性在七大战略性新兴产业中存在显著差异性。与生物医药产业、节能环保产业相比，位于高端装备制造业或新一代信息技术产业的企业 R&D 投资波动性相对较大。其次，从实证结果来看，我国战略性新兴产业企业 R&D 投资波动性对企业技术创新具有统计上显著的负向作用，而企业 R&D 投资强度对企业技术创新则具有统计上显著的正向作用。研究还显示，当企业保持 R&D 投资相对稳定时，企业 R&D 投资强度越高，越有利于企业技术创新产出，即企业 R&D 投资强度对企业 R&D 投资波动性和企业技术创新产出之间的关系具有统计上显著的调节作用。

（2）运用数理模型推导并归纳了政府补贴、税收减免等政府激励政策对企业技术创新的作用机制问题，并采用面板数据多元线性和非线性回归分析方法进行了验证。

　　总体样本的检验结果显示：税费返还政策对企业的 R&D 经费投入和技术创新产出都具有显著的正向作用；政府补贴对企业 R&D 经费投入具有显著的正向作用，而对企业技术创新产出则具有显著的负向作用。因此，与政府补贴相比，税费返还政策对战略性新兴产业企业技术创新的促进作用更加显著。研究还发现，无论是政府补贴还是税费返还并不是越多越有利于企业 R&D 经费投入和技术创新产出的提升，而是存在一个确定的合理区间范围；若政府补贴或税费返还不在这个区间范围内，则二者将对企业 R&D 经费投入和技术创新产出产生负面影响。新一代信息技术产业子样本的检验结果与总体样本检验结果大体一致，与之不同的是：税费返还与子样本企业 R&D 经费投入之间的非线性关系在统计上并不显著。高端装备制造业的子样本的检验结果与总体样本检验结果基本一致，与之不同的是：政府补贴和税费返还对子样本企业技术创新产出的线性影响不尽相同，并且二者与子样本企业 R&D 经费投入之间的非线性关系在统计上不显著。另外，子样本检验结果还显示，政府补贴和税费返还对新一代信息技术产业企业 R&D 经费投入的积极促进作用明显大于高端装备制造业企业。

　　(3) 引入有向无环图（DAG）分析方法综合探讨了区域内对外开放程度、金融发展水平、科教事业和经济发展水平等区域环境要素与企业技术创新之间的同期因果关系。

　　面板数据的有向无环图分析表明以下几个方面。首先，战略性新兴产业企业的 R&D 经费投入越多、R&D 活动越稳定（R&D 投资波动性越小），越有利于企业技术创新产出，并且企业 R&D 经费投入无规律性地增加或减少往往会引起较大的 R&D 投资波动性。其次，区域内外商投资企业的外方注册资本情况是本土企业 R&D 经费投入和技术创新产出的直接正向原因；区域的对外依存度通过企业 R&D 投资波动性来对企业技术创新产出具有间接的正向作用。区域外商企业的投资情况通过企业 R&D 经费投入和 R&D 投资波动性来对企业技术创新产出产生间接的负向作用。再次，区域金融发展水平都是通过对企业 R&D 经费投入和 R&D 投资波动性的作用来间接地影响企业技术创新产出的：区域金融发展效率是本地企业 R&D 经费投入的直接正向原因，是企业 R&D 投资波动性的直接负向原因，进而是企业技术创新产出的间接正向原因；与之相反，金融发展规模是本土企业 R&D 经费投入的直接负向原因，是企业 R&D 投资波动性的直接正向原因，进而也是企业技术创新产出的间接负向原因。最后，区域内科技财政支持力度和高等教育水平都是通过对企业 R&D 经费投入和 R&D 投资波动性的作用来间接地影响企业技术创新产出的。研究表明，区域内科技财政支持力度和高等教育水平有效地促进了本土企业加大 R&D 经费投入，并降低了企业 R&D 投资波动性，进而间接地促进了企业技术创新产出。另外，研究还发现区域经济增长是企业技术创新产出、区域科教事业发展水平的必要而非充分条件。

（4）在提出供应商集中度、客户集中度和供应链集中度的概念基础上，运用面板数据的计数回归分析方法探讨了供应链关系对企业技术创新的影响。

为了更好地理解企业的供应链关系，本书提出了供应商集中度、客户集中度和供应链集中度的概念。在此基础上，运用面板数据计数回归分析方法探讨了供应链关系对企业技术创新的影响。研究结果表明以下几个方面。首先，无论是供应商集中度还是客户集中度对企业技术创新产出都具有显著的负向作用。主要原因在于，一方面，我国战略性新兴产业企业的技术创新能力和吸收能力普遍不高，从而阻碍了它们对来源于供应商、客户的信息、知识等资源的利用，甚至成为企业的冗余资源和负担，从而不利于企业技术创新。另一方面，供应商集中度或客户集中度过高表明，企业在供应链关系中地位较低，企业对供应商或客户容易形成一种单向依赖关系。这种依赖关系不仅致使企业减小了进行自主创新的压力，进而减少了对新产品、新技术的开发需求，而且一旦核心供应商或用户流失，甚至成为竞争对手，将不利于企业的技术创新和发展。其次，无论是供应商集中度还是客户集中度对企业 R&D 经费投入频次也都存在显著的负向影响。主要原因在于，当企业拥有外部知识资源但不受内部知识资源的影响时，更有可能进行间断性而非连续性 R&D 经费投入。与之相反，当企业拥有外部知识资源但缺乏内部知识资源时更有可能选择不进行 R&D 经费投入。供应商、客户作为企业获得外部知识资源的重要来源，当企业的供应商集中度、客户集中度过高时，企业很容易会通过溢出效应来拥有大量的外部知识资源。因此，在企业内部知识资源确定的情况下，将不利于企业进行连续性 R&D 经费投入。最后，供应链集中度既不利于企业的技术创新产出，也不利于企业进行连续性 R&D 经费投入，即供应商集中度和客户集中度对战略性新兴产业企业技术创新产出和 R&D 经费投入频次的影响具有相互替代性的作用。

7.2 主要局限性

本书从如何提升战略性新兴产业企业技术创新水平的实际问题出发，结合国内外文献梳理，发现企业技术创新的内、外部主要驱动因素，并依据本书选取的我国战略性新兴产业上市公司面板数据的特征，先后分别探讨了企业内部驱动因素（包括企业 R&D 投资波动性、R&D 投资强度等）和外部驱动因素（政府激励政策、区域环境要素和供应链关系）对企业技术创新的影响。尽管本书达到了预期的研究目标，但仍然存在以下两个方面的不足。

1. 研究样本本身的局限性

选用了我国战略性新兴产业上市公司作为研究对象，通过手动搜集上市公司年度报告获得相应面板数据来探讨了企业内、外部驱动因素分别对企业技术创新的影响。在整个研究过程中，并没有深入企业去挖掘和整理数据来验证研究结论的适用性，即未探讨研究结论是否适用于战略性新兴产业非上市公司或非战略性新兴产业企业。因此，在后续的研究中，可采用非战略性新兴产业企业或战略性新兴产业非上市公司作为研究样本，结合企业走访、调研等一手资料搜集方法，进一步深入探讨企业内、外部驱动因素对企业技术创新的影响。

2. 没有验证企业内、外部驱动因素的综合影响

在研究过程中，分别探讨了企业内、外部驱动因素对企业技术创新的影响，得到其对企业技术创新的影响均是显著有效的。那么，对于同一样本，这些驱动因素的综合作用应该也是显著的。尽管在第 6 章综合考虑了企业内部驱动因素、政府激励政策、区域环境要素对企业技术创新影响显著，并将其加入模型作为控制变量进行分析，但是，并没有构建全模型来深入地探讨这些企业内、外部驱动因素对企业技术创新的综合影响。因此，在后续的研究中，可考虑构建企业技术创新的全模型，着重探讨企业内、外部驱动因素对企业技术创新的综合影响。

7.3　提升企业技术创新水平的对策建议

7.2.1　维持企业 R&D 投资稳定性

依据第 3 章关于 2008 ~ 2011 年 176 家我国战略性新兴产业企业面板数据的定量化分析的研究结论，提出的两个对策建议。一是，为了获得较高的企业技术创新产出，我国战略性新兴产业企业应采用多种融资渠道，确保企业 R&D 经费投入的相对稳定性，特别是对于那些位于经济发达的东部地区的高端装备制造业企业，可以充分利用所在区域内成熟的金融系统，采用资产抵押、担保或发挥产业集群优势建立 R&D 合作联盟等方式来维持企业 R&D 经费投入的相对稳定性（Swift，2013）。第二，研究结果表明企业 R&D 投资强度对企业技术创新产出具有积极的促进作用；现实中企业技术创新能力较高的中兴通讯股份有限公司，在 2008 ~ 2011 年企业 R&D 投资强度保持在 9% 左右，而在 2016 年这一指标则超过了 12%（数据来源于 2008 ~ 2011 年和 2016 年中兴通讯股份有限公司年度报告）。因此，我国战略性新兴产业企业应不断提高企业 R&D 投资强度（戴小勇、成力为，2013）。

另外，从第 3 章实证分析结果来看，企业 R&D 经费投入、R&D 人员投入等对企业技术创新产出都具有正向作用。故我国企业应加大研发资本投入、改善 R&D 人员资源配置，不断缩小内部与外部之间的知识差距和技术差距，进而改善那些用来提高企业技术创新的基础条件。只有当企业拥有一定的吸收能力和创新能力，才能有效地将外部的知识、资源转换成企业自身创新所需的知识，进而促进企业技术创新水平的提升。

7.2.2　政府应出台多元化的激励政策

通过第 4 章的分析，从政府出台激励政策角度提出了以下几点建议和对策。

（1）关于政府激励政策对企业技术创新非线性影响的分析表明，政府补贴政策和税收减免政策对企业技术创新的影响分别存在一个确定的正向影响区间，当二者分别在这个正向区间时，它们对企业技术创新都产生积极的正向作用。因此，政府补贴和税收减免并不是越多越有利于企业的技术创新（李苗苗等，2014）。故中央和地方政府不应盲目地对企业实行过松或过紧的刺激政策，而是应该制定一个适当的政策门槛，使其对企业 R&D 经费投入和企业技术创新产出都具有积极的促进作用。

（2）关于政府激励政策对企业技术创新线性影响的分析表明，与政府的直接补贴政策相比，政府的税收减免政策对企业技术创新的促进作用更加显著。因此，中央和地方政府在出台相应的激励政策时，不宜过多采用直接的补贴政策（张桂玲、左浩泓，2005），而应更加注重税收减免等间接性的刺激政策。

（3）第 4 章对不同产业子样本的检验结果表明，政府刺激政策对企业 R&D 投资的作用程度存在差异性，即政府补贴和税费返还对新一代信息技术产业的促进作用明显大于高端装备制造业的促进作用，并且不同的政府刺激政策对企业技术创新产出的影响也存在显著的差异性。因此，中央和地方政府应针对不同产业采取不同的刺激政策，例如，对新一代信息技术产业而言，出台税费返还等间接性激励政策对企业技术创新的作用效果要优于采用政府补贴等直接性激励政策的作用效果；而对于高端装备制造业而言，出台诸如政府补贴等形式的直接性激励政策对企业技术创新的作用效果要优于采用税费返还等间接性激励政策的作用效果。

7.2.3　应充分利用区域环境要素

根据第 5 章内容对区域环境要素与企业技术创新之间的同期因果关系分析所获得的相应研究结论，提出如下几点建议。

（1）依据第 5 章研究结论，区域的对外依存度和外国投资者的注册资本比例越高，越有利于企业的技术创新。因此，从政府角度来看，首先，地方政府应通过主办、承办或参与诸如国际博览会、国际展销会等形式来增加地区之间的贸易活动，积极出台各种政策以便吸引外国投资者在中国投资注册 R&D 中心、技术研究中心等机构（李苗苗等，2016）。

（2）根据第 5 章的研究结论，区域内平均外国企业的年末投资对本土企业 R&D 经费投入产生了统计上显著的"挤出效应"，进而不利于企业技术创新产出。主要原因是，目前我国战略性新兴产业企业与跨国公司之间存在的能力差距（包括技术差距、效率差距等）过大，不利于本土企业消化、吸收和模仿伴随外国投资者带来的新知识和新技术的溢出，进而不利于自身技术创新水平的提升。因此，从企业微观角度来看，战略性新兴产业企业应该加大对核心技术的研发经费投入和研发人员投入，应不断加强自身的引进、吸收、消化和再创新的能力，不断缩小自身与外部知识、资源之间的能力势差，充分利用伴随 FDI 所带来的技术溢出、知识溢出和管理溢出，从而形成自主创新和利用外部资源的良性互动关系。

（3）第 5 章还探讨了金融发展规模和金融发展效率对企业技术创新的影响问题，结果表明，区域金融发展效率对本土企业研发投入具有"挤入效应"，并且降低了企业 R&D 投资波动性，进而对企业技术创新产出产生间接的正向作用；区域金融发展规模对本土企业研发经费投入具有"挤出效应"，并且加大了企业 R&D 投资波动性，进而对企业技术创新产出存在间接的负向作用。因此，地方政府还应注重地区的金融发展效率，逐步放开金融市场的管制，加快多元化金融市场的构建，而不是继续提倡银行主导型的金融发展方式（李苗苗等，2015）。

（4）第 5 章关于科教事业发展对企业技术创新的影响问题的分析结果表明，无论是省级区域科技财政支持力度还是高等教育机构都对本土战略性新兴产业企业 R&D 经费投入具有显著的促进作用，并且能够降低企业 R&D 投资波动性，进而间接地促进企业的技术创新产出。因此，在一定范围内省级区域政府应不断加大对科技、高等教育的财政支持力度，促使区域科教事业持续发展，从而促进企业技术创新产出（孙玉涛、李苗苗，2013）。

（5）第 5 章研究还表明，区域经济增长并没有对本土企业的技术创新产出和 R&D 经费投入产生直接的影响。这并不能充分表明全国各地区特别是西部相对落后的地区可以"一哄而上"地通过发展战略性新兴产业来实现"弯道超车"。事实上，任何一类产业的发展都是需要一定的产业基础、经济基础等前提条件的，七大战略性新兴产业的发展也不例外。如果各省级区域部门不考虑实际情况、不计成本，一味地为了政绩而强硬地发展战略性新兴产业，可能很容易造成"低水平重复"和"一哄而上"的局面，结果得不偿失，因此，各省级区域部门应谨慎行事，依据自身产业发展基础和优势，择其比较优势产业进行发展壮大。

7.2.4　企业与供应商、客户之间的关系不应过于紧密

根据第 6 章关于供应链关系对企业技术创新影响的研究分析及所获得的相应研究结论，本书提出如下几点建议。

(1) 第 6 章研究表明，供应商集中度和客户集中度对企业的 R&D 经费投入频次和技术创新产出都具有统计上显著的负向影响。原因是企业的供应商集中度或客户集中度过高，则企业对供应商或客户容易形成一种单向依赖关系。若存在这种依赖关系，那么，一旦核心供应商或用户流失，甚至成为竞争对手，将不利于企业的技术创新和发展。因此，我国战略性新兴产业企业的供应商集中度或客户集中度不应保持过高，而是应不断增加供应商或客户的数量（肖洪钧等，2013）。一方面，企业应尽量拓宽原材料的供货渠道，增加供应商数量，减少对个别供应商的依赖；另一方面，还应不断增加销售渠道，包括采用"线上线下"相结合等不同形式的渠道，减少对个别客户或零售商的依赖。

(2) 第 6 章的研究还表明，供应链集中度对战略性新兴产业企业的技术创新也存在统计上显著的消极影响。如果企业的供应商集中度和客户集中度都很高时，那么，说明该企业在供应链关系中的地位较低，并且同时对供应商和客户形成了较强的依赖性，而恰恰是这种依赖性致使企业减小了自主创新的压力，减少了对新产品、新技术或新服务的开发需求，从而不利于企业的技术创新投入和产出。因此，我国战略性新兴产业企业供应商集中度和客户集中度都不应保持过高，而是应不断拓宽产品销售渠道和原材料来源，减少原有供应商和客户在供应链中的支配权，不断增强企业自身在供应链中讨价还价的能力。

本章参考文献

[1] 戴小勇，成力为. 研发投入强度对企业绩效影响的门槛效应研究 [J]. 科学学研究，2013，31 (11)：1708 ~ 1716.

[2] 李苗苗，肖洪钧，傅吉新. 财政政策、企业 R&D 投入与技术创新能力——基于战略性新兴产业上市公司的实证研究 [J]. 管理评论，2014，26 (8)：135 ~ 144.

［3］李苗苗，肖洪钧，李海波．区域开放程度与企业技术创新能力的关系研究——基于有向无环图的实证分析［J］．运筹与管理，2016，25（6）：266～273.

［4］李苗苗，肖洪钧，赵爽．金融发展、技术创新与经济增长的关系研究——基于中国的省市面板数据［J］．中国管理科学，2015，23（1）：162～169.

［5］孙玉涛，李苗苗．企业技术创新能力培育的区域性因素——基于战略性新兴产业上市公司的实证分析［J］．科学学与科学技术管理，2013，34（8）：129～137.

［6］肖洪钧，李苗苗，于丽丽．战略性新兴产业企业技术创新能力影响因素研究——基于供应链企业间紧密关系的视角［J］．大连理工大学学报（社会科学版），2013，34（2）：8～12.

［7］张桂玲，左浩泓．对我国现行科技税收激励政策的归纳分析［J］．中国科技论坛，2005，（3）：37～39.

［8］Swift T. R&D expenditure volatility and firm performance：Organizational and environmental contexts［J］. *International Journal of Innovation and Technology Management*, 2013, 10（4）：1－21.

附录 A　企业 R&D 活动特征对企业技术创新产出的个体固定效应

企业代码	C_{A-I}	C_{A-II}	C_{A-III}	C_{A-IV}	企业代码	C_{A-I}	C_{A-II}	C_{A-III}	C_{A-IV}
E1	− 10.464	− 10.843	− 11.620	− 14.605	E26	− 38.688	− 38.770	− 39.363	− 42.146
E2	− 19.097	− 19.892	− 19.871	− 20.373	E27	217.374	218.025	215.906	220.387
E3	− 32.532	− 32.001	− 30.934	− 31.229	E28	− 30.433	− 30.533	− 29.868	− 30.250
E4	− 46.650	− 46.272	− 45.570	− 45.486	E29	− 29.262	− 29.715	− 29.366	− 29.825
E5	− 32.213	− 33.107	− 33.978	− 36.851	E30	− 124.462	− 123.608	− 124.921	− 120.472
E6	10.163	11.274	12.769	12.624	E31	− 23.853	− 24.544	− 25.069	− 26.478
E7	− 17.795	− 18.408	− 18.448	− 18.929	E32	− 33.612	− 34.206	− 34.711	− 37.003
E8	− 51.067	− 50.996	− 51.329	− 52.887	E33	− 36.444	− 37.176	− 37.232	− 37.424
E9	− 47.160	− 46.325	− 45.465	− 46.108	E34	− 46.348	− 40.178	− 34.036	− 32.400
E10	− 51.002	− 50.764	− 50.502	− 50.032	E35	− 36.016	− 35.965	− 35.233	− 35.437
E11	− 29.819	− 29.909	− 29.559	− 29.176	E36	− 34.519	− 34.186	− 33.302	− 33.541
E12	− 46.842	− 47.963	− 48.870	− 49.489	E37	− 22.532	− 23.280	− 24.498	− 28.588
E13	− 35.787	− 36.150	− 36.524	− 39.179	E38	10.270	8.001	7.741	7.774
E14	− 22.135	− 22.733	− 23.040	− 23.707	E39	− 29.534	− 29.008	− 28.853	− 31.949
E15	− 252.198	− 253.173	− 262.252	− 249.336	E40	21.817	21.317	21.206	21.365
E16	− 55.252	− 57.820	− 59.226	− 61.769	E41	− 30.475	− 31.190	− 30.784	− 30.633
E17	− 48.354	− 46.914	− 45.291	− 45.555	E42	25.217	24.475	23.431	19.931
E18	− 38.221	− 39.033	− 39.082	− 38.671	E43	− 54.943	− 53.711	− 52.539	− 52.789
E19	− 76.134	− 74.288	− 73.565	− 72.643	E44	− 30.912	− 31.610	− 32.029	− 32.563
E20	− 37.738	− 36.611	− 34.974	− 35.286	E45	− 51.888	− 51.377	− 50.898	− 50.541
E21	− 74.896	− 71.873	− 69.289	− 66.374	E46	− 27.863	− 28.899	− 29.417	− 31.760
E22	− 47.732	− 47.440	− 47.151	− 47.918	E47	− 30.638	− 31.494	− 31.733	− 32.861
E23	− 37.492	− 36.237	− 34.738	− 32.809	E48	− 38.329	− 38.941	− 39.458	− 40.987
E24	50.364	50.019	47.919	50.040	E49	− 33.218	− 30.006	− 27.005	− 25.794
E25	− 38.704	− 39.391	− 39.479	− 40.103	E50	− 48.200	− 48.359	− 48.540	− 48.426

续表

企业代码	C_{A-I}	C_{A-II}	C_{A-III}	C_{A-IV}	企业代码	C_{A-I}	C_{A-II}	C_{A-III}	C_{A-IV}
E51	-33.418	-33.591	-33.982	-34.861	E82	-30.450	-22.929	-16.362	-13.860
E52	-30.540	-31.626	-32.868	-36.483	E83	-39.543	-39.562	-38.867	-39.352
E53	-13.713	-14.411	-14.978	-16.923	E84	-27.993	-28.745	-28.898	-29.395
E54	-25.323	-25.748	-25.923	-26.488	E85	-32.146	-33.252	-33.787	-35.379
E55	-25.683	-26.331	-27.007	-28.657	E86	-22.555	-22.385	-21.889	-23.371
E56	-35.927	-36.430	-36.142	-36.757	E87	-21.352	-22.352	-22.717	-23.837
E57	-29.835	-30.714	-30.833	-31.549	E88	-38.087	-37.851	-37.444	-37.841
E58	-13.068	-12.854	-12.308	-12.332	E89	-29.065	-30.336	-30.910	-32.495
E59	-20.349	-21.848	-21.914	-21.907	E90	259.687	258.877	257.814	260.334
E60	-40.348	-40.769	-40.760	-41.844	E91	3.224	2.474	1.722	0.032
E61	173.024	172.205	171.764	170.289	E92	-36.649	-36.814	-36.647	-38.455
E62	-23.302	-23.203	-22.613	-22.698	E93	-87.610	-89.445	-91.556	-89.272
E63	-31.576	-31.906	-31.597	-32.128	E94	-35.928	-35.927	-35.562	-35.462
E64	-42.506	-41.411	-39.908	-39.896	E95	-33.629	-34.725	-35.191	-36.898
E65	-33.536	-34.399	-35.061	-36.755	E96	-65.164	-65.170	-65.870	-65.723
E66	-9.554	-10.372	-11.268	-12.623	E97	-77.812	-77.347	-79.262	-73.756
E67	-42.707	-43.945	-44.782	-45.171	E98	-44.131	-43.876	-43.106	-43.066
E68	-32.752	-29.472	-26.225	-25.249	E99	-14.242	-13.605	-12.367	-12.916
E69	-59.102	-55.750	-52.631	-51.843	E100	-37.432	-37.493	-37.342	-39.123
E70	-31.846	-32.626	-32.659	-33.355	E101	-55.639	-56.117	-56.284	-55.769
E71	-33.199	-33.054	-32.401	-32.570	E102	-65.594	-66.506	-67.630	-66.664
E72	-54.969	-48.935	-43.475	-42.121	E103	-46.001	-54.439	-63.044	-47.753
E73	-44.334	-41.214	-38.285	-37.436	E104	-24.048	-24.825	-25.471	-26.611
E74	140.692	139.700	138.689	137.979	E105	35.141	36.442	37.978	38.106
E75	-34.476	-34.506	-34.005	-35.404	E106	-104.269	-102.382	-102.193	-98.935
E76	-12.175	-12.999	-13.121	-13.379	E107	-26.502	-27.701	-28.473	-30.683
E77	-48.190	-48.756	-49.293	-49.622	E108	-36.835	-36.383	-36.192	-39.233
E78	-36.350	-37.181	-37.440	-37.899	E109	-54.937	-54.419	-54.044	-53.809
E79	-37.074	-39.108	-39.845	-41.839	E110	4824.806	4814.918	4792.038	4827.886
E80	4.472	9.662	14.513	17.048	E111	-42.847	-42.504	-41.662	-41.609
E81	-24.408	-25.526	-26.703	-28.854	E112	-39.725	-39.901	-39.857	-41.470

企业代码	C_{A-I}	C_{A-II}	C_{A-III}	C_{A-IV}	企业代码	C_{A-I}	C_{A-II}	C_{A-III}	C_{A-IV}
E113	-20.219	-20.099	-19.640	-20.874	E145	-58.784	-58.695	-58.553	-57.884
E114	-31.143	-32.407	-33.638	-34.802	E146	-40.860	-41.011	-40.107	-40.124
E115	-52.243	-50.623	-48.836	-48.431	E147	-48.794	-45.266	-41.865	-42.369
E116	-50.115	-49.692	-49.823	-49.109	E148	-39.014	-39.559	-40.139	-42.071
E117	-33.897	-34.735	-35.100	-36.359	E149	62.101	61.665	60.771	61.893
E118	-31.918	-32.807	-33.204	-34.230	E150	-20.766	-20.730	-20.906	-21.298
E119	-30.773	-31.537	-31.649	-32.693	E151	-38.134	-38.515	-38.561	-39.569
E120	-33.486	-34.457	-34.714	-35.573	E152	-36.877	-36.893	-36.854	-38.572
E121	33.830	40.088	45.735	47.875	E153	-40.358	-39.555	-38.331	-38.713
E122	-17.760	-17.803	-17.349	-18.006	E154	-25.786	-26.481	-27.162	-28.901
E123	3.152	5.038	6.406	7.457	E155	-27.721	-29.179	-29.340	-28.050
E124	-37.956	-38.742	-39.206	-40.278	E156	-30.875	-30.661	-29.862	-30.198
E125	-36.342	-36.797	-36.654	-37.274	E157	-1.926	-2.003	-2.074	-1.543
E126	7.157	6.019	5.155	3.118	E158	2.104	1.380	1.001	-0.080
E127	-36.763	-37.213	-36.935	-37.385	E159	-49.856	-50.413	-50.937	-51.206
E128	-8.028	-6.924	-8.210	-4.560	E160	-22.229	-22.683	-22.940	-25.086
E129	61.790	60.718	59.513	57.887	E161	-33.019	-31.660	-30.221	-30.079
E130	-49.140	-48.509	-47.975	-48.264	E162	-48.832	-48.290	-48.601	-51.335
E131	-37.620	-37.844	-37.703	-39.003	E163	-39.021	-35.801	-32.705	-31.631
E132	-43.817	-45.310	-46.603	-45.743	E164	-36.562	-37.226	-37.056	-37.660
E133	-37.645	-38.667	-39.211	-40.470	E165	-47.153	-46.641	-46.402	-47.557
E134	97.284	96.293	95.583	95.001	E166	-69.316	-64.455	-60.043	-58.671
E135	29.578	29.064	29.312	28.560	E167	-35.533	-36.079	-35.993	-36.706
E136	-27.800	-27.058	-26.583	-27.473	E168	-34.752	-34.430	-33.992	-35.132
E137	17.080	15.920	14.276	14.809	E169	-1.837	-2.976	-3.949	-4.507
E138	-38.258	-38.204	-37.624	-37.941	E170	-13.217	-13.459	-12.894	-13.309
E139	-57.783	-56.400	-55.644	-55.020	E171	-22.561	-22.648	-22.159	-22.864
E140	-26.647	-27.600	-28.151	-29.617	E172	-37.930	-37.920	-37.091	-37.478
E141	-67.405	-67.338	-68.053	-67.217	E173	-59.159	-59.029	-59.445	-58.394
E142	-40.470	-39.927	-38.657	-38.843	E174	-43.972	-42.899	-41.418	-41.674
E143	-35.078	-35.547	-36.175	-35.821	E175	-34.338	-35.204	-35.657	-35.537
E144	-29.463	-30.228	-30.568	-31.844	E176	-87.477	-86.165	-87.814	-85.604

附录 B 政府激励政策对企业 R&D 经费投入的个体固定效应

附录 B-Ⅰ 总体样本

企业代码	政府补贴				税费返还				耦合作用	
	$C_{I(A)}$	$C_{I(B)}$	$C_{I(C)}$	$C_{I(D)}$	$C_{II(A)}$	$C_{II(B)}$	$C_{II(C)}$	$C_{II(D)}$	$C_{III(A)}$	$C_{III(B)}$
F1	-123.503	-120.314	-116.528	23.625	-105.317	-104.673	-108.162	-80.565	-114.101	-89.823
F2	-56.076	-56.182	-47.468	-6.009	-20.598	-27.581	-23.538	-37.503	-17.849	-28.796
F3	7.214	10.124	35.245	-24.644	13.462	13.386	19.213	-10.635	18.442	0.765
F4	55.263	61.107	46.272	38.702	53.41	45.081	47.732	41.998	60.302	57.665
F5	560.642	559.252	602.979	615.346	628.073	632.348	710.688	575.508	625.436	607.42
F6	-4.607	10.817	110.864	-146.923	-40.621	-20.881	5.509	-48.469	-29.917	-41.013
F7	-483.07	-417.173	—	74.966	-158.435	-145.869	—	-350.271	-215.396	-248.172
F8	-56.365	-50.003	—	108.526	1.895	0.602	—	-59.757	18.496	-29.634
F9	-53.616	-52.568	—	-84.112	-52.757	-47.675	—	-75.39	-45.566	-63.777
F10	-111.502	-114.041	—	-49.085	-72.629	-75.029	—	-99.202	-66.642	-85.776
F11	-43.246	-40.328	—	-81.696	-34.289	-32.005	—	-64.997	-25.259	-49.868
F12	-135.252	-137.518	-128.587	-12.976	-80.02	-73.136	-46.128	-89.564	-75.992	-81.034
F13	-63.186	-66.552	-31.96	36.796	-73.467	-71.721	-56.774	-53.817	-81.378	-59.754
F14	80.879	87.961	104.337	-70.219	16.538	10.005	1.345	57.499	22.676	40.285
F15	-141.7	-163.2	—	59.882	-140.94	-130.362	—	-88.783	-155.117	-100.584
F16	-101.981	-100.241	-72.841	-48.237	-172.79	-158.813	-190.03	-131.011	-184.333	-144.661
F17	-42.371	-42.611	—	27.32	-3.779	-4.071	—	-32.582	1.052	-20.425
F18	-55.323	-50.869	-16.788	-69.988	-7.816	-11.669	5.529	-40.976	6.363	-26.774
F19	5.85	0.258	-13.928	38.346	10.687	4.435	-7.416	6.875	7.513	11.293
F20	1351.284	1177.89	54.085	2119.354	1776.203	1699.199	1922.522	1882.88	1634.182	1754.991
F21	-87.799	-98.929	-76.265	37.166	-48.734	-56.646	-22.727	-50.068	-53.678	-44.069

企业代码	政府补贴				税费返还				耦合作用	
	$C_{I(A)}$	$C_{I(B)}$	$C_{I(C)}$	$C_{I(D)}$	$C_{II(A)}$	$C_{II(B)}$	$C_{II(C)}$	$C_{II(D)}$	$C_{III(A)}$	$C_{III(B)}$
F22	133.626	131.355	—	243.582	159.133	153.705	—	217.464	166.282	198.207
F23	-123.506	-119.21	-53.794	-71.952	-131.076	-120.596	-111.701	-127.217	-127.248	-125.923
F24	9.821	5.033	-0.345	23.608	22.021	16.84	4.927	7.287	20.38	17.773
F25	26.484	28.719	—	-27.861	66.86	83.256	—	0.417	75.551	27.665
F26	-127.338	-123.119	—	-96.275	-142.502	-131.992	—	-152.034	-141.532	-146.071
F27	-181.449	-189.924	-147.98	5.259	-173.524	-170.363	-195.065	-150.825	-183.787	-153.075
F28	-183.111	-171.991	-95.057	-162.14	-178.801	-165.091	-159.405	-195.468	-168.382	-187.505
F29	-181.485	-193.276	-281.403	-66.673	-92.179	-95.629	-71.875	-95.294	-85.994	-92.991
F30	-169.468	-174.659	-179.121	-4.565	-89.476	-88.553	-61.247	-124.979	-86.712	-105.366
F31	-159.019	-156.94	—	-69.748	-163.808	-156.635	—	-156.967	-163.461	-156.987
F32	-133.585	-136.288	-107.25	-10.53	-179.783	-171.307	-196.455	-133.925	-192.495	-150.955
F33	-92.048	-103.885	-141.017	83.53	-106.935	-108.15	-124.871	-63.84	-125.633	-78.278
F34	1693.143	1479.059	505.135	2366.465	2134.766	2054.997	2533.145	2101.44	1975.595	2108.278
F35	-103.473	-107.23	-92.496	-5.268	-102.434	-101.67	-121.987	-92.277	-107.22	-95.728
F36	-198.85	-239.993	-2219.48	46.821	-200.555	-186.925	-686.509	-79.135	-340.861	-1116.205
F37	-254.778	-432.768	-1599.675	341.452	30.34	29.712	43.231	-54.648	-75.166	38.382
F38	14.97	29.023	88.593	-116.726	-28.38	-16.434	-12.72	-48.111	-19.897	-37.266
F39	-32.826	-36.934	-43.986	1.285	0.25	-8.273	-8.863	-19.444	2.794	-8.775
F40	-68.685	-76.218	-118.08	120.2	-50.28	-39.876	-67.058	-44.108	-72.021	-35.432
F41	997.934	691.248	-1411.004	1692.874	1455.144	1284.48	1244.596	1696.602	1228.897	1177.656
F42	-50.652	-44.654	-4.196	-64.099	-122.552	-108.005	-125.166	-91.38	-129.756	-102.401
F43	-157.596	-153.42	-104.607	-84.191	-135.357	-131.947	-126.291	-145.572	-129.844	-140.214
F44	-73.447	-67.91	-28.631	-50.589	-79.599	-72.146	-78.85	-88.705	-78.646	-82.344
F45	40.252	52.379	107.186	-102.531	-9.602	1.88	1.309	-25.774	-3.088	-16.306
F46	41.519	31.466	-69.455	62.382	46.99	38.945	-12.065	39.14	42.257	45.631
F47	-82.855	-86.917	-114.238	-156.57	38.367	36.076	71.99	-19.5	50.033	2.427
F48	-125.573	-126.526	-107.877	-34.055	-90.091	-91.877	-90.061	-104.413	-87.867	-96.183
F49	-140.621	-139.361	-99.303	-41.353	-217.801	-243.092	-271.529	-107.243	-221	-149.951
F50	-35.953	1.979	63.558	-243.37	119.103	137.516	183.365	70.407	84.098	80.878
F51	-120.651	-125.322	—	-27.219	-93.675	-119.579	—	-90.386	-91.21	-89.32
F52	71.829	74.725	75.614	-19.965	82.653	76.22	85.636	54.22	91.031	67.864

续表

企业代码	政府补贴				税费返还				耦合作用	
	$C_{I(A)}$	$C_{I(B)}$	$C_{I(C)}$	$C_{I(D)}$	$C_{II(A)}$	$C_{II(B)}$	$C_{II(C)}$	$C_{II(D)}$	$C_{III(A)}$	$C_{III(B)}$
F53	24.451	24.75	25.697	-12.977	40.583	30.37	31.719	23.04	46.764	31.517
F54	76.873	81.07	83.399	2.819	-9.753	-10.819	-28.737	46.23	-15.594	23.656
F55	92.964	86.449	42.493	40.12	118.048	101.736	112.61	139.561	123.303	120.296
F56	72.683	74.942	—	-5.611	30.982	29.852	—	29.408	27.718	34.411
F57	-90.621	-98.259	-93.417	29.189	-104.668	-103.417	-120.138	-73.024	-116.68	-82.34
F58	-90.53	-96.467	-101.652	10.224	-93.594	-95.967	-113.637	-77.369	-100.481	-81.059
F59	60.125	55.46	40.063	58.828	68.735	54.763	52.834	65.502	68.566	68.191
F60	217.932	260.043	394.911	-301.788	-34.076	15.521	-15.371	-20.003	-27.441	-22.573
F61	-139.132	-141.363	—	-34.967	-104.254	-107.069	—	-129.624	-103.272	-121.259
F62	4.558	8.662	12.948	-58.576	27.646	22.056	28.106	-2.232	37.274	12.638
F63	53.852	68.361	120.383	-134.763	-44.9	-21.351	-45.64	-45.959	-43.176	-40.062
F64	30.335	51.366	—	-137.103	-29.781	-5.211	—	-29.02	-24.915	-22.528
F65	58.512	54.9	—	43.412	40.357	41.364	—	50.305	35.237	50.179
F66	86.232	91.076	103.871	-66.077	92.565	87.167	89.944	55.895	104.801	74.192
F67	60.791	51.228	21.234	86.037	57.672	49.217	28.182	61.147	48.653	64.267
F68	-145.109	-149.155	-141.006	-11.738	-113.736	-110.272	-113.409	-110.845	-117.237	-110.08
F69	-72.928	-73.833	-52.242	2.049	-132.821	-118.873	-145.388	-89.623	-148.696	-102.822
F70	21.952	26.326	84.198	-11.018	101.399	117.701	163.821	52.119	105.938	76.461
F71	-92.561	-141.928	-415.525	127.281	-94.339	-176.424	-240.28	59.402	-116.596	-20.843
F72	5.333	8.408	24.384	-41.908	4.452	16.016	8.018	0.312	4.364	4.968
F73	83.441	96.497	148.915	-74.064	26.726	26.16	23.788	40.623	38.61	35.111
F74	13.384	9.847	0.671	39.281	41.665	35.172	42.588	20.572	41.93	30.954
F75	44.931	45.933	44.952	10.349	19.123	19.988	11.863	18.786	15.331	22.399
F76	41.229	33.105	0.848	86.254	20.356	15.218	12.287	43.49	8.488	35.729
F77	-26.416	-27.093	-20.453	-2.096	12.471	8.064	14.62	-18.558	19.978	-4.035
F78	-18.846	-25.48	-35.893	68.56	-20.963	-27.093	-29.95	-6.824	-30.67	-11.105
F79	216.444	262.494	—	-292.795	34.996	86.72	—	23.29	58.366	34.641
F80	-130.679	-136.233	-112.886	-3.708	-168.086	-162.076	-191.526	-128.426	-181.213	-140.622
F81	74.237	87.454	79.449	-172.589	22.421	60.727	74.285	-4.588	26.909	16.334
F82	-164.315	-162.899	-140.351	-65.012	-145.403	-163.373	-173.435	-114.512	-135.231	-129.431
F83	-233.141	-243.469	-283.135	-44.226	-148.547	-147.484	-132.412	-181.672	-147.263	-162.847

企业代码	政府补贴				税费返还				耦合作用	
	$C_{I(A)}$	$C_{I(B)}$	$C_{I(C)}$	$C_{I(D)}$	$C_{II(A)}$	$C_{II(B)}$	$C_{II(C)}$	$C_{II(D)}$	$C_{III(A)}$	$C_{III(B)}$
F84	-10.155	-13.443	10.852	76.122	-24.39	-15.12	0.463	-5.855	-32.885	-9.223
F85	-64.87	-79.031	-121.551	82.356	-65.163	-70.348	-86.512	-37.224	-79.543	-44.614
F86	-31.547	-49.855	—	20.163	21.168	10.456	—	-9.734	21.085	9.167
F87	53.046	79.801	164.034	-239.836	-97.261	-75.341	-109.704	-64.03	-90.799	-74.557
F88	-34.288	-39.294	-57.306	37.573	-11.955	-16.126	-15.872	-14.626	-14.352	-11.198
F89	-120.729	-123.314	-140.597	-20.288	-58.95	-58.381	-49.119	-91.378	-52.85	-74.43
F90	-116.655	-122.786	—	-10.833	-111.098	-107.158	—	-92.762	-115.129	-96.728
F91	-150.498	-163.442	-196.858	83.356	-130.954	-124.082	-120.046	-110.602	-150.433	-111.892
F92	-61.28	-60.992	-41.24	-14.754	-52.189	-52.977	-52.448	-58.858	-52.108	-54.775
F93	-63.605	-70.184	-77.084	39.242	-68.945	-72.645	-83.019	-49.225	-78.344	-55.767
F94	16.829	18.843	24.358	-39.594	4.155	-6.755	-15.175	18.077	9.116	12.329
F95	-11.14	-10.643	-2.486	4.78	8.086	4.423	7.415	-7.986	10.54	-0.482
F96	-111.795	-107.296	-55.11	-115.149	-195.668	-174.043	-167.357	-162.444	-203.119	-171.801
F97	90.85	118.185	231.852	-219.657	-76.967	-40.736	-67.194	-64.273	-72.728	-65.431
F98	-273.647	-274.374	-263.843	-111.718	-210.114	-190.96	-182.364	-215.79	-213.315	-219.196
F99	-15.667	-7.091	33.349	-112.4	-12.541	-26.281	-28.664	-25.68	0.607	-26.601
F100	90.251	96.299	109.639	-28.235	106.796	100.015	117.24	61.686	119.772	81.91
F101	96.433	101.046	97.464	-25.459	46.604	49.997	48.599	41.09	47	47.077
F102	-75.039	-85.329	-137.325	15.66	-57.018	-60.859	-79.368	-58.563	-62.793	-52.482
F103	43.544	43.108	35.153	15.547	88.595	89.583	104.887	73.547	97.176	82.051
F104	-33.771	-36.602	-71.1	16.384	27.996	21.475	32.056	-16.171	34.156	5.756
F105	13.386	10.337	—	-4.799	39.577	42.746	—	2.936	43.506	23.925
F106	-3.42	22.385	114.338	-275.408	-99.741	-65.729	-73.917	-113.42	-88.83	-104.02
F107	-136.604	-138.008	-121.288	-30.03	-115.204	-114.223	-113.989	-114.512	-115.079	-113.398
F108	3.107	-3.231	-46.754	10.955	63.772	56.21	72.903	15.467	69.2	40.13
F109	51.534	52.242	52.284	-11.374	44.053	40.026	36.526	27.246	46.32	36.777
F110	-61.036	-61.917	—	-38.088	-13.563	-6.494	—	-37.908	-1.948	-21.832
F111	137.365	177.707	320.963	-337.505	-87.403	-36.758	-73.713	-71.098	-78.532	-72.575
F112	83.695	108.778	204.765	-176.231	-14.789	14.909	9.349	-31.769	-3.715	-21.256
F113	-204.345	-206.151	-248.46	-119.167	-88.169	-71.659	-49.931	-138.542	-85.556	-126.555
F114	124.281	120.642	105.872	92.218	58.096	56.903	47.932	86.988	42.749	77.692

续表

企业代码	政府补贴				税费返还				耦合作用	
	$C_{I(A)}$	$C_{I(B)}$	$C_{I(C)}$	$C_{I(D)}$	$C_{II(A)}$	$C_{II(B)}$	$C_{II(C)}$	$C_{II(D)}$	$C_{III(A)}$	$C_{III(B)}$
F115	-22.819	-21.402	-12.038	-11.518	11.075	8.225	19.659	-18.596	14.921	-4.91
F116	-30.006	-28.022	-10.125	-45.895	19.312	13.486	21.997	-28.129	31.649	-6.445
F117	74.87	68.883	39.244	71.482	107.187	93.005	103.232	82.176	108.348	95.496
F118	-9.49	-14.91	-22.991	42.59	14.387	5.893	5.376	2.103	12.903	9.779
F119	-79.417	-68.758	-23.504	-149.332	-85.023	-67.245	-66.087	-97.564	-77.628	-91.446
F120	-7.055	-27.989	-105.779	183.835	85.462	82.148	121.694	50.102	68.475	77.054
F121	-31.146	3.778	91.493	-345.275	-296.976	-230.854	-285.388	-225.741	-309.175	-250.337
F122	69.255	63.116	24.014	21.933	70.636	65.725	66.424	46.854	69.491	62.393
F123	13.882	20.602	—	-75.387	-39.68	-32.465	—	-40.269	-38.467	-37.911
F124	-54.739	-54.415	-37.916	-26.877	-13.764	-17.907	-7.518	-44.051	-7.38	-30.2
F125	34.223	33.445	17.51	87.048	42.571	39.295	35.915	49.184	35.516	49.813
F126	28.787	15.812	-37.301	155.963	46.435	32.304	19.748	60.445	30.237	58.862
F127	72.227	73.328	74.708	24.982	44.291	47.236	52.767	46.788	38.835	48.541
F128	-33.353	-42.428	-65.373	61.63	-20.657	-23.936	-26.295	-14.731	-31.234	-13.208
F129	15.997	36.376	—	-7.724	-61.482	-144.657	—	124.4	-40.673	46.638
F130	46.354	44.706	5.865	-27.983	60.323	48.019	48.914	40.336	69.67	51.345
F131	-78.3	-87.198	-100.096	40.078	-73.002	-75.337	-96.435	-63.956	-82.975	-62.797
F132	104.361	107.627	109.078	10.568	72.178	73.551	70.204	65.857	71.583	72.073
F133	-90.117	-85.01	—	-100.393	-131.17	-115.348	—	-114.065	-130.716	-116.945
F134	-172.588	-170.079	—	-64.985	-189.739	-176.109	—	-162.472	-197.468	-163.636
F135	-12.258	-16.267	—	-9.64	-10.347	-8.231	—	-16.719	-13.023	-8.134
F136	-183.567	-189.933	-229.646	-93.226	-26.879	2.284	52.754	-68.181	-28.068	-51.8
F137	-51.915	-64.001	-62.766	15.548	-16.24	-24.726	-19.382	-35.059	-17.675	-25.351
F138	-106.398	-133.471	-258.536	74.469	-25.225	-33.55	-27.161	-14.982	-39.319	-10.473
F139	74.712	74.814	85.736	21.419	54.635	53.011	59.6	43.966	52.201	52.341
F140	24.358	31.272	—	-56.901	-9.104	-4.157	—	-64.915	-14.559	-51.102
F141	-124.477	-121.512	-131.677	-161.193	-78.699	-36.842	-1.23	-64.087	-81.778	-69.324
F142	51.66	53.076	—	41.898	53.93	47.878	—	52.274	52.279	51.628
F143	5.166	8.618	—	-32.651	-112.164	-166.195	—	133.337	-77.325	33.885
F144	-159.144	-172.798	—	8.413	-144.738	-143.634	—	-120.805	-152.781	-123.772
F145	-43.394	-44.527	—	3.635	-36.634	-37.714	—	-33.007	-37.322	-32.839

企业代码	政府补贴				税费返还				耦合作用	
	$C_{I(A)}$	$C_{I(B)}$	$C_{I(C)}$	$C_{I(D)}$	$C_{II(A)}$	$C_{II(B)}$	$C_{II(C)}$	$C_{II(D)}$	$C_{III(A)}$	$C_{III(B)}$
F146	63.814	64.144	49.046	-1.588	41.777	47.674	43.555	32.659	38.49	41.286
F147	5.549	6.193	24.202	30.838	-329.111	-617.035	-866.013	23.395	-275.126	-24.423
F148	-111.147	-132.253	-121.626	33.262	-77.057	-78.859	-74.876	-79.302	-82.443	-72.75
F149	54.381	42.692	-50.643	58.931	60.482	54.97	54.945	53.391	53.484	62.245
F150	-128.853	-134.345	-131.759	19.932	-145.634	-142.668	-160.55	-112.621	-157.111	-125.173
F151	-4.7	0.632	20.416	-92.301	57.854	53.563	77.565	10.984	75.702	33.417
F152	476.724	337.981	291.205	604.773	256.871	70.158	326.079	771.11	143.006	183.571
F153	-43.099	-33.477	-3.878	-125.102	-59.975	-93.044	-111.899	-26.533	-38.481	-42.635
F154	-84.93	-79.052	-64.868	-108.936	-100.961	-89.629	-88.049	-104.356	-97.654	-101.048
F155	141.224	134.16	99.746	104.318	103.752	95.933	84.768	113.535	92.349	112.876
F156	-83.594	-80.155	-68.275	-102.825	-14.234	-18.48	-17.589	-60.937	4.616	-39.182
F157	-58.957	-114.548	-462.806	117.43	-265.771	-445.453	-639.855	-103.647	-274.017	-192.616
F158	815.484	859.168	1047.639	-87.039	868.404	1053.085	1441.672	798.453	887.127	821.114
F159	-33.04	-34.306	-43.564	-15.214	12.356	2.156	10.532	-10.784	21.956	-0.539
F160	57.003	52.449	—	71.206	-36.736	-118.97	—	168.569	-16.822	77.393
F161	72.735	72.764	76.042	-55.345	20.45	19.772	11.886	37.273	19.474	31.1
F162	7.026	1.01	—	71.166	19.195	12.403	—	37.437	13.059	34.698
F163	-80.097	-67.23	—	-215.532	-129.006	-214.954	—	-26.656	-94.615	-71.606
F164	-78.85	-93.471	-153.905	51.332	-49.571	-53.396	-47.636	-61.508	-60.415	-56.55
F165	68.687	75.427	57.091	-61.278	-203.261	-281.69	-366.447	-52.346	-185.168	-11.831
F166	22.839	15.895	-13.949	64.007	29.656	16.834	11.765	49.549	27.252	42.431
F167	-195.633	-208.721	—	58.017	-98.694	-77.265	—	-111.005	-114.168	-102.868
F168	-114.959	-117.867	—	-14.964	-155.763	-148.691	—	-127.099	-166.495	-138.775
F169	1404.704	1500.787	—	2244.529	1809.777	1896.859	—	2674.88	1739.981	2188.35
F170	-49.924	-49.299	-56.391	-18.641	-108.883	-97.916	-126.016	-78.986	-120.202	-87.45
F171	-21.428	-13.799	12.187	-118.063	14.154	14.037	21.796	-40.209	30.203	-13.813
F172	-115.413	-126.223	-61.42	61.701	-96.354	-97.3	-51.063	-82.531	-104.712	-83.156
F173	-33.939	-87.76	-412.697	791.124	189.743	287.791	432.288	42.919	93.752	-90.504
F174	30.992	42.026	85.148	-96.191	23.543	27.929	39.054	-13.407	36.723	4.122
F175	21.252	22.408	9.158	58.026	90.805	88.423	105.499	36.886	86.999	64.859
F176	-150.219	-147.637	-146.598	-82.986	-148.484	-136.287	-147.498	-154.5	-147.457	-147.693

续表

企业代码	政府补贴				税费返还				耦合作用	
	$C_{I(A)}$	$C_{I(B)}$	$C_{I(C)}$	$C_{I(D)}$	$C_{II(A)}$	$C_{II(B)}$	$C_{II(C)}$	$C_{II(D)}$	$C_{III(A)}$	$C_{III(B)}$
F177	-4.475	-2.814	3.493	-18.619	-41.905	-33.752	-48.484	-31.343	-48.314	-33.678
F178	4956.748	4631.429	4449.64	9921.95	6673.736	7414.558	8020.193	8057.853	6489.052	7747.085
F179	105.742	108.616	123.702	26.37	69.704	72.42	78.668	63.844	68.559	68.195
F180	-23.266	-4.621	64.605	-207.833	-32.323	-18.486	-10.947	-89.053	-11.587	-62.332
F181	-208.111	-214.44	-200.799	48.526	-149.16	-140.166	-150.546	-147.256	-170.891	-136.69
F182	-42.674	-47.668	-36.728	-54.656	10.649	2.056	16.845	-32.073	20.978	-10.816
F183	-131.34	-130.907	-72.386	-40.426	-153.279	-144.864	-174.686	-135.324	-161.252	-138.191
F184	-32.46	-37.37	-51.709	21.109	-5.742	-29.058	-31.039	-2.952	-2.906	-3.432
F185	-16.383	-19.7	—	-15.567	13.143	3.58	—	11.329	23.425	12.348
F186	62.766	59.742	36.728	22.761	92.062	81.981	74.12	52.615	96.942	71.917
F187	55.319	47.531	21.74	89.848	55.648	43.333	32.169	61.405	47.344	61.785
F188	-29.856	-37.458		6.078	-27.764	-30.475	—	-30.616	-30.914	-24.971
F189	69.207	93.351	181.758	-189.942	-62.309	-28.526	-45.2	-61.148	-56.625	-57.41
F190	23.231	16.188	-11.292	55.015	40.051	29.369	30.56	32.285	37.503	38.086
F191	74.998	126.67	295.888	-454.551	-116.117	-57.965	-74.801	-150.229	-94.279	-136.405
F192	-182.767	-186.29	-186.253	-48.267	-196.48	-188.588	-201.485	-168.99	-204.532	-178.53
F193	53.179	63.995	—	-189.385	-43.565	-43.91	—	-17.7	-25.08	-29.385
F194	-52.269	-59.488		-34.683	-39.233	-31.978	—	-32.995	-36.017	-26.983
F195	-49.773	-46.588	-26.672	-44.672	-58.41	-51.649	-64.48	-68.788	-58.294	-61.105
F196	-132.118	-118.422	-83.46	-260.858	-193.123	-207.951	-245.997	-120.639	-174.795	-157.366
F197	-19.017	16.561	125.398	-265.745	-140.221	-102.083	-136.14	-146.072	-129.325	-139.501
F198	-61.248	-75.071	-3.292	3.539	34.312	33.005	37.302	-32.813	39.972	4.934
F199	-94.245	-88.511	-104.694	-18.842	-47.504	-29.369	-1.475	-62.256	-47.153	-54.45
F200	98.462	95.83	74.92	74.741	99.778	91.684	98.428	83.772	95.827	93.022
F201	-1.61	-22.286	-141.076	-234.574	39	-18.803	6.871	156.977	39.168	81.101
F202	-12.371	-9.604	1.044	-5.512	-5.964	-16.936	-33.347	73.457	2.217	28.323
F203	177.775	196.845	266.393	-21.107	146.704	137.266	165.922	152.127	167.398	148.474
F204	42.624	42.866	54.324	-13.8	38.814	33.302	30.427	24.442	42.788	33.549
F205	-46.215	-7.423	61.365	70.71	106.051	169.602	293.239	33.08	107.012	70.954
F206	108.564	102.181	66.007	96.007	125.528	113.818	118.278	104.352	123.067	116.193
F207	-40.738	-38.697	-40.665	-2.01	17.406	10.658	23.092	19.374	19.888	16.754

企业代码	政府补贴				税费返还				耦合作用	
	$C_{I(A)}$	$C_{I(B)}$	$C_{I(C)}$	$C_{I(D)}$	$C_{II(A)}$	$C_{II(B)}$	$C_{II(C)}$	$C_{II(D)}$	$C_{III(A)}$	$C_{III(B)}$
F208	-82.644	-82.521	-69.707	-60.738	-47.502	-31.965	-17.054	-36.926	-49.183	-38.624
F209	-6.878	-20.244	-68.158	78.293	-16.732	-21.071	-35.297	0.46	-30.648	-1.119
F210	-145.693	-153.557	-145.144	-10.703	-150.481	-146.944	-163.164	-124.471	-157.615	-130.922
F211	75.416	80.561	101.754	-56.723	52.506	59.703	70.376	18.353	57.976	35.135
F212	-126.468	-142.072	-168.852	121.58	-22.89	-24.567	3.458	-23.896	-34.604	-24.058
F213	76.076	93.989	206.326	-85.42	-33.507	-7.59	-22.206	-10.808	-37.199	-15.27
F214	-219.37	-207.956	-128.594	-201.12	-189.815	-175.554	-166.583	-216.868	-172.448	-204.318
F215	-39.441	-25.089	35.504	-152.653	-55.516	-43.182	-46.822	-87.69	-41.409	-71.632
F216	-87.601	-92.09	-102.708	-2.609	-51.318	-49.669	-36.336	-66.796	-51.898	-56.363
F217	-190.37	-192.051	-186.554	-27.775	28.557	27.142	83.53	-3.549	45.691	1.777
F218	-52.478	-50.757	-36.86	-55.016	18.976	17.076	30.785	-44.042	32.557	-14.057
F219	46.641	51.641	71.169	-16.4	-14.255	-7.152	-20.528	-2.847	-19.556	-5.955
F220	5.945	5.746	6.06	-16.39	51.394	41.358	53.782	11.367	60.879	28.752
F221	-3.41	-7.52	-13.157	37.397	10.402	6.131	9.424	1.342	6.929	7.708
F222	-24.344	-29.692	-38.414	51.265	37.792	25.28	20.948	0.317	36.924	22.864
F223	96.51	100.42	95.716	-1.632	84.352	61.413	56.732	107.681	97.233	96.404
F224	7.292	13.317	36.495	-63.691	-30.975	-49.047	-65.116	7.454	-20.919	-10.044
F225	5.693	-1.553	-13.158	78.332	-12.282	-15.833	-15.236	8.743	-25.178	2.67
F226	-12.811	-23.226	-27.774	97.11	-6.725	-13.778	-14.023	6.85	-18.481	5.174
F227	11.167	1.259	-13.528	69.039	32.289	23.44	10.381	26.436	27.237	34.208
F228	147.764	167.874	231.371	-115.442	-42.077	-11.917	-51.951	2.054	-51.267	-12.622
F229	-21.075	-28.387	-35.521	18.205	6.818	-0.341	-9.189	-9.399	5.268	2.765
F230	-128.489	-133.769	—	-31.458	-94.909	-93.795	—	-115.436	-94.105	-104.434
F231	69.061	70.306	97.4	-42.127	88.029	71.488	86.506	62.645	101.694	64.098
F232	-77.184	-69.231	-15.809	-4.129	-129.221	-98.422	-119.599	-95.801	-137.215	-106.706
F233	-138.289	-142.719	-163.435	-47.156	-92.956	-93.879	-87.332	-110.893	-90.37	-100.439
F234	-130.546	-136.056	—	-97.172	-100.036	-83.629	—	-97.47	-93.056	-92.096
F235	-41.396	-44.35	-38.688	-20.737	-28.453	-29.319	-41.886	-41.687	-27.974	-31.634
F236	42.029	49.005	82.329	-32.739	26.972	35.405	34.654	17.565	35.223	24.373
F237	-134.517	-134.01	-56.224	-61.932	-103.32	-101.749	-60.665	-113.477	-100.273	-104.411
F238	0.173	6.986	39.297	-68.166	-38.635	-32.147	-42.371	-37.159	-36.621	-35.654

企业代码	政府补贴				税费返还				耦合作用	
	$C_{I(A)}$	$C_{I(B)}$	$C_{I(C)}$	$C_{I(D)}$	$C_{II(A)}$	$C_{II(B)}$	$C_{II(C)}$	$C_{II(D)}$	$C_{III(A)}$	$C_{III(B)}$
F239	62.678	59.168	42.547	39.455	97.336	88.322	97.736	64.304	99.884	81.832
F240	-68.578	-55.648	4.709	-208.42	-38.27	-35.88	-21.622	-76.104	-12.841	-60.013
F241	-66.802	-65.818	-56.083	-47.845	-80.232	-75.702	-100.458	-81.434	-81.723	-78.122
F242	-41.961	-31.108	21.984	-100.846	1.352	9.403	26.943	-45.757	13.567	-25.983
F243	15.104	16.385	12.212	33.373	13.648	12.051	3.401	-26.05	4.455	-13.744
F244	-89.123	-79.571	—	13.757	-62.471	-52.927	—	-83.897	-69.866	-63.754
F245	-51.22	-52.71	-33.735	10.124	-41.029	-39.897	-37.995	-37.888	-44.09	-39.112
F246	25.094	20.275	6.696	54.74	50.852	42.244	43.842	30.598	48.791	41.938
F247	77.276	69.698	35.438	102.103	48.761	38.765	34.789	83.069	37.875	70.204
F248	-98.081	-102.735	-91.993	9.229	-116.096	-113.068	-134.698	-92.155	-126.057	-98.899
F249	-21.87	-8.709	46.47	-148.345	-44.228	-31.15	-29.765	-64.272	-34.667	-52.811
F250	-56.701	-49.853	—	-62.428	-77.203	-68.755	—	-76.464	-77.762	-72.809
F251	-96.449	-94.395	-62.611	-37.088	-148.879	-136.571	-170.823	-115.925	-155.997	-125.162
F252	48.432	43.291	5.851	28.819	39.387	41.037	38.055	32.132	35.253	38.231
F253	59.272	82.166	162.442	-178.437	-80.94	-52.317	-76.169	-58.888	-78.069	-66.198
F254	46.386	53.754	97.237	-44.426	105.95	104.375	127.618	34.521	125.192	68.105
F255	-122.458	-120.002	-81.517	-60.975	-234.074	-292.602	-341.962	-36.179	-225.065	-122.137
F256	-80.202	-79.907	-63.527	128.174	2.483	6.645	0.585	0.49	-60.523	29.914
F257	128.219	151.582	192.866	-238.458	-26.22	12.568	-4.709	-33.292	-20.21	-22.339
F258	-110.917	-117.478	-122.708	8.479	-113.839	-121.507	-140.225	-85.764	-120.145	-95.446
F259	68.486	69.549	71.569	-15.672	48.82	53.191	49.884	30.007	49.187	42.275
F260	76.005	77.729	92.083	55.669	128.297	124.75	150.387	79.558	137.532	100.92
F261	-26.97	-24.292	-10.047	-41.745	-17.086	-15.802	-8.023	-36.721	-12.933	-27.558
F262	69.093	66.323	52.664	35.105	66.772	63.543	62.651	55.323	61.212	64.83
F263	71.088	72.124	74.489	4.824	63.03	59.397	68.388	42.604	64.884	53.525
F264	-84.961	-80.891	-75.572	-116.048	-20.944	-25.455	-0.785	-51.064	-5.049	-37.948
F265	-71.8	-60.758	3.256	-110.414	-115.732	-99.486	-113.058	-115.136	-110.698	-113.295
F266	-36.094	-37.553	-44.713	-44.362	49.572	39.706	63.489	-13.6	64.619	15.266
F267	-241.776	-244.735	-224.298	-96.715	-198.515	-192.389	-190.412	-201.671	-198.993	-196.63
F268	91.407	76.034	225.439	5.37	167.686	151.963	135.187	189.7	157.32	159.08
F269	89.284	133.275	289.026	-357.509	-143.161	-90.5	-122.893	-119.227	-132.557	-126.545

企业代码	政府补贴				税费返还				耦合作用	
	$C_{I(A)}$	$C_{I(B)}$	$C_{I(C)}$	$C_{I(D)}$	$C_{II(A)}$	$C_{II(B)}$	$C_{II(C)}$	$C_{II(D)}$	$C_{III(A)}$	$C_{III(B)}$
F270	-136.535	-133.941	-105.898	-82.154	-114.756	-110.573	-114.611	-133.007	-109.272	-123.315
F271	-75.973	-78.761	-74.423	39.477	-56.867	-53.899	-45.674	-52.089	-63.052	-51.869
F272	195.164	179.183	104.468	199.694	166.738	150.24	132.889	185.918	147.481	182.686
F273	-111.122	-101.316	-53.767	-100.448	-71.584	-66.357	-55.375	-115.827	-59.887	-94.3
F274	145.481	184.662	317.473	-326.043	-16.477	23.147	5.346	-39.343	2.715	-25.155
F275	-161.412	-165.281	—	-27.868	-137.254	-133.868	—	-123.292	-138.596	-125.026
F276	50.416	50.096	41.313	19.298	54.271	44.957	43.481	59.03	56.781	56.51
F277	-135.694	-134.809	-112.885	-66.438	-165.488	-149.545	-177.302	-137.786	-174.006	-144.86
F278	-123.386	-125.573	-106.834	24.668	-146.893	-141.462	-161.019	-104.803	-158.608	-118.425
F279	245.029	251.768	—	155.992	349.729	360.171	—	265.805	377.556	307.341
F280	-34.668	-33.357	—	-58.659	-11.361	-13.882	—	-65.377	-6.695	-46.675
F281	-79.295	-85.587	—	35.517	-71.107	-70.541	—	-58.821	-76.29	-59.843
F282	-165.251	-159.399	-134.574	-117.824	-161.804	-150.619	-151.022	-174.184	-160.431	-163.398
F283	64.159	107.773	275.947	-387.529	-129.319	-97.841	-124.855	-108.812	-105.532	-116.887
F284	36.495	39.465	50.949	-10.483	85.878	81.009	89.585	35.873	98.619	57.911

附录 B - Ⅱ 新一代信息技术产业的子样本

企业代码	政府补贴				税费返还				耦合作用	
	$C_{I(E)}$	$C_{I(F)}$	$C_{I(G)}$	$C_{I(H)}$	$C_{II(E)}$	$C_{II(F)}$	$C_{II(G)}$	$C_{II(H)}$	$C_{III(C)}$	$C_{III(D)}$
I1	-698.062	-677.972	-541.361	-695.821	-481.32	-473.851	-688.164	-478.685	-474.936	-488.165
I2	-484.761	-535.459	—	-472.65	-388.554	-402.869	—	-391.039	-362.599	-289.191
I3	-220.946	-216.889	—	-220.414	-164.195	-170.277	—	-161.716	-159.455	-176.59
I4	-252.746	-239.691	—	-251.766	-268.678	-274.113	—	-278.564	-275.994	-208.058
I5	-482.458	-458.57	-205.929	-486.876	-404.091	-414.413	-660.82	-402.761	-423.049	-461.656
I6	-225.452	-208.962	—	-231.052	-209.6	-227.713	—	-206.163	-233.054	-294.596
I7	-770.715	-752.028	-505.858	-764.762	-616.607	-624.975	-887.94	-615.126	-592.061	-568.835
I8	-489.248	-455.088	-189.238	-496.187	-395.532	-393.4	-605.273	-392.736	-421.426	-484.217
I9	-246.798	-271.27	-504.857	-240.078	-318.477	-325.986	-548.129	-326.807	-323.807	-245.069
I10	-310.935	-324.304	-453.99	-297.782	-258.313	-262.061	-455.42	-259.529	-230.382	-158.413

续表

企业代码	政府补贴				税费返还				耦合作用	
	$C_{I(E)}$	$C_{I(F)}$	$C_{I(G)}$	$C_{I(H)}$	$C_{II(E)}$	$C_{II(F)}$	$C_{II(G)}$	$C_{II(H)}$	$C_{III(C)}$	$C_{III(D)}$
I11	-568.102	-545.106	—	-570.277	-453.856	-464.948	—	-451.45	-456.841	-485.982
I12	-417.628	-410.191	-247.62	-413.549	-354.595	-379.731	-577.635	-353.901	-335.383	-317.801
I13	-116.295	-139.902	-264.006	-100.768	-147.514	-185.999	-335.481	-150.231	-101.735	-4.416
I14	-133.922	-112.761	-322.41	-121.353	-125.427	-143.986	-464.31	-124.879	-92.911	-18.173
I15	-489.654	-462.087	-210.144	-490.429	-707.394	-804.193	-1126.146	-722.93	-716.597	-605.553
I16	-195.977	-201.771	-63.745	-191.503	-177.691	-204.655	-220.406	-177.001	-160.097	-142.921
I17	689.437	749.103	—	661.482	495.521	481.662	—	501.5	384.229	172.995
I18	707.159	671.431	—	703.508	514.447	476.565	—	515.421	494.059	458.614
I19	508.641	480.331	470.876	505.902	352.359	312.191	510.813	354.461	345.441	314.064
I20	-307.465	-314.562	-338.153	-298.302	-226.128	-235.821	-420.23	-225.665	-198.537	-159.348
I21	432.92	436.163	571.948	420.342	390.927	380.896	620.145	397.23	347.959	224.287
I22	813.353	825.449	1035.773	790.509	407.688	366.238	597.15	402.932	312.738	210.679
I23	-452.884	-444.628	-237.709	-450.665	-378.662	-403.048	-565.8	-376.83	-363.856	-362.695
I24	-381.065	-381.425	-392.363	-375.552	-504.221	-550.398	-962.809	-515.82	-498.282	-392.912
I25	-609.436	-631.703	-801.512	-594.128	-476.779	-474.933	-792.267	-477.287	-436.134	-354.066
I26	-40.185	-37.678	40.177	-38.24	-47.874	-67.309	-153.21	-46.961	-50.366	-55.747
I27	154.51	138.623	53.944	158.936	46.818	19.51	-31.966	44.849	49.855	77.553
I28	-122.667	-134.911	-224.503	-117.059	-127.839	-137.061	-267.717	-128.576	-125.385	-101.795
I29	-573.144	-569.012	-621.891	-556.114	-438.845	-449.348	-713.063	-437.917	-387.796	-307.201
I30	-159.392	-134.126	280.992	-172.018	-197.42	-221.787	-127.636	-193.99	-247.59	-348.639
I31	-608.925	-600.993	-621.034	-596.588	-335.543	-309.858	-497.972	-331.047	-294.32	-277.728
I32	254.282	260.427	263.267	247.504	-234.542	-250.502	-435.754	-235.702	-217.11	-178.282
I33	778.469	735.703	565.775	779.032	513.229	470.511	694.211	511.547	502.769	508.795
I34	300.892	320.774	—	280.75	166.557	133.658	—	171.426	100.548	-46.252
I35	933.017	916.973	932.675	920.271	646.832	603.994	904.595	648.793	592.68	499.5
I36	-20.834	-11.546	—	-32.034	-33.304	-49.25	—	-29.924	-74.311	-165.237
I37	-672.76	-609.155	—	-678.18	-556.93	-556.023	—	-553.989	-576.676	-629.004
I38	141.933	124.255	-88.559	151.076	421.251	479.134	764.365	430.452	439.515	394.718
I39	485.69	479.052	547.426	475.902	687.172	732.38	1323.609	699.456	647.393	472.935
I40	-588.122	-606.615	—	-581.997	-452.669	-467.743	—	-451.577	-428.449	-402.98
I41	-379.566	-412.977	-332.399	-373.235	-299.23	-327.861	-493.443	-297.608	-273.274	-249.196

企业代码	政府补贴				税费返还				耦合作用	
	$C_{I(E)}$	$C_{I(F)}$	$C_{I(G)}$	$C_{I(H)}$	$C_{II(E)}$	$C_{II(F)}$	$C_{II(G)}$	$C_{II(H)}$	$C_{III(C)}$	$C_{III(D)}$
I42	382.223	383.083	457.851	367.939	-55.866	-153.312	-321.979	-71.026	-125.549	-104.82
I43	171.737	177.272	297.695	162.381	95.573	75.631	156.737	98.009	53.709	-26.626
I44	431.755	404.115	—	436.404	288.392	255.185	—	286.317	297.473	331.042
I45	-618.418	-611.345	—	-598.699	-312.793	-278.059	—	-307.513	-256.796	-205.132
I46	-360.193	-352.712	—	-358.895	-322.809	-346.889	—	-321.079	-312.34	-317.807
I47	-499.669	-509.983	-398.48	-489.934	-399.398	-417.601	-586.892	-399.263	-366.194	-315.727
I48	-1.207	70.671	-1287.266	8.981	-32.45	327.636	690.238	-27.053	230.955	425.256
I49	-371.618	-355.871	-244.045	-373.511	-297.49	-302.739	-482.84	-294.595	-309.048	-345.975
I50	383.346	382.178	462.5	376.469	257.903	229.319	364.147	260.854	230.825	164.823
I51	5506.685	4426.378	3391.233	5544.459	14010.03	15405.89	20608.13	14104.37	14496.11	14564.49
I52	789.697	776.999	839.729	777.897	534.878	498.146	765.608	536.892	487.296	400.841
I53	147.712	121.682	—	145.021	76.327	47.789	—	78.309	67.459	36.777
I54	-452.895	-453.727	-414.906	-445.588	-386.723	-406.38	-647.765	-387.124	-365.948	-329.583
I55	346.084	354.241	258.777	346.538	-77.785	-67.251	-197.693	-98.268	-97.319	29.244
I56	460.093	459.685	332.449	463.723	307.805	288.246	433.03	303.797	306.207	337.449
I57	304.176	265.519	155.249	309.496	173.319	133.177	191.647	173.276	185.312	209.139
I58	619.307	623.103	811.815	598.582	423.321	398.982	674.2	429.134	346.603	183.665
I59	-346.327	-355.173	-573.837	-324.711	-298.011	-297.743	-526.405	-303.725	-236.814	-79.868
I60	656.186	713.963	1178.886	627.713	431.866	398.713	700.188	437.707	320.926	109.586
I61	76.204	82.018	109.21	77.168	41.972	20.456	74.413	45.001	45.838	28.735
I62	560.839	552.795	600.325	549.973	142.034	78.163	71.72	130.56	89.189	104.105
I63	220.798	190.137	111.131	230.011	123.36	87.377	124.07	122.429	151.389	204.47
I64	-380.283	-368.894	-52.784	-384.333	-311.988	-334.868	-512.513	-309.205	-321.881	-364.75
I65	-447.849	-414.609	-107.277	-455.354	-376.379	-395.565	-583.84	-373.055	-396.028	-459.646
I66	-183.717	-200.605	-226.867	-175.739	-231.443	-271.273	-475.281	-235.016	-206.705	-140.017
I67	-82.821	-52.602	238.282	-97.798	-100.201	-114.273	-194.748	-96.178	-152.933	-267.844
I68	-651.739	-636.305	-574.415	-643.484	-571.066	-573.114	-902.867	-573.343	-556.75	-502.929
I69	1055.729	1162.444	2042.517	989.563	681.924	648.881	1169.764	693.834	444.406	-15.389
I70	-332.787	-306.74	-87.482	-337.573	-238.174	-246.776	-359.138	-233.54	-251.697	-315.744
I71	-435.492	-419.608	-313.755	-428.136	-366.269	-392.769	-649.895	-366.927	-342.409	-300.976
I72	-257.874	-267.123	—	-253.876	-201.945	-220.714	—	-200.809	-185.445	-172.548

企业代码	政府补贴				税费返还				耦合作用	
	$C_{I(E)}$	$C_{I(F)}$	$C_{I(G)}$	$C_{I(H)}$	$C_{II(E)}$	$C_{II(F)}$	$C_{II(G)}$	$C_{II(H)}$	$C_{III(C)}$	$C_{III(D)}$
I73	-346.785	-311.857	-117.024	-351.31	-297.44	-304.73	-399.616	-294.039	-319.606	-374.741

附录 B - Ⅲ 高端装备制造业子样本

企业代码	政府补贴				税费返还				耦合作用	
	$C_{I(I)}$	$C_{I(J)}$	$C_{I(K)}$	$C_{I(L)}$	$C_{II(I)}$	$C_{II(J)}$	$C_{II(K)}$	$C_{II(L)}$	$C_{III(E)}$	$C_{III(F)}$
M1	-19.878	-15.784	-10.611	-20.012	-9.754	-9.223	5.37	-12.14	-7.814	-0.765
M2	0.1	6.301	14.069	0.674	3.988	5.808	19.519	2.382	5.365	11.263
M3	-6.029	-9.374	-10.544	-6.264	-0.44	-1.854	3.577	-1.717	-1.555	-2.523
M4	48.131	47.395	63.147	47.067	36.023	38.533	58.459	36.454	36.67	35.143
M5	1888.787	1670.715	2096.37	1878.11	2179.144	2164.784	2647.672	2174.565	2027.73	1818.895
M6	21.078	19.902	44.617	20.248	9.999	11.119	32.202	9.379	13.731	19.16
M7	71.764	-10.23	-383.872	81.254	257.262	262.301	164.843	255.222	126.112	490.942
M8	1410.077	1095.735	1147.68	1409.149	1779.78	1745.149	1903.163	1792.69	1569.527	1437.261
M9	3.089	8.619	21.837	2.599	-25.253	-18.7	-5.52	-21.662	-26.106	-34.873
M10	1.047	10.415	25.354	1.347	6.929	11.411	41.337	5.377	8.217	13.629
M11	-56.892	-57.067	-62.975	-57.216	-33.49	-29.317	-27.037	-41.209	-20.548	19.391
M12	-76.541	-60.352	-79.635	-73.86	-52.851	-43.005	-55.302	-59.027	-54.272	-28.29
M13	-33.8	-27.788	-30.367	-32.723	-26.633	-26.639	-26.354	-28.868	-23.467	-14.697
M14	-21.701	-17.605	-17.151	-21.032	-14.367	-15.754	-10.258	-16.303	-11.481	-4.86
M15	17.086	13.916	36.032	16.073	10.465	11.408	33.473	10.39	10.15	6.926
M16	5.844	4.734	9.563	5.793	9.5	6.246	13.319	8.471	10.881	12.052
M17	-22.567	6.565	3.304	-19.36	-86.922	-72.853	-89.252	-77.4	-91.509	-114.882
M18	-79.222	-127.037	-128.472	-84.199	-37.892	-55.338	-63.316	-27.613	-62.995	-132.868
M19	-0.517	0.128	6.234	-0.74	6.629	6.439	18.746	4.259	8.376	15.686
M20	9.109	10.656	16.181	8.817	3.891	5.266	14.084	4.386	1.452	-4.976
M21	28.609	33.707	45.332	29.269	42.227	43.338	66.725	38.898	44.414	54.567
M22	10.425	7.125	16.816	9.079	6.235	5.963	20.037	6.813	4.482	-1.103
M23	-82.437	-74.963	-89.443	-81.885	-105.374	-88.302	-112.044	-105.966	-101.219	-89.823
M24	29.292	17.843	37.705	27.157	22.429	22.538	40.357	22.943	19.811	10.835

续表

企业代码	政府补贴				税费返还				耦合作用	
	$C_{I(I)}$	$C_{I(J)}$	$C_{I(K)}$	$C_{I(L)}$	$C_{II(I)}$	$C_{II(J)}$	$C_{II(K)}$	$C_{II(L)}$	$C_{III(E)}$	$C_{III(F)}$
M25	8.933	5.604	20.027	7.593	1.445	2.07	19.866	2.16	0.566	-4.213
M26	-25.866	-22.326	-21.232	-25.642	-29.394	-30.184	-29.138	-28.658	-25.553	-24.507
M27	6.494	26.468	35.499	8.547	-36.451	-24.946	-22.462	-30.32	-40.454	-57.931
M28	-60.371	-50.434	-46.667	-59.451	-56.88	-61.309	-53.053	-57.121	-49.274	-38.236
M29	-3.521	5.411	1.883	-1.938	9.69	8.995	13.466	6.662	12.489	22.855
M30	3.119	-4.459	10.248	1.947	8.797	9.472	27.261	7.287	6.056	1.653
M31	-8.719	-5.947	-10.234	-8.619	18.833	19.77	31.908	14.711	16.994	22.472
M32	-21.92	-23.163	-24.441	-21.682	1.456	1.544	11.363	-3.484	1.871	12.147
M33	-7.874	-5.313	-1.832	-7.429	-7.298	-7.614	-2.786	-8.446	-6.683	-4.771
M34	-230.636	-230.419	-262.807	-232.385	-273.722	-264.07	-322.554	-282.735	-230.008	-131.061
M35	-14.126	-8.761	-3.838	-13.953	-6.371	-5.054	8.114	-9.416	-3.004	9.224
M36	-6.444	1.081	7.803	-5.108	11.762	12.026	29.517	6.947	15.677	31.533
M37	-43.634	-25.925	-16.893	-43.999	-108.152	-86.016	-83.495	-93.849	-125.939	-180.108
M38	-18.255	-12.733	-7.748	-17.838	-6.286	-4.975	10.68	-9.579	-3.139	8.852
M39	-64.654	-89.759	-87.61	-68.187	-45.663	-42.132	-41.277	-48.932	-48.44	-50.189
M40	186.899	195.183	225.677	188.123	114.456	48.869	41.268	133.491	146.485	63.491
M41	28.33	26.832	48.858	26.762	14.871	18.388	48.297	16.799	13.031	5.217
M42	10.203	3.259	5.762	9.301	-1.33	-4.275	-9.413	-0.245	-3.919	-13.225
M43	35.51	44.985	58.981	36.718	74.259	77.662	112.704	70.059	72.18	76.978
M44	-13.441	-66.308	-71.908	-17.637	-18.028	-60.962	-85.911	-12.575	-31.384	-60.48
M45	-12.455	-8.52	-3.015	-12.015	6.486	6.345	23.344	3.734	8.895	16.781
M46	-61.969	-64.749	-73.904	-62.148	-88.073	-90.772	-111.468	-86.249	-81.261	-75.369
M47	-101.737	-101.998	-138.081	-103.765	-219.724	-227.189	-322.072	-217.36	-174.677	-163.812
M48	-12.438	0.682	3.285	-10.645	-6.056	-2.669	11.519	-7.808	-4.803	1.373
M49	-39.081	-47.28	-35.146	-43.242	-26.075	-19.196	1.121	-28.308	-34.87	-46.174
M50	-44.412	-44.753	-41.25	-43.948	-10.738	-9.991	3.119	-13.97	-14.891	-15.864
M51	4.518	-1.016	6.489	3.508	2.266	-0.798	4.185	1.815	1.693	-1.408
M52	3.479	0.148	4.962	2.937	10.744	8.954	19.849	9.433	9.754	8.563
M53	-85.229	-45.046	-51.594	-80.945	-139.1	-121.39	-132.671	-133.93	-133.839	-128.049
M54	-5.864	5.647	—	-3.184	-26.046	-23.085	—	-21.488	-22.01	-28.35
M55	-79.067	-65.089	-66.174	-77.679	-97.162	-95.307	-96.203	-91.571	-87.704	-89.581

续表

企业代码	政府补贴				税费返还				耦合作用	
	$C_{I(I)}$	$C_{I(J)}$	$C_{I(K)}$	$C_{I(L)}$	$C_{II(I)}$	$C_{II(J)}$	$C_{II(K)}$	$C_{II(L)}$	$C_{III(E)}$	$C_{III(F)}$
M56	-43.373	-58.076	-78.484	-44.079	-48.355	-61.041	-83.688	-52.027	-38.206	-13.815
M57	-8.381	-8.647	-9.207	-8.785	-2.901	-4.48	-0.908	-3.669	-5.555	-9.062
M58	-0.005	-23.001	51.118	-3.549	27.119	20.39	84.587	33.163	25.761	11.269
M59	-137.725	-135.972	-153.319	-138.658	-174.519	-161.77	-193.762	-178.206	-150.657	-102.422
M60	7.453	23.278	22.344	9.406	6.877	13.022	20.639	5.175	9.436	17.895
M61	-14.121	-6.673	-11.049	-13.097	20.057	22.509	36.079	14.599	19.044	29.255
M62	-2.537	2.669	10.047	-2.667	-19.588	-16.206	-7.67	-16.825	-22.464	-32.447
M63	-27.176	-22.282	-22.259	-26.364	-9.484	-10.74	-0.483	-13.274	-6.098	6.621
M64	-0.193	-1.193	5.018	-0.758	0.645	0.902	10.873	-0.926	1.523	5.018
M65	14.626	25.942	34.007	15.117	-41.07	-32.523	-37.04	-32.652	-46.467	-72.37
M66	8.414	11.909	24.359	9.015	12.7	7.571	21.13	11.343	23.212	43.659
M67	-7.002	-7.841	0.4	-7.899	14.463	18.345	41.993	12.58	10.491	7.775
M68	22.572	25.2	55.653	22.206	36.528	39.27	77.361	34.175	34.575	32.898
M69	-7.51	0.076	8.072	-6.976	-19.51	-15.533	-5.631	-18.587	-18.681	-19.724
M70	-15.676	-16.294	-16.479	-15.534	-4.553	-6.019	-4.902	-8.305	-2.142	7.708
M71	-5.795	-6.789	-1.765	-6.241	5.658	4.464	15.651	3.59	3.932	4.249
M72	10.383	3.405	8.665	8.798	0.662	-1.362	-0.061	3.214	-1.195	-13.605
M73	23.737	21.175	41.804	22.472	10.518	13.157	32.61	11.37	9.441	3.758
M74	338.699	352.647	—	341.231	370.384	380.608	—	361.088	380.077	416.686
M75	8.194	16.22	10.807	9.525	22.54	23.477	25.459	17.623	29.109	50.397

附录C 政府激励政策对企业技术创新产出的个体固定效应

附录C-Ⅰ 总体样本

企业代码	政府补贴				税费返还				耦合作用	
	$C_{Ⅳ(A)}$	$C_{Ⅳ(B)}$	$C_{Ⅳ(C)}$	$C_{Ⅳ(D)}$	$C_{Ⅴ(A)}$	$C_{Ⅴ(B)}$	$C_{Ⅴ(C)}$	$C_{Ⅴ(D)}$	$C_{Ⅵ(A)}$	$C_{Ⅵ(B)}$
F1	11.478	13.093	7.743	26.478	3.372	0.816	-2.112	-4.661	10.749	0.979
F2	7.99	8.109	2.065	21.746	24.965	17.616	8.515	39.322	21.998	33.074
F3	-8.968	-8.253	-11.261	10.293	1.631	1.929	-2.169	13.698	-2.741	7.545
F4	-7.866	-11.384	-14.543	-5.985	-2.295	-5.548	-10.399	1.912	-2.147	-1.999
F5	-315.127	-312.437	-329.472	-155.003	-200.171	-153.748	-167.242	-228.782	-204.156	-238.79
F6	-20.925	-17.24	-11.673	-4.73	-24.063	-12.765	-9.227	-16.207	-31.89	-21.415
F7	142.635	156.627	—	187.882	213.906	202.286	—	303.773	259.1	277.916
F8	-22.158	-20.305	—	17.521	29.884	22.95	—	69.685	14.397	49.343
F9	-6.252	-5.536	—	21.634	1.031	1.264	—	16.834	-5.028	9.596
F10	1.049	1.295	—	14.394	22.955	15.733	—	44.891	16.933	35.254
F11	-11.653	-10.522	—	17.06	4.048	2.622	—	23.298	-3.891	13.753
F12	-9.49	-8.349	-47.587	-88.486	17.548	17.658	-17.718	32.489	12.725	24.497
F13	9.712	10.135	0.13	-12.436	-11.084	-11.065	-17.319	-18.705	-4.244	-13.982
F14	-5.218	-4.176	3.765	44.769	-27.488	-28.186	-20.288	-49.398	-31.222	-42.936
F15	-13.49	-17.072	—	-26.165	-40.421	-36.377	—	-52.251	-27.257	-44.106
F16	10.778	12.76	13.319	-5.253	-47.945	-40.261	-40.591	-67.208	-36.217	-55.428
F17	-3.658	-2.647	—	-10.25	21.607	18.33	—	37.466	15.89	28.982
F18	-5.316	-4.062	-15.546	11.547	34.826	28.019	15.542	59.671	21.463	46.423
F19	-2.486	-3.372	-8.657	0.062	-4.001	-7.309	-17.536	-2.196	-1.522	-3.323
F20	-500.506	-540.486	-777.42	-1268.22	-326.774	-290.822	-430.571	-460.839	-216.325	-360.493
F21	3.193	1.052	-14.827	5.796	11.116	2.388	-16.407	20.13	14.991	17.289
F22	-86.62	-116.887	—	-91.171	-47.577	-70.009	—	-65.796	-55.895	-66.745
F23	-24.796	-22.163	-39.478	-45.274	-27.434	-23.249	-34.805	-22.402	-30.517	-24.369

续表

企业代码	政府补贴				税费返还				耦合作用	
	$C_{IV(A)}$	$C_{IV(B)}$	$C_{IV(C)}$	$C_{IV(D)}$	$C_{V(A)}$	$C_{V(B)}$	$C_{V(C)}$	$C_{V(D)}$	$C_{VI(A)}$	$C_{VI(B)}$
F24	-8.202	-9.011	-12.721	-14.764	-2.796	-6.06	-15.689	5.138	-1.643	0.971
F25	2.549	3.044	—	-138.005	39.197	47.214	—	65.183	30.205	50.94
F26	3.084	4.981	—	13.697	-9.806	-6.593	—	-1.367	-9.982	-3.111
F27	8.264	8.151	-2.057	-15.57	-11.165	-15.773	-35.489	-11.658	-2.222	-8.859
F28	-0.552	3.309	-9.745	-42.507	4.276	5.756	-2.898	25.224	-4.342	17.799
F29	-6.154	-9.336	-45.976	45.888	36.669	25.723	0.155	61.503	31.103	54.294
F30	-2.746	-3.614	-21.322	-33.926	31.95	26.123	10.286	64.026	28.818	52.247
F31	2.48	4.65	—	-7.243	-8.478	-9.528	—	-2.7	-8.613	-3.594
F32	22.788	23.934	20.203	-20.542	-28.218	-25.38	-30.19	-47.065	-16.277	-35.123
F33	25.772	24.005	18.696	-2.74	-15.191	-16.499	-20.583	-34.404	1.469	-22.249
F34	-738.381	-786.42	-987.401	-1398.982	-511.169	-440.744	-512.545	-636.981	-389.152	-580.107
F35	22.132	22.387	17.191	2.264	9.225	5.932	-4.423	7.162	12.99	9.268
F36	-28.825	-42.119	-67.345	-288.164	-247.391	-205.967	-377.844	-318.851	-118.35	225.408
F37	30.315	-15.923	-118.693	131.584	27.426	21.668	2.025	80.494	119.619	76.635
F38	-25.232	-21.752	-18.15	12.508	-33.56	-24.735	-19.83	-24.617	-39.511	-29.282
F39	-4.852	-5.752	-13.083	7.073	13.085	6.477	-3.839	27.636	10.418	21.114
F40	-31.274	-32.216	-35.408	-142.365	-48.457	-38.471	-41.129	-52.651	-29.109	-47.602
F41	-589.56	-662.82	-837.575	-3247.001	-505.739	-505.237	-583.082	-719.728	-319.542	-403.861
F42	12.626	14.863	20.566	3.009	-39.144	-29.61	-21.299	-55.359	-31.035	-45.653
F43	6.71	8.724	-4.66	-7.618	14.654	10.681	-0.697	31.508	9.734	25.827
F44	-1.594	0.326	1.696	-19.625	-8.664	-5.877	-9.508	0.466	-8.913	-1.99
F45	-21.346	-18.464	-12.123	28.467	-34.194	-24.891	-18.614	-29.326	-38.414	-32.512
F46	-4.474	-6.77	-8.641	-0.393	-5.381	-8.191	-12.421	-4.246	-1.543	-5.311
F47	25.699	24.034	8.276	-91.066	99.542	89.001	76.319	136.708	86.751	118.696
F48	8.356	8.805	-2.88	3.2	20.402	14.128	0.628	37.752	18.086	31.731
F49	6.337	8.362	3.11	-44.826	-49.151	-66.3	-73.984	-93.721	-44.827	-75.914
F50	106.942	114.238	140.858	-20.098	138.325	141.712	147.514	150.774	165.826	156.125
F51	1.237	-6.327	—	-9.349	-12.474	-15.073	—	-27.436	-8.159	-20.528
F52	-12.647	-12.683	-12.704	27.625	7.601	5.076	0.676	21.744	0.353	13.254
F53	-5.619	-5.842	-8.957	18.529	11.236	4.935	-1.841	22.15	5.638	15.797
F54	-10.041	-9.003	-0.134	24.86	-59.675	-51.941	-41.609	-92.65	-53.34	-78.163

企业代码	政府补贴				税费返还				耦合作用	
	$C_{IV(A)}$	$C_{IV(B)}$	$C_{IV(C)}$	$C_{IV(D)}$	$C_{V(A)}$	$C_{V(B)}$	$C_{V(C)}$	$C_{V(D)}$	$C_{VI(A)}$	$C_{VI(B)}$
F55	-98.698	-100.698	-114.338	-159.063	-65.171	-67.175	-75.504	-72.627	-69.282	-65.857
F56	-16.922	-16.287	—	7.878	-36.151	-33.115	—	-42.106	-32.398	-40.664
F57	23.227	22.648	12.17	-2.709	-6.823	-8.91	-23.838	-19.273	3.725	-12.045
F58	12.853	12.467	4.071	-7.34	-4.728	-8.871	-20.111	-7.848	1.347	-4.698
F59	-7.379	-8.612	-9.83	-9.984	-0.293	-6.263	-12.319	-0.475	-0.545	-2.066
F60	-54.82	-45.556	-3.443	71.405	-157.635	-113.134	-64.88	-188.29	-156.84	-175.777
F61	28.775	29.075	—	25.938	39.709	32.583	—	54.463	37.645	49.323
F62	-18.756	-18.244	-23.007	33.417	6.723	2.703	-2.867	26.02	-1.555	16.205
F63	-34.11	-30.36	-17.052	18.587	-75.183	-56.08	-42.764	-82.049	-74.006	-79.611
F64	-17.86	-13.049	—	54.387	-39.81	-24.008	—	-38.685	-41.734	-40.178
F65	7.627	-2.244	—	10.976	-8.668	-13.056	—	-13.212	-3.545	-10.888
F66	-24.105	-23.623	-21.846	18.947	2.038	-0.257	-5.7	19.842	-8.532	8.333
F67	4.123	2.174	4.522	-4.975	-5.252	-8.899	-17.996	-11.993	2.147	-10.412
F68	28.66	28.653	19.133	-7.504	29.254	25.295	14.745	36.528	31.623	35.056
F69	16.773	17.809	22.252	-2.287	-41.006	-32.357	-28.643	-62.716	-25.733	-49.945
F70	31.492	31.643	23.364	110.006	79.269	83.846	71.213	104.611	73.503	89.875
F71	4.837	-8.655	-31.393	61.563	-37.221	-85.471	-99.387	-97.199	-15.578	-57.858
F72	32.789	33.588	41.239	53.831	30.671	33.879	38.185	32.758	30.417	29.827
F73	-39.157	-36.35	-30.1	-10.074	-45.836	-40.925	-35.844	-54.896	-54.68	-54.452
F74	2.109	1.24	-2.931	-32.898	16.934	12.998	5.227	27.536	15.996	22.208
F75	-9.784	-9.492	-7.999	-33.732	-25.326	-21.697	-18.853	-28.63	-21.281	-27.226
F76	15.583	13.738	15.974	5.758	-12.176	-12.039	-7.838	-27.203	-1.49	-19.386
F77	-17.73	-17.428	-28.548	-37.117	12.188	8.287	-3.503	31.773	4.707	21.679
F78	15.08	13.963	13.23	-14.708	-2.668	-5.537	-9.361	-10.125	5.711	-5.267
F79	-127.281	-116.05	—	44.426	-161.974	-116.027	—	-172.647	-177.818	-175.214
F80	17.762	18.235	15.477	-39.029	-27.861	-27.357	-34.875	-42.879	-15.691	-33.108
F81	-5.973	-4.109	8.106	43.221	-21.552	1.985	25.224	-10.115	-22.884	-16.55
F82	0.361	1.593	-15.431	25.653	11.165	-5.161	-20.961	11.939	2.187	11.569
F83	8.759	7.002	-15.122	-74.323	39.903	31.448	13.599	73.557	37.94	62.084
F84	-2.673	-2.472	-9.349	-17.97	-23.104	-17.32	-19.899	-31.382	-15.352	-26.876
F85	16.094	13.692	6.248	-11.389	-8.622	-12.721	-22.408	-20.17	3.798	-13.037

企业代码	政府补贴				税费返还				耦合作用	
	$C_{IV(A)}$	$C_{IV(B)}$	$C_{IV(C)}$	$C_{IV(D)}$	$C_{V(A)}$	$C_{V(B)}$	$C_{V(C)}$	$C_{V(D)}$	$C_{VI(A)}$	$C_{VI(B)}$
F86	-4.916	-9.317	—	24.315	21.256	11.991	—	41.699	20.488	32.036
F87	-32.085	-26.046	-6.783	57.305	-96.051	-77.26	-54.034	-117.461	-97.154	-108.217
F88	-1.19	-2.067	-9.436	21.031	5.76	2.633	-4.773	8.84	7.375	7.284
F89	-9.845	-10.175	-20.681	-11.66	24.38	20.204	7.996	50.87	18.36	39.637
F90	14.762	14.412	—	7.736	1.83	-0.269	—	3.59	5.499	4.916
F91	20.257	18.553	5.224	-17.441	-4.145	-3.82	-11.591	-9.622	12.622	-3.42
F92	7.177	7.696	1.012	10.282	6.142	3.807	-5.079	14.224	6.095	11.965
F93	20.198	19.387	15.467	-9.412	-1.639	-4.956	-10.522	-9.215	6.59	-3.763
F94	-0.502	-0.36	-0.27	-0.656	-0.969	-7.341	-9.711	-5.894	-4.823	-5.426
F95	2.091	2.231	-1.063	13.396	13.636	10.901	5.289	23.214	11.117	18.576
F96	0.34	2.502	-0.511	14.217	-59.035	-46.329	-39.085	-73.701	-49.965	-63.649
F97	-42.021	-35.399	-11.572	24.415	-113.448	-83.412	-55.342	-131.38	-112.634	-123.538
F98	135.635	135.763	132.306	99.752	139.586	134.556	132.278	150.47	140.302	148.266
F99	14.242	15.552	14.933	44.558	32.59	22.866	18.389	36.528	20.816	32.352
F100	-32.553	-31.745	-33.534	31.75	1.498	0.114	-2.835	20.934	-10.106	8.548
F101	-26.849	-26.246	-19.576	21.947	-44.189	-36.398	-27.194	-48.505	-43	-47.75
F102	4.556	2.654	-7.932	-9.926	1.497	-3.735	-14.487	7.756	6.481	6.284
F103	-2.315	-2.79	-15.693	-3.578	34.373	33.501	19.309	45.74	25.741	36.437
F104	-12.49	-13.322	-23.185	-29.918	26.041	19.861	7.469	54.145	19.784	41.151
F105	-25.306	-26.095	—	17.409	-3.297	-0.996	—	16.679	-6.859	6.589
F106	-15.985	-9.851	2.588	36.309	-49.452	-28.468	-10.123	-44.366	-55.922	-46.875
F107	11.879	12.473	1.188	-31.43	12.982	8.931	-1.587	22.163	12.655	20.049
F108	-9.969	-11.886	-21.959	22.471	29.169	22.671	12.305	57.501	23.495	43.689
F109	-10.491	-10.549	-9.521	3.342	-8.155	-8.767	-11.131	-1.945	-9.826	-5.824
F110	-48.023	-47.259	—	-1.66	-6.651	-3.745	—	16.343	-17.639	3.196
F111	-52.944	-43.399	-9.796	44.258	-143.326	-103.044	-64.365	-166.456	-145.068	-157.433
F112	-49.488	-43.485	-29.814	18.68	-74.689	-50.518	-31.876	-74.945	-81.684	-77.192
F113	183.014	181.55	183.753	101.628	223.861	213.147	217.193	251.041	217.646	238.429
F114	1.003	0.073	12.88	1.104	-47.465	-40.107	-30.061	-74.248	-32.871	-61.884
F115	6.933	7.286	2.078	17.596	26.908	22.861	15.256	44.564	22.882	36.389
F116	-13.888	-13.326	-23.55	-37.025	26.765	19.864	6.135	57.058	15.124	42.05

企业代码	政府补贴				税费返还				耦合作用	
	$C_{IV(A)}$	$C_{IV(B)}$	$C_{IV(C)}$	$C_{IV(D)}$	$C_{V(A)}$	$C_{V(B)}$	$C_{V(C)}$	$C_{V(D)}$	$C_{VI(A)}$	$C_{VI(B)}$
F117	-16.435	-18.317	-21.619	-12.73	6.969	0.998	-7.074	17.407	5.243	10.766
F118	-0.961	-1.84	-6.765	-12.637	8.409	2.625	-8.675	16.356	9.022	12.505
F119	36.28	38.67	40.849	55.417	34.844	39.25	44.425	47.341	28.941	41.862
F120	-11.131	-16.381	-30.338	6.877	16.921	15.168	3.453	35.3	30.365	27.98
F121	-20.906	-12.549	21.593	75.498	-171.613	-123.397	-73.39	-220.007	-152.875	-191.623
F122	-21.366	-22.617	-22.459	27.619	-16.098	-13.943	-14.034	-5.438	-15.091	-10.709
F123	-9.475	-7.28	-3.814	16.899	-32.023	-26.393	13.383	-36.892	-32.12	-35.812
F124	4.173	4.378	-10.404	-2.733	29.276	23.209	-16.086	50.586	23.007	40.959
F125	-5.567	-6.493	3.883	0.746	-7.637	-9.945	-12.106	-11.017	-2.306	-10.045
F126	8.385	6.435	7.043	-14.464	6.626	-0.797	-8.074	6.178	16.705	7.126
F127	5.894	5.917	18.637	15.159	-12.862	-7.887	0.842	-19.757	-7.501	-17.151
F128	21.477	19.635	—	3.072	9.373	6.122	—	8	18.382	10.168
F129	-28.163	-28.801	—	22.022	-61.66	-97.096	—	-157.605	-81.769	-131.839
F130	-25.995	-27.107	-32.459	10.004	-2.486	-8.797	-14.119	9.909	-10.386	2.013
F131	3.33	0.773	-5.818	-3.121	-7.589	-12.66	-27.577	-7.466	-0.719	-6.844
F132	-17.825	-17.389	-11.499	24.055	-28.651	-22.997	-17.998	-31.171	-27.257	-31.503
F133	-0.776	1.429	—	13.287	-28.183	-21.198	—	-28.859	-27.117	-26.955
F134	-8.57	-6.207	—	7.353	-35.621	-33.38	—	-36.523	-27.732	-33.772
F135	1.666	0.923	—	7.141	-2.278	-2.618	—	4.256	0.345	1.345
F136	172.354	169.072	174.616	158.975	230.67	226.935	231.946	261.414	227.841	246.17
F137	22.469	21.654	15.079	20.506	35.975	30.117	18.994	48.429	35.697	42.753
F138	31.534	24.612	9.122	42.629	45.306	32.852	18.596	54.113	56.96	52.944
F139	-13.766	-13.826	-13.744	14.809	-22.059	-19.592	-16.771	-21.716	-19.444	-22.817
F140	64.292	65.194	—	85.179	44.89	49.799	—	42.986	48.836	43.942
F141	182.397	181.77	180.369	209.746	178.328	183.611	181.844	182.873	179.776	179.801
F142	9.375	9.007	—	42.935	10.966	10.012	—	5.593	12.193	6.793
F143	-38.088	-37.549	—	21.997	-60.795	-86.295	—	-162.545	-89.313	-139.573
F144	11.015	9.429	—	-17.561	-2.759	-8.801	—	-1.705	4.135	-0.141
F145	5.454	5.05	—	9.693	5.466	1.386	—	9.559	6.07	8.023
F146	-3.601	-3.772	0.232	36.727	-15.422	-9.511	-7.045	-15.104	-11.859	-16.005
F147	-104.573	-103.311	-134.22	-42.328	-218.44	-373.791	-426.234	-386.521	-260.969	-390.938

企业代码	政府补贴				税费返还				耦合作用	
	$C_{IV(A)}$	$C_{IV(B)}$	$C_{IV(C)}$	$C_{IV(D)}$	$C_{V(A)}$	$C_{V(B)}$	$C_{V(C)}$	$C_{V(D)}$	$C_{VI(A)}$	$C_{VI(B)}$
F148	5.941	-1.833	-18.477	-21.324	9.986	11.783	-13.428	19.456	13.865	16.22
F149	-14.653	-17.941	-22.495	30.881	-16.519	-16.541	-17.338	-15.659	-10.039	-16.122
F150	25.527	25.631	17.976	-7.142	-9.54	-10.14	-15.577	-20.847	0.768	-12.129
F151	-32.269	-31.258	-42.59	-42.939	26.276	20.573	8.634	58.093	9.761	40.236
F152	-221.718	-257.561	-374.347	-235.107	-452.463	-511.398	-602.623	-728.922	-344.811	-417.696
F153	-18.466	-16.506	-23.929	-10.9	-3.683	-25.783	-37.171	-7.727	-21.496	-10.03
F154	16.228	17.791	13.518	51.638	5.166	8.332	8.466	12.455	3.222	10.455
F155	-5.013	-7.018	4.109	-1.666	-31.8	-29.407	-26.126	-47.586	-21.282	-41.237
F156	-43.515	-42.501	-58.977	31.45	15.82	8.896	-9.584	52.418	-1.329	34.531
F157	-19.885	-34.612	-66.159	8.179	-159.605	-253.918	-291.015	-241.717	-147.079	-194.579
F158	-277.284	-265.48	-249.168	-33.597	-202.703	-135.409	-133.206	-226.495	-222.212	-235.24
F159	-11.049	-11.485	-22.307	13.298	23.675	15.429	3.439	41.338	14.518	31.801
F160	-23.819	-20.476	—	21.878	-38.672	-86.61	—	-116.006	-52.504	-94.302
F161	20.244	20.756	33.024	64.055	-4.549	0.166	13.226	-18.731	-3.279	-13.945
F162	18.913	4.965	—	-9.782	-6.749	-3.413	—	-24.64	5.846	-16.262
F163	-72.738	-68.972	—	15.422	-49.129	-98.886	—	-87.992	-78.803	-84.394
F164	41.84	38.587	45.715	33.806	37.858	32.44	44.807	38.918	46.183	39.957
F165	46.048	46.057	56.8	-15.387	-86.151	-122.142	-112.772	-174.869	-97.43	-197.749
F166	3.303	1.572	-0.583	8.1	2.681	-3.875	-5.857	-5.492	4.558	-2.996
F167	82.439	79.735	—	121.459	100.766	102.979	—	108.996	111.571	106.451
F168	24.246	25.076	—	-5.081	-18.017	-15.402	—	-33.822	-8.254	-24.254
F169	-33.744	-6.113	—	—	111.644	167.79	—	-203.008	158.86	-33.913
F170	7.174	8.205	12.391	9.904	-41.748	-33.994	-29.575	-58.148	-30.357	-48.375
F171	-30.571	-28.97	-36.498	-51.698	10.561	7.811	-1.914	44.295	-3.531	27.32
F172	3.76	2.748	-9.097	-36.585	-4.915	-9.638	-22.388	-3.788	1.934	-2.488
F173	1955.786	1933.87	2190.59	1375.025	1785.94	1730.41	1996.88	1693.08	1832.24	1747.41
F174	-25.426	-23.142	-26.138	8.022	-8.911	-5.847	-2.423	11.023	-19.668	0.509
F175	20.201	19.626	13.267	60.009	52.788	48.876	37.558	76.912	54.775	65.231
F176	-5.447	-3.648	-14.895	0.923	-10.945	-7.778	-16.337	1.036	-11.359	-2.292
F177	16.014	16.746	22.976	15.845	-13.266	-7.653	-1.003	-22.11	-6.923	-17.406
F178	-611.877	-666.598	-384.199	-1930.681	363.525	888.485	1008.994	-224.456	449.599	-215.537

企业代码	政府补贴				税费返还				耦合作用	
	$C_{IV(A)}$	$C_{IV(B)}$	$C_{IV(C)}$	$C_{IV(D)}$	$C_{V(A)}$	$C_{V(B)}$	$C_{V(C)}$	$C_{V(D)}$	$C_{VI(A)}$	$C_{VI(B)}$
F179	− 18. 698	− 18. 058	− 14. 162	− 13. 895	− 31. 107	− 23. 905	− 19. 209	− 36. 935	− 29. 533	− 36. 048
F180	− 33. 815	− 29. 718	− 30. 518	14. 472	− 9. 68	− 3. 375	− 3. 736	23. 971	− 26. 498	7. 66
F181	44. 961	44. 144	33. 117	33. 925	31. 827	28. 639	3. 926	42. 435	50. 574	43. 188
F182	− 18. 006	− 19. 988	− 26. 87	− 63. 94	21. 731	13. 645	3. 864	51. 101	12. 626	37. 646
F183	13. 344	14. 696	19. 226	8. 242	− 16. 709	− 15. 383	− 19. 354	− 20. 203	− 8. 987	− 15. 917
F184	− 3. 356	− 4. 448	− 11. 634	9. 117	10. 899	− 4. 741	− 12. 36	15. 577	8. 032	13. 031
F185	− 9. 3	− 10. 144	—	16. 327	17. 326	9. 763	—	26. 052	7. 793	19. 675
F186	− 20. 908	− 21. 923	− 25. 079	12. 511	7. 144	2. 75	− 5. 098	23. 65	2. 136	13. 742
F187	5. 51	3. 65	5. 169	− 1. 115	− 3. 835	− 8. 754	− 13. 823	− 10. 036	3. 205	− 7. 466
F188	− 2. 685	− 3. 839	—	− 3. 425	− 7. 172	− 10. 131	—	− 3. 204	− 4. 475	− 4. 877
F189	− 41. 254	− 35. 297	− 24. 957	19. 94	− 93. 348	− 66. 594	− 49. 053	− 102. 675	− 94. 669	− 98. 981
F190	− 1. 731	− 3. 453	− 8. 707	6. 131	3. 813	− 1. 718	− 7. 484	7. 895	5. 709	5. 749
F191	− 25. 821	− 14. 428	17. 955	69. 639	− 85. 552	− 45. 446	− 2. 844	− 84. 259	− 99. 254	− 86. 166
F192	31. 036	31. 443	21. 897	− 11. 167	− 1. 021	− 1. 59	− 6. 651	− 5. 687	6. 671	0. 576
F193	− 51. 303	− 43. 948	—	46. 992	− 66. 281	− 60. 385	—	− 79. 981	− 76. 893	− 78. 313
F194	− 16. 354	− 17. 324	—	− 15. 187	− 10. 08	− 9. 773	—	1. 541	− 12. 452	− 4. 189
F195	− 5. 071	− 1. 712	− 3. 801	5. 005	− 11. 413	− 6. 071	− 13. 448	− 6. 668	− 10. 865	− 9. 067
F196	10. 898	13. 947	10. 321	− 2. 02	− 8. 298	− 22. 603	− 22. 887	− 29. 247	− 22. 062	− 20. 798
F197	− 43. 003	− 34. 158	− 19. 193	33. 554	− 87. 434	− 61. 111	− 38. 331	− 87. 121	− 93. 046	− 86. 711
F198	− 48. 044	− 50. 881	− 55. 779	14. 99	13. 676	10. 276	− 11. 23	53. 431	7. 006	33. 376
F199	45. 884	45. 372	32. 656	55. 046	70. 453	64. 73	56. 929	89. 528	66. 298	80. 473
F200	− 6. 576	− 7. 766	− 4. 816	12. 626	− 6. 307	− 6. 649	− 7. 473	− 4. 181	− 2. 819	− 5. 74
F201	− 19. 72	− 26. 321	− 47. 941	− 295. 738	3. 756	− 28. 907	− 41. 812	− 47. 046	3. 277	− 19. 042
F202	82. 184	82. 028	90. 727	53. 382	89. 257	78. 463	82. 571	48. 097	80. 3	59. 112
F203	− 73. 217	− 69. 332	− 68. 148	− 9. 869	− 46. 697	− 44. 384	− 44. 632	− 52. 588	− 64. 003	− 57. 016
F204	− 23. 161	− 23. 079	− 24. 817	10. 703	− 15. 21	− 16. 597	− 23. 291	− 9. 403	− 18. 529	− 13. 993
F205	− 58. 938	− 60. 436	− 82. 397	− 5. 503	29. 266	29. 747	0. 618	77. 554	28. 962	57. 557
F206	− 13. 818	− 15. 746	− 16. 715	− 2. 833	− 1. 69	− 4. 534	− 7. 815	3. 407	− 0. 083	− 0. 61
F207	41. 55	41. 476	62. 096	51. 248	71. 007	62. 57	70. 101	73. 203	67. 106	69. 541
F208	85. 744	85. 359	87. 68	102. 089	86. 682	85. 34	87. 125	93. 399	87. 577	90. 496
F209	7. 425	4. 679	3. 474	4. 407	− 17. 376	− 18. 916	− 24. 912	− 27. 043	− 4. 947	− 21. 315

续表

企业代码	政府补贴				税费返还				耦合作用	
	$C_{IV(A)}$	$C_{IV(B)}$	$C_{IV(C)}$	$C_{IV(D)}$	$C_{V(A)}$	$C_{V(B)}$	$C_{V(C)}$	$C_{V(D)}$	$C_{VI(A)}$	$C_{VI(B)}$
F210	12.992	12.767	1.547	−12.09	−8.887	−11.718	−22.745	−12.348	−2.541	−8.608
F211	−24.282	−23.202	−24.696	3.923	−19.269	−11.752	−12.516	−11.376	−23.716	−17.735
F212	16.025	12.478	−0.649	−2.444	47.066	40.815	24.951	56.723	55.506	56.783
F213	−24.998	−20.515	−5.066	28.969	−78.665	−56.757	−41.166	−99.568	−72.608	−90.888
F214	−6.457	−2.489	−21.866	33.65	19.467	18.708	4.224	50.682	4.312	37.529
F215	−28.598	−24.741	−26.819	−85.204	−17.437	−11.56	−12.696	2.613	−28.918	−7.594
F216	7.612	6.94	−6.558	13.007	19.079	16.091	8.847	34.521	19.209	28.781
F217	129.435	127.45	112.644	20.861	247.291	224.456	205.686	282.833	226.723	261.684
F218	−25.691	−25.466	−36.186	−123.376	28.588	23.958	11.19	68.405	15.836	49.471
F219	−1.662	−0.426	9.534	9.62	−38.757	−29.927	−21.526	−50.362	−32.582	−44.087
F220	−5.252	−5.719	−12.338	−34.173	30.749	23.064	14.007	53.87	21.632	41.933
F221	6.798	6.025	3.279	−3.562	7.806	4.924	−0.187	12.805	10.496	10.787
F222	−8.122	−8.938	−12.166	1.131	24.295	12.943	−8.441	46.509	23.589	35.059
F223	−41.276	−41.084	−44.682	−49.444	−24.519	−33.731	−38.391	−33.774	−35.174	−33.864
F224	−11.261	−10.021	−11.113	17.617	−19.879	−29.407	−32.592	−33.97	−27.528	−30.212
F225	14.915	13.649	11.199	1.778	−13.497	−13.662	−16.474	−26.784	−2.027	−19.384
F226	9.333	7.498	5.813	−41.551	−5.571	−9.445	−15.184	−12.006	4.387	−7.995
F227	−4.703	−6.55	−10.001	−10.903	0.561	−5.289	−17.609	4.917	4.313	2.131
F228	−24.099	−19.245	9.621	29.836	−123.32	−93.436	−60.553	−163.838	−110.761	−145.212
F229	−11.901	−13.059	−22.455	−6.231	1.137	−4.679	−20.781	12.107	1.84	6.377
F230	10.656	10.393	—	15.64	22.458	17.451	—	38.744	20.919	32.278
F231	−7.55	−7.968	−8.928	3.651	29.869	23.078	21.393	30.009	16.349	24.716
F232	−22.044	−18.125	−25.339	−56.312	−44.25	−34.078	−42.669	−52.14	−42.134	−48.697
F233	−0.88	−1.652	−14.159	−17.391	18.698	12.793	3.475	37.653	16.234	30.914
F234	6.701	6.356	—	28.804	22.223	23.933	—	38.565	15.9	30.423
F235	−5.339	−5.467	−14.149	3.835	−0.098	−2.97	−16.688	11.141	−0.631	6.083
F236	−40.027	−37.823	−44.268	2.541	−30.457	−22.471	−30.003	−26.326	−37.44	−31.332
F237	−6.275	−5.241	−21.656	1.608	6.633	1.42	−17.21	23.572	3.871	17.014
F238	−5.995	−4.171	−1.204	8.713	−23.772	−18.866	−16.89	−24.606	−24.363	−24.167
F239	−9.195	−10.731	−11.981	16.241	12.759	8.007	3.124	25.408	11.164	17.757
F240	−16.537	−13.577	−24.631	−65.171	29.467	25.447	15.646	59.649	7.054	42.369

企业代码	政府补贴				税费返还				耦合作用	
	$C_{IV(A)}$	$C_{IV(B)}$	$C_{IV(C)}$	$C_{IV(D)}$	$C_{V(A)}$	$C_{V(B)}$	$C_{V(C)}$	$C_{V(D)}$	$C_{VI(A)}$	$C_{VI(B)}$
F241	6.682	7.576	2.924	10.505	-7.059	-6.524	-12.331	-3.066	-5.246	-3.535
F242	7.814	10.342	5.778	8.005	44.555	44.84	39.427	71.169	32.927	57.324
F243	41.446	41.5	90.323	36.524	32.263	33.139	76.299	31.703	39.167	32.25
F244	-22.423	-19.155	—	6.593	-19.544	-16.449	—	-3.213	-12.883	-9.076
F245	24.493	24.89	21.17	12.425	22.67	20.615	16.128	24.228	23.612	23.773
F246	-1.398	-2.718	-3.843	-37.417	9.439	5.047	-1.879	19.615	10.812	15.056
F247	3.41	1.45	4.596	5.255	-22.57	-23.351	-21.803	-46.076	-12.684	-36.184
F248	16.165	16.296	9.89	-1.973	-13.883	-14.223	-24.897	-21.93	-4.824	-15.829
F249	-6.336	-3.219	0.385	1.936	-6.011	-0.2	1.98	7.215	-13.299	0.38
F250	3.514	5.707	—	10.205	-12.561	-9.561	—	-8.184	-11.156	-8.873
F251	-6.788	-4.625	-11.03	-64.162	-49.885	-43.678	-50.167	-66.347	-41.169	-57.597
F252	4.92	3.551	-2.942	26.685	-3.51	-0.825	-5.446	-3.431	0.301	-3.813
F253	-20.083	-14.559	4.924	25.499	-83.728	-60.441	-36.582	-103.405	-82.549	-94.553
F254	-68.125	-66.111	-78.127	-3.586	0.091	0.841	-14.658	36.047	-18.209	14.4
F255	6.975	8.326	-0.159	12.995	-52.702	-88.097	-96.693	-129.853	-57.695	-101.289
F256	8.599	8.495	26.539	45.339	-33.459	-27.295	-29.773	-36.118	22.063	-25.491
F257	-65.457	-60.569	-40.355	24.859	-122.759	-89.665	-59.721	-131.287	-123.065	-128.281
F258	17.767	17.251	7.941	-2.602	-1.667	-9.428	-21.643	-8.514	3.924	-3.596
F259	-14.302	-14.358	-11.092	15.597	-20.012	-15.235	-13.866	-17.037	-18.876	-19.78
F260	-19.757	-19.46	-25.325	3.453	25.991	24.636	16.604	47.924	16.34	34.362
F261	7.291	7.873	5.446	29.971	14.87	13.919	11.478	27.111	11.255	21.669
F262	2.323	1.329	3.517	25.579	-2.634	-2.621	-3.895	-1.131	2.339	-2.544
F263	-12.497	-12.649	-10.356	17.759	-10.079	-9.29	-9.584	-3.334	-11.328	-7.317
F264	-23.358	-22.651	-44.196	-37.532	27.135	19.241	1.523	56.164	12.826	42.641
F265	-21.966	-18.157	-20.231	-15.067	-39.324	-29.525	-29.506	-37.479	-42.593	-38.06
F266	-12.642	-13.756	-26.104	-5.751	49.664	38.93	25.044	90.986	35.421	71.104
F267	9.972	10.061	-5.81	-274.634	16.695	11.821	-1.665	35.464	17.397	31.614
F268	-6.302	-11.552	19.608	-78.953	29.464	23.895	18.201	12.828	36.901	27.572
F269	-41.076	-30.764	3.898	76.67	-138.415	-97.825	-55.733	-162.777	-141.226	-151.69
F270	5.982	7.388	-3.362	19.796	15.14	11.878	0.128	34.756	10.334	27.637
F271	11.552	10.746	4.51	4.724	8.738	5.932	-0.538	11.884	13.129	11.846

续表

企业代码	政府补贴				税费返还				耦合作用	
	$C_{IV(A)}$	$C_{IV(B)}$	$C_{IV(C)}$	$C_{IV(D)}$	$C_{V(A)}$	$C_{V(B)}$	$C_{V(C)}$	$C_{V(D)}$	$C_{VI(A)}$	$C_{VI(B)}$
F272	-2.898	-7.01	3.744	40.746	-31.558	-32.47	-32.261	-56.439	-14.872	-46.941
F273	-13.564	-10.821	-20.769	—	16.972	15.159	5.768	49.127	6.596	35.14
F274	-76.249	-67.388	-43.127	47.59	-117.697	-84.816	-56.926	-118.139	-129.741	-121.086
F275	15.268	15.659	—	-0.757	12.398	7.503	—	21.449	13.47	19.81
F276	10.316	9.928	11.481	25.263	17.068	12.189	11.577	12.708	14.405	11.945
F277	33.136	34.622	30.041	22.652	-3.381	0.599	-5.367	-11.408	4.775	-5.679
F278	6.964	8.223	-1.179	-27.039	-28.62	-27.074	-34.793	-44.038	-17.969	-34.746
F279	-168.767	-165.479	—	-68.118	-41.63	-23.619	—	-8.45	-70.195	-38.523
F280	26.374	26.421	—	47.448	44.004	40.352	—	62.927	38.876	54.259
F281	-3.251	-3.281	—	-23.38	-9.79	-11.612	—	-10.738	-5.753	-9.971
F282	1.85	4.124	-6.459	23.78	-4.373	-3.798	-14.785	13.022	-4.69	8.085
F283	-67.334	-57.604	-30.002	-68.698	-127.01	-101.022	-68.228	-141.154	-141.701	-136.313
F284	-25.192	-24.582	-27.182	-9.584	22.629	19.848	11.356	47.937	10.163	32.929

附录 C - II　新一代信息技术产业子样本

企业代码	政府补贴				税费返还				耦合作用	
	$C_{IV(E)}$	$C_{IV(F)}$	$C_{IV(G)}$	$C_{IV(H)}$	$C_{V(E)}$	$C_{V(F)}$	$C_{V(G)}$	$C_{V(H)}$	$C_{VI(C)}$	$C_{VI(D)}$
I1	-82.389	-79.544	-116.966	-108.814	-78.171	-60.414	-137.438	-29.165	-67.314	-48.319
I2	-41.591	-45.634	—	169.078	-88.583	-88.879	—	-70.888	-37.234	-108.029
I3	-42.651	-38.58	—	-52.858	-36.275	-27.547	—	-4.401	-31.982	-22.658
I4	-199.461	-232.499	—	-225.327	-145.978	-116.837	—	-231.809	-162.313	-238.067
I5	-128.274	-112.672	-152.182	-76.31	-92.612	-91.578	-151.269	-16.457	-123.421	-8.328
I6	-77.953	-66.418	—	-9.746	-47.543	-61.898	—	51.223	-83.861	63.538
I7	-14.354	1.781	-18.603	-84.28	-53.252	-59.232	-126.603	-11.922	-12.73	-33.261
I8	-97.234	-81.931	-115.63	-6.186	-65.872	-76.894	-123.603	48.228	-104.629	74.457
I9	-59.753	-80.154	-97.174	-83.84	-103.758	-134.103	-140.668	-48.939	-85.7	-2.667
I10	-2.443	-14.335	-20.374	-120.994	-68.845	-77.57	-106.216	-9.364	-6.843	-45.782
I11	-59.677	-42.724	—	-37.246	-53.317	-61.084	—	11.723	-59.342	14.622
I12	7.985	25.471	-15.888	-52.838	-23.425	-34.541	-96.618	-17.416	6.871	-32.097

企业代码	政府补贴				税费返还				耦合作用	
	$C_{IV(E)}$	$C_{IV(F)}$	$C_{IV(G)}$	$C_{IV(H)}$	$C_{V(E)}$	$C_{V(F)}$	$C_{V(G)}$	$C_{V(H)}$	$C_{VI(C)}$	$C_{VI(D)}$
I13	72.69	73.322	38.62	-109.264	-12.144	-27.452	-66.992	-55.561	69.402	-97.164
I14	-46.607	-42	-46.431	-179.213	-98.245	-85.484	-146.326	-47.498	-33.561	-133.107
I15	-48.293	-27.84	-57.211	-46.112	-82.404	-154.47	-239.887	-180.492	-85.527	-75.412
I16	21.913	30.817	-2.875	-39.859	-6.05	-16.782	-49.331	-9.239	21.368	-25.736
I17	-197.853	-174.312	—	129.966	-32.372	-46.936	—	140.529	-214.486	217.283
I18	-6.817	-18.618	—	10.249	8.559	3.124	—	25.908	-10.807	22.26
I19	9.054	8.002	-11.312	23.144	25.703	18.199	41.781	19.719	9.582	10.719
I20	33.242	34.127	9.336	-66.651	-14.581	-21.208	-62.93	-4.485	33.84	-32.008
I21	-40.491	-33.469	-53.62	96.425	38.764	35.281	57.719	103.428	-40.249	121.186
I22	-175.527	-168.671	-189.044	87.207	-54.462	-81.11	-23.43	-5.589	-203.304	108.513
I23	-2.024	15.964	-15.674	-41.462	-24.316	-35.508	-90.825	-1.912	-2.613	-15.33
I24	-23.33	-24.431	-49.291	-70.113	-76.261	-120.352	-150.9	-123.436	-50.214	-57.977
I25	19.126	7.193	-4.944	-125.23	-66.66	-76.919	-126.041	-4.326	15.011	-46.641
I26	-52.877	-44.938	-75.82	-75.119	-47.279	-47.33	-81.634	-11.328	-49.271	-28.612
I27	-15.356	-20.336	-40.486	-60.411	-31.021	-40.834	-45.506	-27.092	-19.817	-31.372
I28	-44.268	-53.305	-55.714	-84.549	-63.243	-70.879	-83.54	-3.256	-48.068	-14.118
I29	34.733	40.858	7.589	-154.856	-46.891	-46.04	-108.677	-29.107	41.997	-96.516
I30	-125.662	-103.134	-156.921	18.231	-59.678	-81.047	-96.515	64.419	-139.62	103.792
I31	137.336	137.118	124.007	8.658	71.32	61.764	17.097	85.198	136.262	57.626
I32	6.638	7.533	-19.59	-63.386	-34.217	-46.782	-83.39	-16.314	1.102	-26.102
I33	-3.133	-18.991	-33.47	-7.461	0.837	-11.753	34.794	-6.333	-10.182	-6.708
I34	-127.79	-110.254	—	88.389	-19.873	-34.039	—	76.453	-134.677	126.306
I35	-76.174	-76.396	-104.859	64.153	1.644	-12.753	34.547	54.503	-85.939	82.893
I36	-94.197	-79.427	—	33.586	-35.399	-48.884	—	60.39	-102.378	89.599
I37	-104.56	-75.025	—	-37.49	-78.677	-86.057	—	31.7	-109.784	47.334
I38	158.606	135.177	162.02	89.754	140.722	148.554	184.59	187.693	166.441	139.694
I39	114.3	112.41	85.187	241.303	186.941	178.266	214.673	267.081	108.37	283.633
I40	1.146	7.02	—	-70.139	-37.146	-45.974	—	-10.833	2.972	-33.052
I41	14.045	-14.272	-25.216	-61.145	-24.566	-42.592	-77.805	-4.736	17.773	-34.203
I42	-112.237	-115.549	-132.017	70.412	-69.92	-153.964	-115.244	-99.175	-164.376	64.905
I43	-66.287	-60.514	-93.257	50.594	-17.318	-40.314	-35.577	76.029	-81.507	112.871

续表

企业代码	政府补贴				税费返还				耦合作用	
	$C_{IV(E)}$	$C_{IV(F)}$	$C_{IV(G)}$	$C_{IV(H)}$	$C_{V(E)}$	$C_{V(F)}$	$C_{V(G)}$	$C_{V(H)}$	$C_{VI(C)}$	$C_{VI(D)}$
I44	75.355	31.484	—	-28.451	31.746	-1.377	—	-33.723	72.315	-58.967
I45	69.866	65.182	—	-138.192	2.585	27.004	—	28.87	92.642	-63.003
I46	-5.845	9.818	—	-36.836	-19.634	-28.624	—	-3.791	-5.948	-12.215
I47	5.033	9.894	-12.888	-107.423	-46.269	-49.906	-108.235	-35.97	10.259	-72.194
I48	1651.891	1585.659	1966.922	1377.363	1229.986	1260.285	1587.469	404.31	1578.448	516.333
I49	-76.046	-64.993	-97.581	-46.709	-61.792	-67.021	-109.985	31.186	-77.524	28.768
I50	-30.413	-22.546	-54.876	39.551	8.454	-4.027	4.304	53.633	-37.336	65.523
I51	-1962.907	-2168.488	-1479.412	-2885.415	-302.624	2160.73	1560.817	-2693.985	-83.089	-5697.07
I52	-81.402	-79.197	-111.61	42.537	-6.71	-12.436	23.171	35.437	-86.05	57.477
I53	-22.834	-23.001	—	1.908	-10.512	-20.776	—	23.899	-25.525	22.342
I54	18.597	26.602	-12.463	-60.684	-30.328	-50.215	-104.42	-3.405	9.88	-12.996
I55	44.478	37.06	40.118	43.525	19.756	-3.677	41.327	-187.373	-1.092	-32.887
I56	38.594	29.601	61.937	5.852	28.219	15.013	60.466	-22.775	29.822	-2.296
I57	29.865	25.339	-3.828	-37.173	1.892	-12.015	-10.614	-2.888	24.969	-25.381
I58	-151.707	-145.717	-180.083	79.318	-24.047	-27.437	11.202	91.764	-154.778	132.849
I59	44.146	27.993	49.325	-172.898	-70.848	-67.562	-97.042	-95.508	47.333	-148.661
I60	-223.31	-193.75	-226.914	95.281	-48.605	-61.058	-46.291	106.441	-234.086	176.849
I61	-7.605	-7.21	13.841	-17.806	-10.365	-14.766	-3.839	30.552	-4.692	9.521
I62	-69.777	-71.134	-94.616	60.152	-38.533	-91.353	-51.959	-76.46	-110.812	43.177
I63	54.371	50.532	30.067	-58.709	4.517	-4.356	-12.383	-27.192	53.474	-61.43
I64	-132.187	-105.201	-134.318	-63.528	-77.226	-64.136	-125.178	-8.921	-119.815	-10.317
I65	-90.51	-64.417	-111.909	-38.685	-56.548	-59.014	-117.958	-0.071	-86.145	3.855
I66	37.382	38.939	6.06	-55.827	-19.897	-44.936	-78.905	-47.508	26.937	-49.474
I67	-152.194	-132.034	-169.045	14.179	-64.492	-68.103	-99.462	45.731	-153.681	79
I68	-29.014	-27.409	-43.991	-92.236	-84.038	-105.215	-150.988	-6.887	-44.028	-4.038
I69	-423.389	-368.319	-414.913	324.002	-63.223	-98.232	-35.896	267.752	-459.674	459.387
I70	-33.935	-13.733	-53.371	15.1	-10.177	-20.285	-65.306	61.335	-36.558	66.707
I71	-10.73	5.265	-35.934	-102.771	-47.126	-53.457	-117.887	-48.391	-7.066	-73.398
I72	-17.334	-10.722	—	-72.409	-33.413	-31.062	—	-26.64	-8.828	-53.557
I73	-74.45	-60.186	-76.323	-7.379	-55.793	-73.63	-104.12	68.644	-85.746	82.992

附录 C - Ⅲ　高端装备制造业子样本

企业代码	政府补贴				税费返还				耦合作用	
	$C_{IV(I)}$	$C_{IV(J)}$	$C_{IV(K)}$	$C_{IV(L)}$	$C_{V(I)}$	$C_{V(J)}$	$C_{V(K)}$	$C_{V(L)}$	$C_{VI(E)}$	$C_{VI(F)}$
M1	7.449	7.223	2.593	7.551	2.45	2.457	- 3.813	4.353	2.958	3.618
M2	- 1.794	- 2.263	- 4.838	- 2.877	- 4.457	- 4.715	- 8.026	- 2.925	- 3.371	- 1.991
M3	- 2.033	- 2.64	- 2.326	- 1.553	- 2.887	- 2.852	- 3.808	- 1.732	- 3.233	- 3.308
M4	6.756	6.888	- 4.505	8.803	9.603	9.524	- 5.921	8.873	9.198	9.233
M5	- 321.312	- 310.768	- 407.389	- 297.648	- 377.06	- 386.125	- 592.29	- 370.711	- 375.195	- 350.863
M6	15.973	16.183	8.16	17.35	16.614	16.654	5.983	16.666	17.012	17.266
M7	- 140.368	- 133.944	- 218.303	- 156.412	- 105.276	- 106.457	- 104.801	- 102.402	- 153.449	- 81.604
M8	- 307.641	- 288.379	- 341.072	- 303.224	- 329.457	- 335.712	- 457.574	- 338.811	- 361.916	- 336.147
M9	4.513	4.286	1.589	5.688	16.935	16.637	14.095	13.765	14.164	11.962
M10	- 1.467	- 1.929	- 12.158	- 1.976	- 4.795	- 4.992	- 18.34	- 3.471	- 4.216	- 3.081
M11	42.734	42.629	41.264	42.371	24.278	23.924	16.443	30.024	27.749	31.974
M12	104.762	103.369	106.573	97.739	100.601	99.915	100.721	103.811	90.401	89.721
M13	- 2.198	- 2.723	- 0.227	- 4.305	- 6.646	- 6.705	- 3.078	- 4.509	- 5.021	- 3.82
M14	- 0.217	- 0.542	- 1.545	- 1.569	- 4.933	- 4.838	- 5.882	- 3.172	- 3.353	- 2.443
M15	4.101	4.481	- 5.56	6.074	6.504	6.61	- 5.448	6.28	5.682	4.884
M16	1.543	1.533	- 1.11	1.537	- 1.449	- 1.313	- 4.594	- 0.6	- 0.21	0.091
M17	- 41.842	- 44.04	- 23.55	- 46.73	- 10.66	- 11.937	19.135	- 17.26	- 13.818	- 16.878
M18	- 24.175	- 20.398	- 14.51	- 13.822	- 16.666	- 14.867	- 8.769	- 25.171	- 27.356	- 39.53
M19	8.246	8.165	4.693	8.494	3.941	3.872	- 1.433	5.832	4.664	5.767
M20	- 6.264	- 6.396	- 8.711	- 5.486	- 2.293	- 2.461	- 5.538	- 2.558	- 3.247	- 3.919
M21	- 5.995	- 6.414	- 13.457	- 7.311	- 14.441	- 14.726	- 25.171	- 11.497	- 11.528	- 8.6
M22	11.479	11.797	7.027	13.986	14.446	14.497	8.18	13.643	12.634	11.247
M23	5.738	5.12	21.157	4.88	14.836	13.79	31.833	15.387	12.35	11.961
M24	8.902	9.846	0.451	12.982	12.935	13.055	0.996	12.01	10.85	9.002
M25	12.263	12.647	5.62	14.765	15.878	15.96	6.898	14.892	14.096	12.622
M26	4.536	4.256	5.17	4.049	3.621	3.773	5.423	2.988	4.51	3.93
M27	- 35.438	- 36.882	- 29.073	- 38.379	- 14.56	- 15.529	- 2.325	- 18.74	- 16.492	- 18.196
M28	20.691	19.959	22.294	18.471	14.858	14.994	18.53	15.104	17.397	17.678

续表

企业代码	政府补贴				税费返还				耦合作用	
	$C_{IV(I)}$	$C_{IV(J)}$	$C_{IV(K)}$	$C_{IV(L)}$	$C_{V(I)}$	$C_{V(J)}$	$C_{V(K)}$	$C_{V(L)}$	$C_{VI(E)}$	$C_{VI(F)}$
M29	−11.409	−12.253	−9.262	−14.435	−19.165	−19.456	−16.725	−16.113	−15.725	−12.944
M30	−2.749	−2.077	−8.813	−0.374	−2.787	−2.721	−11.753	−1.613	−3.95	−4.666
M31	−7.486	−7.674	−9.536	−7.634	−16.701	−16.928	−20.695	−12.948	−15.833	−14.028
M32	−2.823	−2.77	−4.137	−3.36	−11.925	−12.038	−15.636	−7.604	−10.649	−8.734
M33	−4.859	−5.091	−5.031	−5.625	−5.331	−5.367	−4.856	−4.148	−4.687	−4.189
M34	185.225	185.32	197.817	185.294	173.839	173.838	180.987	177.962	175.945	178.751
M35	9.619	9.247	5.878	9.095	4.25	4.16	−0.868	6.737	5.254	6.926
M36	−7.651	−8.208	−13.141	−10.258	−18.192	−18.266	−25.003	−13.849	−14.83	−11.455
M37	−38.541	−39.483	−25.056	−36.154	5.192	3.612	26.218	−5.784	−6.356	−15.532
M38	5.318	4.978	0.521	4.363	−1.494	−1.573	−8.2	1.276	−0.113	1.647
M39	21.296	23.249	20.707	27.848	18.36	18.54	11.592	20.295	13.981	11.028
M40	−29.975	−31.211	−49.291	−32.529	−36.908	−31.158	−36.699	−53.334	−16.236	−28.109
M41	12.171	12.524	0.884	15.2	18.489	18.426	3.237	16.398	15.937	14.219
M42	1.982	2.366	5.362	3.773	8.46	8.565	13.541	7.492	6.937	5.201
M43	−34.227	−34.934	−41.813	−36.077	−49.149	−49.578	−60.254	−44.778	−45.696	−41.424
M44	−35.48	−31.516	−35.585	−26.68	−22.838	−18.677	−13.593	−27.355	−26.846	−32.009
M45	−1.179	−1.491	−5.226	−2.152	−10.565	−10.708	−16.48	−8.124	−8.245	−6.654
M46	27.653	27.383	37.016	27.571	34.447	34.333	46.373	32.463	33.58	31.704
M47	104.042	103.547	117.632	105.965	115.512	117.012	141.778	110.68	123.209	113.969
M48	−18.527	−19.509	−19.937	−21.638	−21.546	−21.858	−23.558	−19.404	−19.759	−17.59
M49	19.27	20.196	−3.171	27.263	23.28	23.127	−2.702	24.444	16.191	12.338
M50	−16.805	−16.719	−15.6	−17.437	−25.219	−25.379	−25.246	−21.891	−25.259	24.635
M51	7.552	7.915	4.753	9.397	8.773	9.009	5.436	8.934	8.02	7.083
M52	0.497	0.726	−2.974	1.54	−1.67	−1.564	−7.269	−0.565	−1.771	−1.752
M53	−15.754	−18.642	1.728	−23.283	5.108	3.635	32.471	1.929	4.452	4.378
M54	−28.587	−25.496	—	−32.24	−24.175	−20.271	—	−26.658	−21.772	−22.366
M55	6.134	5.31	8.194	3.489	8.285	8.674	14.639	3.554	9.577	6.99
M56	50.003	49.95	47.951	49.938	43.128	43.01	37.468	46.059	44.722	46.632
M57	0.636	0.574	1.307	1.443	1.048	0.997	1.803	1.824	0.057	−0.438
M58	16.293	17.599	22.816	22.723	6.315	6.61	3.692	0.539	5.923	3.002
M59	86.501	86.457	87.709	86.871	86.068	86.009	86.079	87.16	85.794	85.785

企业代码	政府补贴				税费返还				耦合作用	
	$C_{IV(I)}$	$C_{IV(J)}$	$C_{IV(K)}$	$C_{IV(L)}$	$C_{V(I)}$	$C_{V(J)}$	$C_{V(K)}$	$C_{V(L)}$	$C_{VI(E)}$	$C_{VI(F)}$
M60	-20.234	-21.372	-22.264	-23.659	-22.399	-22.952	-23.625	-20.405	-19.741	-17.068
M61	-16.692	-17.234	-20.048	-18.547	-29.22	-29.659	-34.808	-24.089	-26.873	-23.809
M62	-1.542	-1.871	-0.461	-1.032	8.16	7.875	10.731	5.98	5.773	3.97
M63	2.079	1.69	0.428	0.345	-7.052	-7.064	-9.662	-3.689	-4.805	-2.742
M64	7.986	8.075	4.471	8.956	6.961	6.955	1.69	8.098	6.801	7
M65	-19.398	-20.246	-11.61	-19.513	7.562	6.843	20.963	1.008	3.417	-0.653
M66	28.926	28.343	31.249	26.967	17.659	17.305	17.189	18.614	23.209	26.259
M67	-5.354	-5.139	-9.95	-3.45	-10.129	-10.426	-18.673	-8.398	-11.255	-11.066
M68	-17.412	-17.449	-28.078	-16.337	-21.965	-21.975	-35.671	-19.739	-21.443	-20.271
M69	-4.273	-4.777	-5.977	-5.104	0.274	0.021	-0.345	-0.344	-0.004	-0.304
M70	2.706	2.702	2.213	2.506	-2.732	-2.72	-4.351	0.131	-1.279	-0.154
M71	0.508	0.575	-1.727	1.361	-2.379	-2.356	-5.533	-0.577	-2.761	-2.534
M72	9.877	10.307	10.496	12.863	15.043	15.101	14.705	12.613	13.323	10.723
M73	5.962	6.326	-4.894	8.454	11.516	11.505	-1.296	10.435	9.858	8.546
M74	-51.725	-53.936	—	-56.635	-85.427	-87.941	—	-77.092	-68.169	-51.891
M75	1.832	1.041	-0.21	-1.077	-10.214	-10.688	-13.599	-6.014	-5.373	-1.358

图书在版编目（CIP）数据

　　企业技术创新驱动因素研究／李苗苗著. -- 北京：
社会科学文献出版社，2020.6
　　国家社科基金后期资助项目
　　ISBN 978 - 7 - 5201 - 3308 - 1

　　Ⅰ.①企… Ⅱ.①李… Ⅲ.①企业创新 - 研究 Ⅳ.
①F273.1

　　中国版本图书馆 CIP 数据核字（2018）第 193446 号

国家社科基金后期资助项目
企业技术创新驱动因素研究

著　　者／李苗苗

出 版 人／谢寿光
组稿编辑／李建廷　宋月华
责任编辑／韩莹莹　王红平

出　　版／社会科学文献出版社·人文分社（010）59367215
　　　　　地址：北京市北三环中路甲 29 号院华龙大厦　邮编：100029
　　　　　网址：www. ssap. com. cn
发　　行／市场营销中心（010）59367081　59367083
印　　装／三河市龙林印务有限公司

规　　格／开　本：787mm × 1092mm　1/16
　　　　　印　张：14.75　字　数：232 千字
版　　次／2020 年 6 月第 1 版　2020 年 6 月第 1 次印刷
书　　号／ISBN 978 - 7 - 5201 - 3308 - 1
定　　价／89.00 元